The Sommelier of Water & Tea

for everyone

이자윤

창지사

머리말

'음식(飮食)'이라는 한자를 보면, 마실 음(飮)과 먹을 식(食)으로 구성되어 있습니다. 즉, 우리는 음식이라고 하면 먹을거리만 생각하지만, 실제로는 먹는 것과 마시는 것은 항상 같이 구성되어 있는 세트 상품인 것입니다.

본 교재를 구성할 때에는 커피는 물론 차, 와인, 맥주, 막걸리, 사케 등 우리가 마시는 음료의 80% 이상이 물로 구성되어 있기에 '물'에 대한 성분이 무엇인지 알아야 한다는 생각으로 시작하였습니다. 그러나 물에 대한 공부를 하면할수록 '물이 그냥 물이 아님'을 깨닫게 되고, 생명의 근원이 되는 물에 대해 다시 한번 진지하게 생각을 하게 되었습니다.

지금 21세기를 살고 있는 우리는 4차 산업혁명의 시작과 함께 눈부신 발전과 수많은 정보의 홍수 속에서 살아가고 있습니다. 수많은 정보 중 '건강', '웰빙', '힐링'은 가장 많이 등장하는 키워드입니다. 따라서 우리 몸의 70%를 차지하고 있는 물이 어떤 성질을 가지고 있으며, 우리 몸속에서 어떤 역할을 하는지 제대로 알고 마시는 것이 우리의 건강을 지키는 첫 번째 단추입니다.

『타임(*Time*)』지가 선정한 세계 10대 음식에 당당히 이름을 올리고 있는 '녹차'도 기원전 2700년부터 인류가 즐겨 온 우리의 건강을 지켜 주는 가장 오래된 음료 중 하나입니다. 특히, 차를 우리는 물에 따라 차의 탕색, 향기, 맛에 영향을 미치게 되니, 물과 차는 떨어질 수 없는 관계임을 또다시 알 수 있습니다. 우리나라는 고려 시대까지 '차(茶)'문화 전성기를 누리다가 점점 쇠퇴하고, 차의 빈자리를 커피문화가 채우고 있습니다. 그러나 차를 마시면서 생성되는 알파(α)파와 도파민이 우리의 정신건강 안정에 도움을 주는 효능이 있는 것으로 알려지면서 다시금 차문화 전성시대로 접어들고 있습니다. 빠름이 강조되는 시대에 느림이 필수인 차문화는 우리의 지친 일상에 휴식시간 같은 존재일 것으로 생각됩니다.

차의 종주국인 중국에는 다음과 같은 말이 있습니다.

'水为茶 之母, 壶为茶之夫'
물의 차의 어머니, 호는 차의 아버지

맛있는 차 한 잔을 우리기 위해서는 반드시 '물'이 필요하며, 중국의 다성(茶聖)이라 불리는 육우가 집필한 『다경(茶經)』에서도 각 지방의 수질 및 물의 근원에 따라 어떤 물로 차를 우려야 할지 설명하고 있습니다.

본 교재에서는 이처럼 생명의 근원이자 필수조건인 물과 우리의 건강에 도움을 주는 차를 좀 더 쉽고 실생활에 유용한 내용으로 접근할 수 있도록 구성하고자 노력하였습니다. 물(水) 한 잔과 차(茶) 한 잔을 통해 잠시나마 힐링타임을 가지고자 하는 분들께 미약하나마 도움이 되었으면 하는 바람입니다.

마지막으로 편집자와 독자의 시각으로 꼼꼼히 봐 주신 창지사 편집부에 무한한 감사를 드립니다.

2021년 1월

이자윤

차례

PART Ⅱ
Tea

PART I

Water

1. 물이란 무엇인가?
2. 물과 건강
3. 맛있고 좋은 물
4. 물의 원천 및 특징
5. 물과 음식의 관계
6. 물산업과 상업화
7. 워터소믈리에

Water & Tea

01 CHAPTER 물이란 무엇인가?

물이란 무엇인가? 원초적인 질문이기도 하지만, 어떻게 대답을 해야 할지 몰라 멈칫하게 되는 질문이기도 하다. 물은 우리 생활은 물론 우리 몸에도 반드시 필요한 필수물질이지만, 흔히 '물이 그냥 물이지~ 별건가…'라는 생각을 하고 있을 것이다. 그러나 물은 양(+)전하의 수소와 음(-)전하의 산소가 만나 어떠한 물질로도 대체할 수 없는 능력으로 우리에게 많은 영향을 미치고 있다.

그럼, 지금부터 '물이 그냥 물이 아님'을 알아가기 위한 물의 여행을 떠나 보자.

1. 물의 생성

물은 지구의 생명체가 생명을 유지하는 데 필수적인 화학물질로, 생명체가 있는 어느 곳에나 존재한다. 물이 어떻게 생성되었는지 뚜렷한 정의는 없으나, 그 기원을 탐구하기 위해서는 우주의 처음부터 시작해야 한다.

우주는 약 150억 년 전에 일어난 대폭발, 즉 빅뱅(Big Bang)이라 부르는 빛의 탄생에 의해 이루어진 것으로 추측하고 있으며, 이렇게 형성된 우주에서 약 46억 년 전 해를 감싸고 있던 가스 구름 속에서 지구를 비롯한 태양계의 별이 생겨났고, 이때부터 물이 축적되기 시작된 것으로 설명하고 있다. 우주의 수많은 행성

중에서 오로지 지구에만 사람이 살 수 있는 가장 큰 이유는 바로 물이 있기 때문이다. 오늘날까지 과학자들이 꾸준한 연구를 거듭해 온 결과 다음과 같은 가설로 물의 생성을 추측하고 있다.

1) 지구 내부에서 일어난 가스 방출로 물이 생겨났을 것이다.

최초의 지구는 뜨거운 가스로 구성되었는데, 오랜 세월 동안 식으면서 여러 곳에서 화산 폭발이 일어났고, 이때 지구 내부 깊은 곳에서 빠져나온 기체들이 지구의 대기층을 형성하기 시작했다. 이 대기층에는 지금과는 달리 메탄가스, 수소가스, 암모니아가스, 수증기가 대부분이었다. 수증기들이 점점 커지다가 비가 되어 수백 년 동안 끊임없이 내리고 이로 인해 지표면의 낮은 부분이 모두 물로 채워져 태초의 바다가 생겨났다고 한다.

TNO(Trans-Neptune Objects): 해왕성보다 바깥 궤도에서 돌고 있는 왜소 행성들

2) 혜성, TNO 혹은 소행성이 지구에 부딪혀 물이 생겨났을 것이다.

지구가 탄생했을 때 물을 풍부하게 소유한 소행성이나 혜성 등이 끊임없이 지구에 충돌해 바다가 생겨났다고 한다.

이처럼 우주 → 태양계의 별 → 지구 → 물의 순으로 생성되었으며, 화학적으로 수소와 산소의 결합물로서 결합의 과정은 다음과 같다.

우주는 여러 물질로 구성되어 있는데, 그중 수소 원자는 물질 가운데 가장 가볍고 간단한 구조를 갖고 있다. 수소는 고온 상태에서 4개의 수소 원자가 결합하여 헬륨(He)이 되며, 헬륨 원자 3개가 결합하여 탄소(C)가 생성된다. 그다음 헬륨과 탄소가 결합하여 산소(O)가 생성되고, 그 후 네온(Ne), 마그네슘(Mg), 규소(Si), 유황(S) 등이 만들어진 것으로 알려져 있다. 생성된 여러 가지 원소들은 그대로의 상태로 존재하고 있으며, 또 적당한 조건하에서는 화합물이 생성되어 별(星, 성)이 생성되는 과정에서 많은 물질이 존재하게 된다. 그 사이 수소와 산소 가스는 대기 중에 벼락과 같은 방전을 일으켰을 때 이 두 개가 결합해서 안정된 물을 생성시키게 된다.

2. 물의 문화

1) 물과 철학

탈레스(Thales; B.C. 624~B.C. 545)는 세계를 구성하는 자연적 물질의 근원을 밝힌 최초의 철학자이다. 물이라고 하는 존재는 과학자에게는 물론 철학자에게도 관심의 대상으로 단원설, 다원설의 관점에서 다루어지고 있으며, 동양에서도 물은 철학적 사유(思惟)의 대상이 된다.

(1) 단원설(單元說)

우주의 자연현상이 어떤 단일 물질에 의해 만들어졌다는 과학적 주장으로 만물의 근원에 대해 최초로 연구한 그리스 철학자 탈레스는 물이 우주 모든 것의 기본적인 원소라고 하는 일원론을 제창하고 모든 물질은 물이 형태를 달리한 것이라고 하였다.

"만물의 아르케(Arche)는 물이다."라고 주장한 탈레스 이후 아낙시메네스(Anaximenes; B.C. 585~B.C. 528)는 만물의 근원을 '공기'라고 주장하였으며, 헤라클레이토스(Herakleitos; B.C. 535~B.C. 475)는 '불'이라고 주장하였다.

아르케(Arche): 근원(根原) 및 시원(始原)이라는 의미

(2) 다원설(多元說)

엠페도클레스(Empedocles; B.C. 490~B.C. 430)는 만물의 근원을 흙(土), 공기(氣), 물(水), 불(火)이라고 하는 4원소를 제창하며 다원설(多元說)을 주장하였으며, 4원소는 서로 합해지고 나누어지는 과정을 통해 세상의 모든 물질을 형성한다고 하였다.

플라톤의 제자이자 그리스 철학자이며, 고대 시대에 최대의 학문적 체계를 세운 아리스토텔레스(Aristoteles; B.C. 384~B.C. 322)도 다원설을 주장하며 모든 물질은 흙, 공기, 불, 물의 4가지 원소로 이루어져 있다고 하였으며, 이 원소들은 불변하는 것이 아니라, 4가지 원소의 특성이 물질의 근본이 되고 그것이 혼합되는 비율에 따라 여러 가지 물질이 된다고 생각하였다.

(3) 동양의 철학적 사유(思惟)

고대 중국인들은 철학적 사유의 대상으로서 지구를 형성하고 있는 가장 기본적인 요소로 수(水), 화(火), 목(木), 금(金), 토(土)인 오행을 들었다. 이들은 이 다섯 가지 물질이 서로 화합하고 상충하면서, 음양과 맞물려 우주가 존재한다고 믿었다.

중국 춘추시대 제(齊)나라의 재상인 관중(管仲; ?~B.C. 645)은 "물이란 무엇인가, 만물의 본원(本源)이며, 제생(諸生)의 종질(宗質)이다."라고 하여 물을 우주의 근원적인 물질로 간주하였다. B.C. 6세기경 중국 주대(周代)의 사상가인 노자(老子)도 『도덕경(道德經)』에서 물에 대해 다음과 같이 말하였다.

> 이 세상에 물보다 더 무르고 겸손한 것은 없을 것이다. 그러나 딱딱한 것, 흉포한 것 위에 떨어질 때 물보다 센 것은 없다. 약한 것은 강한 것을 이긴다. … 사람을 부리는 데 능란한 사람은 언제나 겸손하다. 겸손은 무저항의 덕(德)이라고 할 수 있는 것이며, 천명(天命)과 일치함을 의미하는 것이다. 무엇보다도 물처럼 행동함이 필요하다. 방해물이 없으면 물은 흐른다. 둑이 있으면 물은 머무른다. 물은 그릇 생긴 대로 따른다. … (중략) … 이와 같은 성질이 있기 때문에 물은 다른 무엇보다도 필요한 것이며, 무엇보다도 가장 힘이 강한 것이다.

즉, 노자는 물이야말로 유연성이 가장 강한 물질이면서도 약하지 않고 가장 강한 힘을 가진 물질로 생각했다. 중국의 대표적인 철학자 맹자(孟子; B.C. 372~B.C. 289)도 "흐르는 물은 웅덩이를 채우지 않으면 앞으로 나아가지 않는다."라고 하면서 우주의 질서에 따라 흘러가는 물의 특성을 잘 나타내 주었다. 우리나라의 경우 일상생활에서 보편적으로 가지고 있는 물에 대한 인식은 풍수사상(風水思想)에 깊게 깔려 있다. 좋은 주거지나 묘지를 고를 때 흔히 풍수사상은 결국 산(山)과 물(水)의 조화로 인해 바람을 막아 주고 물을 얻기 좋은 곳이어야 한다는 이론에 근거한 것이다.

동서고금을 막론하고 오랫동안 인간의 이성적 사고의 대상이 된 것은 '물' 외에는 없을 것이다. 이처럼 물은 모든 생명의 원천이 되기 때문에 철학적 대상은 물론, 신앙의 대상으로까지 확대되었다.

2) 물과 종교

물은 단순히 식수나 농경을 위해서 뿐만 아니라 물질적인 면과 정신적인 면으로 더러워짐을 씻어 내는 신성하고 묘한 위력이 있다고 믿어 왔다. 이러한 위력 때문에 물에는 예로부터 성스러운 힘이 있다고 생각되어 자신을 정화하기 위해 다양한 종교에서 각각의 방법으로 물에 의한 의식을 행하고 있다.

기독교의 성경은 "태초에 물이 있으니"로 시작하며, 창세기 1장 7절에서는 "신은 첫날에 빛을 만들고 둘째 날에는 하늘을 만들고 하늘 위의 물과 하늘 아래의 물로 나누었다.", 2장 6절에서는 "하나의 강이 에덴에서 흘러 동산을 적시고 거기에 갈라져 4개의 하천이 되었다." 등 구약성서 곳곳에서 물의 순환, 하천의 근원, 우물의 역할 등 물에 대한 이야기가 많이 나온다. 창세기 외에도 요한복음 4장 14절에는 "내가 주는 물을 먹는 자는 영원히 목마르지 아니하리니, 내가 주는 물은 그 속에서 영생하도록 솟아나는 샘물이 되리라."라고 하면서 물을 축복과 성령의 역사로 비유하고 있다.

침례교는 신도가 된 것을 증명하기 위해 세례의 한 형식으로 온몸을 물에 적시는데, 이는 육신의 죄를 씻고 의(義)의 몸으로 다시 태어남을 상징한다. 불교에서도 부처의 몸을 물로 씻어 주는 공양을 통해 부처의 은혜에 보답한다는 관불의식인 불상 몸 씻기 의식이 있다.

힌두교는 성욕(聖欲)이라 하여 갠지스강에서 발을 적시고 목욕을 하는데, 갠지스강의 물이 모든 혼령을 승천시키는 정화력(淨化力)이 있다고 믿고 있다.

우리 조상들도 예로부터 물, 산, 나무, 바위를 신령시하는 토속신앙을 가지고 살아왔는데, 기본 토속신앙 가운데 산과 물이 가장 으뜸이다. 우리 민족은 새로운 일을 시작하거나 어떤 일이 잘되기를 바랄 때 혹은 소원 성취를 위해 고사를 지내는 풍습이 있는데, 이때도 몸과 마음을 깨끗이 한 다음 새벽에 처음 길어 온 정화수(井華水), 시루떡, 과실, 술 등을 준비하고 정성껏 소원을 빌며 기원하였다. 이는 물이 가지고 있는 정화력이 부정이나 잡귀를 씻어 낸다는 토속신앙이 내재되어 있으며, 물 자체가 지닌 맑음이 부정을 물리치는 힘이 있다고 믿었던 것이다.

오테미즈샤(大手水舍) 일본은 사찰 입구에 손 씻는 곳이 있는데, 이를 오테미즈샤(大手水舍)라고 한다. 몸에 있는 부정을 깨끗이 씻고 신을 만나라는 뜻이다.

2) 물과 문명

물의 역사는 인류의 역사와 함께 시작되었다고 해도 과언이 아니다. 약 16만 년 전 아프리카에서 생겨난 호모 사피엔스는 물길을 따라 이동하며 전 세계로 퍼져 나갔다. 그 후 인간은 동물을 기르고 정착지에서 식물을 재배하면서 물이 있는 지역을 터전으로 생활하기 시작했다. 물이 있으면 물속에 사는 물고기뿐만 아니라 물로 인해 숲과 나무가 형성될 수 있고, 그 속에서 살아가는 데 필요한 자원을 얻을 수 있기 때문이다. 이 시기는 농경이 등장한 B.C. 4000~3000년경으로 세계 4대 문명(이집트 문명의 나일강, 메소포타미아 문명의 티그리스강, 유프라테스강, 인더스 문명의 인더스강, 황하 문명의 황하강)의 발생 시기와 거의 일치한다. 즉, 인류 문명의 4대 탄생지가 모두 강을 중심으로 발생하였고, 강가에서 발생한 문명은 농경문화의 원류가 되었다. 때로는 강물의 범람으로 인류에게 시련을 주기도 하였으나, 이는 오히려 인간에게 범람을 극복하는 지혜와 능력을 길러 주면서 새로운 물질적 · 기술적 발전을 할 수 있는 계기를 마련해 주었다.

강을 중심으로 인구가 증가하였고, 인구 증가로 인해 사용할 수 있는 물의 수요가 부족한 곳은 수로를 만들어 물을 움직이기 시작했다. 고대 바빌로니아의 함무라비왕이 제정한 함무라비 법전(B.C. 1750년경)에서도 관개사업이 대규모 국가기반시설의 근본임을 알고 시민들에게 운하와 둑을 관리하고 수로를 준설하는 집단적 의무를 요구하는 법을 제정하였다.

특히, 로마는 상수도 토목기술이 발달하였는데, 로마의 첫 번째 도수관(導水管)인 아피아(Appia)는 이미 B.C. 312년에 건설되었으며, 그 이후에도 로마 시민에게 물을 원활하게 공급하기 위해 5세기에 걸쳐 열 개의 도수관을 추가로 건설하였다. 오늘날에도 과거 제국의 도처에 남아 있는 튼튼한 구조물들은 물과 돌을 능숙하게 다루었던 로마인의 공학적 통찰과 솜씨를 증명해 주고 있다.

3. 물의 과학적 특성

기체, 고체, 액체 형태로 존재하고 있는 물은 무색, 무미, 무취가 대표적인 특징이다. 인간에게 물은 가장 친숙하며 가장 필수적인 물질이지만, 수소 : 산소 = 2 : 1(H_2O), 분자량 약 18g/mol이라는 사실 이외에 물의 과학적 특성은 잘 알지 못한다. 따라서 우리는 물이 어떤 구조이며, 어떤 성질을 가지고 있는지 물의 과학적 특성에 대해 알아보자.

1) 물의 조성

수소와 산소를 혼합하고 전기 스파크를 일으키면 물이 생성되는, 즉 물의 조성을 처음을 발견한 사람은 조지프 프리스틀리(Joseph Priestley; 1733~1804)이다. 집광렌즈로 태양 광선을 모아 산화수은에 쬐어 기체를 분리해 내고, 이때 발견한 새로운 기체를 탈플로지스톤 공기(산소)라고 하였으나 산소의 정체를 밝히지는 못했다.

앙투안 라부아지에(Antoine Lavoisier; 1743~1794)는 프리스틀리가 발견한 기체들에 각각 산소와 수소라는 이름을 붙인 사람으로서 가열된 관에 수증기를 통과시켜 산소와 수소로 분해하는 실험을 하였다. 이 실험에서 발생하는 가스를 '물을 만드는 원리(Hydrogen)'라는 의미에서 수소라고 붙이게 되었다. 그 이후 윌리엄 니콜슨(William Nicholson; 1753~1815)은 볼타전지를 이용하여 최초로 물의 전기분해를 시도하였고, 조지프 루이 게이 뤼삭(Joseph Louis Gay-Lussac; 1778~1850)이 니콜슨의 실험을 보다 정밀하게 증명하고 물은 수소와 산소의 결합으로 생기며, 수소 : 산소의 비율이 2 : 1이라는 것을 명백하게 밝혀냈다.

2) 물의 분자 구조

물 분자는 산소 원자에서 수소 원자와 쌍을 이루지 않고 자기끼리 짝을 이루고 있는 두 쌍의 전자들과 수소 원자들이 각각 정사면체의 꼭짓점을 이루고 정사면체의 중심에는 산소의 핵이 있다. 수소 원자와 산소 원자가 만드는 물 분자

구조는 분자의 전자운(電子雲)이 8개인 외각전자(外殼電子)와 2개인 내각전자(內殼電子)로 구성되어 있다. H-O-H로 구성된 물 분자 H_2O가 이루는 각도는 180°가 아니라 104° 31′으로 약 104.5°에 가깝다. 이러한 구조에서 물 분자 중 산소는 부분적으로 음(-)전하를, 수소는 부분적으로 양(+)전하로 극성을 띠게 된다. 물 분자는 두 원자가 한 전자의 쌍을 공유함으로써 이루어진 공유결합 구조와 O-H, H-H, F-H 결합을 가진 물 분자가 산소, 질소, 플루오르 원자를 포함하는 다른 분자들과 결합할 때, 수소 원자가 다리 역할을 하는 결합인 수소결합 구조로 구성되어 있다.

여러 연구 결과, 액체의 물은 단일의 H_2O가 아니고 물 분자가 서로 결합된 $(H_2O)n$의 특정 구조를 평균적으로 행동한다는 것이 밝혀졌다. 물은 기체, 액체, 고체의 상태로 존재하는데, 존재 형태에 따라 분자의 결합 상태가 달라진다. 고체 상태인 얼음 결정 속에서는 수소결합에 의하여 육각결정구조를 가지게 되고, 액체 상태인 물속에서는 공유결합과 수소결합으로 이루어진 분자로, 기체 상태인 수증기 속에서는 독립된 분자로 존재하게 된다.

〈표 1-1〉 물의 존재 형태에 따른 분자구조

구분	고체	액체	기체
존재형태	빙하, 얼음 등	지하수, 강물 등	수증기
분자구조	육각결정구조	공유결합과 수소결합	독립된 분자
	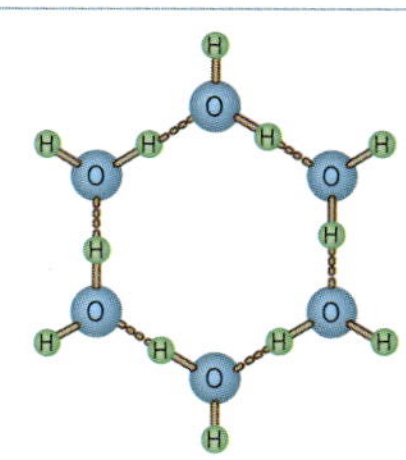	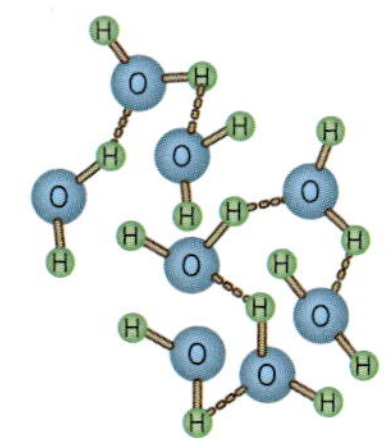	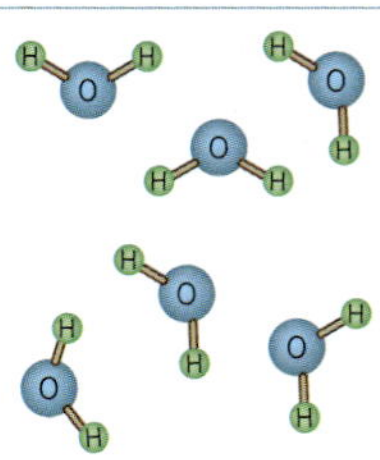

3) 물의 상태

물은 기상(수증기), 액상(물), 고상(얼음)의 삼상으로 존재하는데, 지구상에서 세 가지 상태로 동시에 존재하는 유일한 물질이다. 강이나 호수의 경우 겨울철이 되면 고체인 얼음으로 수면을 덮고, 액체 상태로 얼음장 밑은 물을 이루며, 기체 상태로 수면 위 하늘에 구름이나 수증기로 떠 있게 되는 것이다.

물이 얼어 고체의 얼음이 되면 물 분자는 서로의 결합력이 세어져서 굳고 단단한 구조가 된다. 이때 물 분자의 산소와 수소 결합수에 의해 비교적 규칙적인 조합으로 안정되어 있고 틈이 있는 구조를 만든다. 액체 상태의 물은 결합수가 적기 때문에 얼음의 경우보다 많은 분자가 같은 공간을 차지하게 된다. 따라서 얼음(비중 0.9168)은 액체 상태의 물보다는 빈틈이 많은 분자의 배열이 되고 비중도 10% 정도 적기 때문에 물에 뜨게 되는 것이다. 얼음이 녹을 때는 일부의 수소결합이 파괴되어 육각형의 터널 구조가 없어지게 되므로 액체인 물 쪽으로 H_2O 분자가 채워진다.

물의 분자구조는 두 개의 수소 원자(H)와 한 개의 산소 원자(O)로 되어 있으며, H_2O의 화학식으로 표현한다. 그러므로 물의 분자구조는 H2Te(Te는 텔루르), H2Se(Se는 셀렌), H2S(S는 황)인 물질들의 분자구조와 비슷하다. 이론적으로는 H_2O, H2Te, H2Se, H2S 중 가장 무거운 H2Te가 끓는점과 어는점(= 녹는점)이 가장 높고, 가장 가벼운 H_2O가 가장 낮아야 하는데, 실제 실험해 보면 분자량 130인 H2Te은 0℃에서 끓고, -55℃에서 얼며, 분자량이 81인 H2Se는 ⁻42℃에서 끓고 -66℃에서 얼고, 분자량이 34인 H2S는 ⁻62℃에서 끓고 -82.5℃에서 얼어 분자량이 적을수록 점점 낮아지는 것으로 나타났다. 따라서 이와 같은 원리라면, 분자량 18인 물 = H_2O는 -80℃에서 끓고 ⁻10℃에서 얼어야 한다. 하지만 실제로는 100℃에서 끓고 0℃에서 어는 분자수가 가장 적으면서도 정반대로 가장 높게 나타나는 특성을 가지고 있다.

순수한 물질의 녹는점은 어는점과 같다.

〈표 1-2〉 물질의 끓는점과 어는점 비교

구분	화학식	분자량	끓는점(℃)	어는점(℃)	증발 열(cal/g)
물	H_2O	18	100	0	9,700
황화수소	H2S	34	-62	-82.5	4,800
셀레늄화수소	H2Se	81	-42	-66.0	5,000
텔루륨화수소	H2Te	130	0	-55.0	5,600

모든 물질은 온도가 내려가면 부피가 줄어든다. 그러나 물은 4℃일 때 부피가 가장 작고 그보다 수온이 낮아지면 오히려 부피가 늘어난다. 얼음이 되면 1/10쯤 부피가 커진다. 겨울철 기온이 내려가면 수도관이 터질지 모르니 예방을 해야 한다는 안내는 바로 물이 수온이 낮아지면 부피가 늘어나기 때문이다. 무게는 그대로인 채 부피만 늘어나므로 그만큼 가벼워지고 늘어난 부피만큼 물에 뜨게 된다. 이러한 물의 특성 때문에 빙산은 1/10만 모습이 보이고, 바다 위에 떠 있을 수 있는 것이다. 만약, 얼음이 물보다 무겁다면 추운 겨울에 만들어진 얼음이 강이나 호수의 바닥에 가라앉게 되고 한여름이 되어도 바닥의 얼음은 대부분 녹지 않고 남아 있으면서 물고기도 모두 얼어 죽을 것이다. 추운 겨울이 되고, 얼음이 얼어도 물보다 얼음이 가벼운 성질 때문에 호수 밑의 생물들이 생존할 수 있는 것이 바로 자연의 순리이다.

4) 물의 성질

물은 대부분의 모든 물질을 녹일 수 있는 특징이 있다. 물만큼 다른 물질을 잘 녹일 수 있는 액체는 없을 것이며, 물은 녹이는 물질들에 의해 그 성질이 화학적으로 변하지도 않는다. 즉, '물'이라는 존재는 이 세상의 어떠한 물질과도 비교할 수 없는 특이한 존재이면서도 우리 주변에서 자연스럽게 접하게 되어 특이함과 귀함을 모르고 살아가는 것 같다.

앞서 얼음이 물보다 가벼운 물의 성질로 인해 자연이 살아갈 수 있음을 이해하였다. 여러 가지 물의 성질 중 워터소믈리에가 반드시 알아야 하는 물의 비열, 모세관 현상, 용해성에 대해 알아보도록 하자.

(1) 물의 비열

비열이란 물질 1g의 온도 1℃를 올리거나 내리는 데 필요한 열량을 말한다. 0℃의 물 1kg에 열을 가해 100℃가 될 때까지는 1℃에 1kcal의 열량이 필요하며, 이를 물의 비열이라 한다. 즉, 물의 비열은 1kcal/kg℃이고, 다른 액체에 비해서 매우 높은 특징이 있다. 반면, 얼음 1kg을 1℃ 올리는 데에는 0.5kcal의 열량이 필요하다.

다른 물질의 비열은 온도와 정비례하지만, 물의 비열은 온도에 따라 변하는 독특한 성질을 지니고 있다. 물의 비열은 온도가 올라가면 감소하며, 30~40℃가 되면 물의 비열이 최저점이 된다. 이는 사람의 신체가 70% 정도의 수분으로 되어 있어 온도 변화에도 체온을 일정하게 유지하기 위한 혈액의 온도가 36.5~37.5℃인 이유도 이해되는 부분이다.

따라서 신체건강을 위해서도 물을 섭취해야 하지만, 건강을 유지하기 위한 필수조건이 바로 수분 섭취임을 반드시 기억해야 한다. 신체에서 작용하는 물의 역할과 기능에 대해서는 2장「물과 건강」편에서 자세히 알아보도록 한다.

(2) 물의 모세관 현상

식물은 어떻게 영양을 흡수하면서 자랄까? 화분에 물을 주면 나무는 어떤 원리로 수분을 흡수할까? 라는 궁금증이 생기곤 한다. 이 질문에 대한 답은 물의 모세관 현상이라는 성질로 설명할 수 있다.

넓은 대야에 가느다란 관을 세우면 부착력이 모세관 내의 중량보다 크게 되어 그만큼 모세관 내의 수위를 상승시키는데, 이러한 현상을 모세관 현상이라고 한다. 모세관 현상은 물과 고체 사이의 부착력과 물 분자 간의 응집력의 상대적 크기에 영향을 받게 되며, 중력 방향과 반대로 물체의 표면을 따라 올라가는 액체의 능력이라고 설명할 수 있다. 이러한 능력은 액체의 표면에서 분자들 사이에 작용하는 표면장력 때문에 발생하는데, 물 분자 간의 응집력보다 부착력이 클 경우 발생하며, 이는 모세관이 좁을수록 더 커진다.

부착력: 이종(異種)의 분자 사이에서 작용하는 인력

응집력: 동일한 물 분자 사이에서 작용하는 인력

모세관 현상이라는 성질 때문에 식물이 영양분을 흡수하고 혈액이 순환할 수 있게 된다.

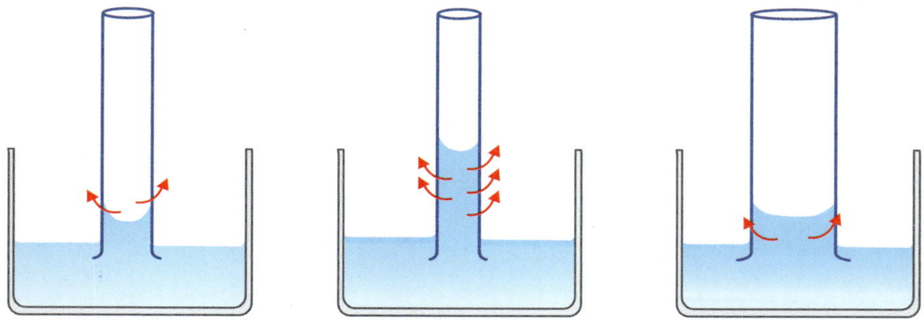

① 부착력에 의해 유리관 양쪽을 타고 물이 올라온다.

② 표면장력에 의해 물이 위로 부풀어 오르는데, 모세관이 좁을수록 모세관 내의 수위를 상승시키기 수월하다.

③ 모세관 현상은 물과 고체 사이의 부착력과 물 분자 간의 응집력의 상대적 크기에 영향을 받기 때문에, 모세관이 넓을수록 모세관 내의 수위는 높아지기 어렵다.

모세관 설명

(3) 용해성

용매: 예를 들어, 소금물에서 소금은 용질, 물은 용매이다.

물은 존재하는 물질 중에서 가장 우수한 용매이다. 용매란 어떠한 용액이 존재할 때 용질을 녹여 용액을 만드는 물질을 말하는데, 물은 거의 모든 물질을 녹일 수 있는 유일한 용매이다. 따라서 모든 물질은 미량이나마 물에 녹는다.

물이 용매로서 작용하는 것은 두 수소 원자가 104.5° 각도로 결합되어 있고 물의 구조가 양(+)전하의 수소 원자와 음(-)전하의 산소 원자로 이루어져 있기 때문에 각종 용해능력이 생기게 된다. 특이한 점은 물이 녹이는 대부분의 물질들에 의해서 물은 화학적으로 변하지 않는 비활성 용매라는 것이다.

빗물이 땅속으로 스며들어 형성되는 지하수는 여러 광물질을 함유하는 암석들을 용해하기 때문에 물속에 풍부한 광물질을 함유하게 되어 물맛에도 차이가 나는 것을 느낄 수 있다. 물맛을 평가하는 항목이나 방법에 대해서는 7장 「워터 소믈리에」 편에서 자세히 알아보도록 하자.

4. 물의 분포와 순환

1) 물의 분포

물은 지구상에서 가장 풍부한 자원이다. 지구가 푸른색으로 보이는 이유는 지구 표면의 약 3/4, 즉 70%가 바다(= 물)로 이루어져 있기 때문이다. 또한, 지구 표면을 공처럼 평평하게 만들면 수심 약 2,440m의 물로 지구 전체를 뒤덮을 수 있다.

지구상의 물 중 96.52%는 해수(海水)이고, 나머지 3.48% 정도가 담수(淡水)인데, 담수 중에서도 빙설이 1.76%로 3/4을 차지하고, 남은 1/4이 지표수, 지하수, 대기권 내의 수분 형태로 지구상에 존재한다.

즉, 인간이 자원으로 이용할 수 있는 물은 실제로 지구가 가지고 있는 물 전체 양의 1%도 채 되지 않는 것이다. 하지만 1%도 되지 않는 양마저도 오존층 파괴와 태양풍으로 인해 조금씩 우주로 새어 나가고 있다.

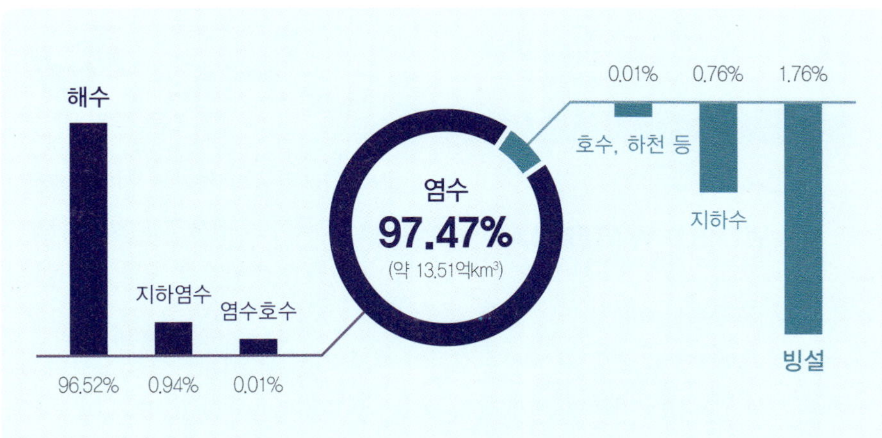

지구의 물 분포도

그러나 가장 심각한 문제는 지구상의 물 중 1%에도 못 미치는 마실 수 있는 물은 전 세계에 고르게 분포되어 있지 않다는 것이다. 이미 10억 명의 인구가 기본적인 물 공급을 받지 못하고 있는 실정이며, 전 세계적으로 300여 개가 넘는 강들이 국경선을 따라 흐르거나 2개국 이상의 국가 간 영토를 관류하여 흐르고 있다. 수자원을 둘러싼 국제간 전쟁은 대부분 2개국 이상을 관류하는 국제 하천의 물 이용 문제에 의해서 야기되고 있다. 미국의 케네디 대통령도 재임 시절(1961~1963) "21세기를 지배하는 것은 물과 원자력이다."라고 말하며, 미래는 인간이 물의 확보하기 위한 투쟁의 시대가 될 것임을 예언하였다.

유엔의 인구 분과 위원회에서 2012년에 발표한 자료에 따르면, 2012년 기준으로 전 세계 인구는 약 75억 명으로, 산업혁명을 전후하여 세계의 인구는 가파르게 증가하여, 1960년에는 전 세계 인구가 30억 명에 이르렀으며, 이후 10년마다 10억 명씩 꾸준히 증가하고 있다고 발표하였다. 이러한 추세라면 2050년 전 세계 인구는 대략 92억 명이 될 것으로 예상하고 있다. 인구는 꾸준히 증가하고 있으나, 지구상에 존재하는 수자원량은 거의 변함이 없다. 문제는 인구수가 증가한 만큼 공업용수, 농업용수, 가정용수 등 생활에 필요한 수자원 및 식수가 다량으로 필요하게 될 텐데, 한정된 수자원량은 변함이 없다는 것이다.

세계 물의 날: World Water Day

인구와 경제활동의 증가로 점차 심각해지는 물 부족과 수질오염을 방지하고 물의 소중함을 일깨우기 위해 유엔(UN)이 제정, 선포한 날이다.

유엔은 1992년 12월 22일 리우환경회의 의제 21의 18장(수자원의 질과 공급 보호)의 권고를 받아들여 '세계 물의 날 준수(Observance of World Day for Water) 결의안'을 채택하였다. 이 결의안에 따라 매년 3월 22일을 '세계 물의 날'로 제정, 선포하여 1993년부터 기념하고 있다.

우리나라는 1990년부터 7월 1일을 '물의 날'로 정하고, 행사를 개최하다가 유엔에서 '세계 물의 날' 행사에 동참할 것을 요청하여 1995년부터는 3월 22일로 변경하고, '세계 물의 날' 행사와 함께하고 있다.

따라서 한정된 수자원을 사용하기 위한 물값이 원유 값보다 더 비싸질 것이라는 전망이 나오고 있다. 원유 부족은 대체에너지 개발로 해결이 가능하지만 물은 대체가 불가능하기 때문이다. 물값이 비싸지면, 국제 분쟁이 일어날 가능성도 커지는 것으로 예상할 수 있다.

환경오염이 날로 심각해지고, 기후, 인구 밀도, 저수시설 등의 변화로 수량이 풍부하고 수질이 좋은 물을 확보하는 것이 점점 더 어려워지고 있는 지금, 우리는 수자원 확보를 위해 가장 노력할 때이다.

2) 물의 순환

물은 기체, 액체, 고체의 세 가지 상태로 존재하지만, 존재 장소가 일정하지 않고 순환하면서 이동하고 있다. 빙하는 눈이 얼음으로 변하여 얼음 상태로 존재하지만, 조금씩 이동하면서 기온상승 및 융해작용 등에 의해 오랜 세월이 지난 후 다시 바다로 돌아간다. 또 하천이나 바다의 물은 증발이나 지하 침투 뒤에 먼저 구름이나 지하수가 되고 흘러가면서 강우나 눈, 샘(Spring, 물이 나오는 곳) 등의 경로로 이동한다. 즉, 물은 기체, 액체, 고체 형태로 모양이 바뀌면서 지구상을 이동하게 되는데, 이것이 바로 물의 순환이다.

물은 시작도 없고 끝도 없이 증발(Evaporation), 강수(Precipitation), 차단(Interception), 증산(Transpiration), 침투(Infiltration), 침루(Percolation), 저류(Storage), 유출(Runoff) 등의 순환 과정을 거친다.

바다나 지표면에서 증발된 물은 대기 중으로 상승 운반되어 응결된 후 강수가 되어 다시 지상에 내려온다. 지상에 내려오는 도중 식물에 의해서 차단되거나 증 · 발산되기도 하고, 지표면에서 유출하여 하천에 도달하기도 하고, 지하로 침투하여 물줄기를 이루면서 지하수를 형성하기도 한다. 이러한 물은 마침내 하천이나 호수, 바다로 흘러들어 간 후 다시 증발하여 대기 중으로 돌아가게 된다.

지구상의 물이 순환하는 기간은 해양에서 약 2500년, 빙하로 1600~9700년, 지하수로 약 1400년, 담수호에서 약 17년, 하천에서 약 16일, 대기에 약 8일 정도 머문다.

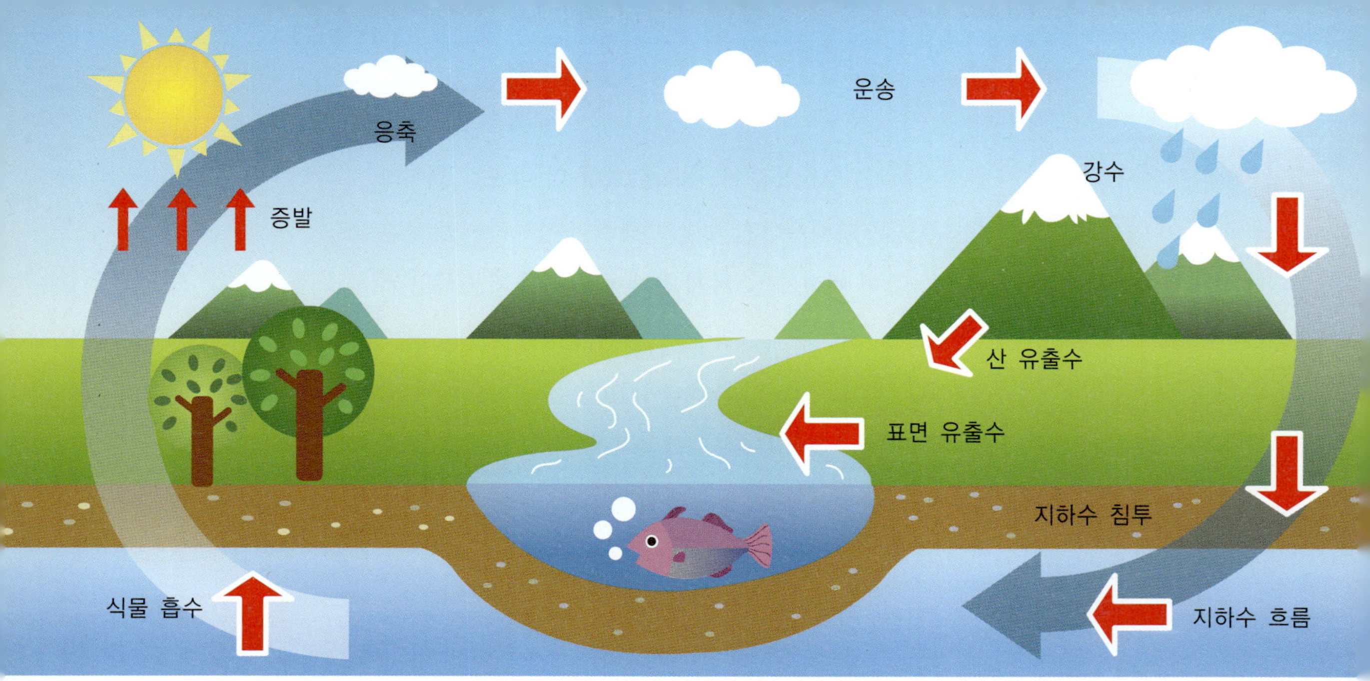

물순환 과정

자연계에 존재하는 물 중에서 바닷물이나 함수호(鹹水湖)의 물이 염수(鹽水)이다. 보통 육수(陸水)가 담수인데, 육수에는 땅속에 존재하는 지하수와 물의 고체인 눈·얼음은 포함되지만, 해수(海水)는 제외된다. 육수는 순수한 H_2O가 아니고 반드시 약간의 염분을 함유하고 있어 순수(純水)와는 구별된다.

인간에게 매우 필요한 담수(淡水, freshwater)는 주로 바다 표면에서 일어나는 증발에 의한 강수에 의한다. 전체 강수량 중 약 80%는 바다에 내리고, 20%가 육지에 내린다. 육지에 내린 물은 다시 강물이나 지하수의 형태로 바다로 흘러가 전체적인 물의 균형이 이루어진다.

5. 물의 미래

2015년에 발표된 상수도 통계자료를 살펴보면, 우리나라 1인당 하루 가정용수 소비량은 180L로 독일 110L, 스위스 142L, 영국 149L로 선진국에 비해 많은 양을 소비하는 것으로 나타났다. 그렇다면 우리나라는 물이 풍부한 나라인가? 답은 '아니오'이다. 우리가 불편함 없이 물을 사용하고 있는 이유는 상수도 보급률이 98.9%로 매우 우수하기 때문이라고 볼 수 있다.

현재 우리나라에 존재하는 물의 양은 연간 1,323억m^3이지만 실제로 사용 가능한 물의 양은 전체의 26%밖에 되지 않아 우리나라도 '물 스트레스 국가'로 분류되고 있다. 앞서 물로 인한 국제분쟁이 예상되는 가운데, 세계의 미래는 물을 어떻게 활용하고 관리하느냐에 따라 결정된다고 볼 수 있다. 따라서 우리나라도 현재 가용할 수 있는 수자원량을 최대한 보호하기 위해 실천과 노력이 절실히 필요하다.

1) 1인당 연간 이용 가능 수자원량

물 스트레스 지수(WSI: Water Stress Index)는 특정 국가 및 지역 단위에서 1인당 연간 재생 가능한 수자원의 총량(해당 지역의 연간 가수량과 유출률을 고려한 총 수자원량을 그 지역의 인구로 나누어 계산)을 기준으로 물 풍요, 물 스트레스, 물 기근을 평가하는 지수이다.

국제인구행동(PAI: Population Action International)에서 1997년에 발표한 'Sustaining Water, Easing Scarcity'의 연구 결과에 따르면, 1인당 이용 가능 수자원량을 기준으로 1,700m^3 이상이면 물 풍요국으로, 1000~1700m^{3}은 물 스트레스국, 1,000m^3 미만일 때는 물 기근국으로 분류하고 있다.

〈표 1-3〉 PAI의 물 스트레스 분류 기준에 따른 국가별 분류

구분	물 풍요 국가	물 부족 국가	물 기근 국가
연간 국민 1인당 활용 가능량	매년 1,700m^3 이상	매년 1,700m^3 미만	매년 1,000m^3 미만
설명	지역적 또는 특수한 물 문제만을 경험하는 국가	주기적인 물 스트레스를 경험하는 국가	만성적인 물 부족을 경험하며, 그 결과 국민복지 및 보건이 저해 당하는 국가
해당 국가	전 세계 약 120개국	리비아, 폴란드, 한국 등	쿠웨이트, 이스라엘, 케냐 등 중동과 아프리카 지역

전 세계 153개국의 WSI를 조사한 결과, 1위는 아이슬란드로 연간 국민 1인당 578,818m^{3}인 것으로 나타났으며, 우리나라는 1,553m^{3}으로 129위로 나타났다. 우리나라가 주기적으로 물 스트레스를 경험하며 물 부족 국가에 속하는 이유는 연평균 강수량이 약 1,300mm로 풍부한 편이지만 거의 장마 기간(6~7월)에 집중되어 있으며, 비가 오더라도 대부분 강으로 흘러가기 때문에 관리할 수 있는 물

의 양이 적기 때문이다. 또한, 국토 면적에 비해 높은 인구 밀도로 인해 1인당 사용 가능한 수자원량도 그리 높지 않은 것이 물 부족의 원인으로 볼 수 있다.

2) 가상수

가상수(Virtual Water)란 우리 눈에는 보이지 않지만 소비재를 생산하는 전 과정에서 소비되는 물의 총량을 뜻한다. 따라서 가상수의 개념은 농산물, 축산물(소고기, 돼지고기, 닭고기 등), 공산품 등 제품을 생산함에 있어서 모두 적용된다.

1998년 영국 런던대학의 토니 앨런(Tony Allan) 교수에 의해 소개된 가상수는 물 부족이 극심한 이스라엘이 농업용수를 많이 사용하는 오렌지를 생산하여 수출하기 때문에 물 부족이 심화되고 있다고 비판한 기든 피셀슨의 연구에서 착안하였다. 예를 들어, 125mL 커피 한 잔을 고객에게 제공하기 위해서는 커피나무의 재배와 수확, 포장, 운송 과정 등에서 물이 소비되는데, 이때 소비되는 물의 총량은 약 140L(1.5L × 약 93병)이며, A4 용지 1장을 생산하기 위해 소비되는 물은 약 10L(1.5L × 약 7병)이다. Water Footprint Network에서 발표한 작물 1kg을 생산하는 데 소비되는 가상수를 살펴보면 다음의 〈표 1-4〉와 같다.

〈표 1-4〉 품목 1kg을 생산하는 데 소비되는 가상수(Liter)

품목(1kg)	가상수(Liter)	품목(1kg)	가상수(Liter)
상추	237	닭고기	4,325
감자	287	염소고기	5,521
사과	822	돼지고기	5,988
밀	1,160	양고기	10,412
쌀	2,497	소고기	15,415

위의 〈표 1-4〉를 살펴보면, 고기 위주의 식사를 하는 사람의 경우 하루에 약 5,400L의 가상수를 소비하는 반면, 채식 위주의 식사를 하는 사람은 하루에 약 2,600L만을 소비하는 것으로 추정할 수 있다. 즉, 지금 전 세계적으로 물 부족 현

상이 일어나고 있는 것은 육식 위주의 식생활 때문이며, 가상수가 적게 필요한 식량을 골라서 먹는다면 물 부족 문제를 해결할 수 있다는 것이 앨런 교수의 제안이다.

우리나라는 일본, 이탈리아, 영국, 독일에 이어 가상수 순수입국 5위에 해당하는데, 가상수의 연평균 수입량이 288억 톤으로 수출량 17억 톤과 비교해 약 17배에 달하는 가상수를 수입하고 있는 실정이다. 이는 국내에서 사용되고 있는 농업용수 소비량 125억 톤보다도 훨씬 더 많은 양이다. 이제는 단순히 물 공급에 해당하는 문제를 넘어서 식량의 안정적 공급까지 고민해야 하는 시대가 된 것이다.

3) 수자원

물은 모든 생명체의 근원이 되는 절대자원으로서 없어서는 안 될 중요한 물질이다. 가상수의 개념에서 살펴보았듯이, 쌀 1g을 생산하는 데 무조건적으로 250g의 물이 필요한 것처럼, 인간이 사용하는 모든 공산품의 생산에도 없어서는 안 될 중요한 원자재가 바로 물이다.

수자원(Water Resource)은 넓은 의미로는 생물이나 인간의 생활에 이용되는 지구상의 모든 물이며, 좁은 의미로는 인간에 의해 사용되는 경우로 한정되고 있다. 물에 대해 '자원'이라는 용어를 사용한 지는 불과 50년밖에 되지 않는다. 우리나라의 경우 1950년대 한국 자원조사보고서에서 '수자원'이라는 단어를 사용했으며, 1958년 미국에서 '국가기본계획에 있어서의 수자원'이라는 보고서를 작성하면서 수자원에 대한 정의가 내려졌다. 다른 자원은 매장량을 측정하여 개발의 한계를 예측할 수 있으나, 수자원의 경우는 대부분이 유역(流域)에서 강수에 의한 유출수가 근원이므로 강수 자체가 매년 일정하지 않고 이용 가능한 자원으로서의 물의 양도 확실치 않다. 그러나 매장량이 확실한 자원은 사용함으로 인해 그 양이 감소되어 없어지지만, 수자원의 경우 매년 큰 차이 없이 거의 같은 양을 유역으로부터 얻을 수 있기 때문에 무한자원이라고 표현하기도 한다.

그러나 인구 증가, 각종 산업 및 문명의 발전, 기후 변화 등의 이유로 점점 수자원의 양은 줄어들고 있으며, 물을 관리하지 않으면 안 되는 중요한 경제적 자원으로 대두되고 있다. 따라서 종교전쟁, 영토분쟁, 석유파동보다 더 무섭고, 인간의 생명이 위협받을 수 있는 물 전쟁이 일어나지 않기 위해서는 우리 모두가 환경오염을 줄이고 자연을 보호해야 한다.

Water & Tea

02 CHAPTER 물과 건강

20세기 들어서면서 인간의 평균수명은 약 35년 정도 늘어났는데, 평균수명이 늘어난 이유 중 하나가 상수도시설의 발전으로 인한 깨끗한 물 덕분으로 평가하고 있다. 또한, 21세기 세계 과학자들이 뽑은 인류의 위대한 업적 중 4위가 백신, 3위가 마취제, 2위가 항생제, 1위가 상하수도 발전이다. 이처럼 물은 산소와 더불어 인간의 생존에 필요한 가장 중요한 요소이다.

우리 몸은 보통 70%의 수분으로 되어 있다고 알고 있으나, 인체의 조직은 장기별로 수분함유량에 차이가 있다. 혈액 83%, 뇌 75%, 심장 75%, 폐 86%, 간 86%, 신장 83%, 근육 75%, 뼈 22% 등의 구성 비율로 나타나 있다.

> 내 몸의 근육량을 유지하고 싶다면, 물을 마셔야 한다. 근육도 75%가 수분이기 때문이다.

사람의 생체주기로 살펴보면, 신생아는 80%, 청소년은 70%, 성인은 60~70%, 노인은 50%로 수분함유량이 나이가 들수록 점차 줄어드는 것을 알 수 있다. 즉, 노화는 체내 수분을 잃어가는 과정이라고도 볼 수 있다. 인체의 조직별로, 생체주기에 따라 다른 함유량을 나타내는 물이 우리 몸에서는 어떤 기능과 역할을 하고, 건강한 삶을 영위하기 위한 물 섭취방법은 어떤 것들이 있는지 알아보도록 하자.

1. 우리 몸속의 물

사람이 하루에 섭취하는 물의 양과 종류를 살펴보면, 음료수에서 800~1,300mL, 음식물에서 700~1,000mL, 대사 작용으로 200~300mL로 총 1,700~2,600mL 정도를 섭취하고 있다. 반대로 배출하는 물의 양은 소변으로 1,000~1,500mL(최소 500mL), 피부에서 500~700mL, 호흡으로 400mL, 대변으로 100mL 정도 배출된다.

〈표 2-1〉 섭취하는 물의 양 vs 배출되는 물의 양

섭취하는 물의 양		배출되는 물의 양	
음료수	800~1,300mL	소변 및 대변	소변: 1,000~1,500mL 대변: 100mL
음식물	700~1,000mL	피부	500~700mL
대사작용	200~300mL	호흡	400mL
총섭취량	1,700~2,600mL	총배출량	1,000~2,200mL

※ 따라서 하루에 2L 이상의 물을 섭취해야만 신체 수분 밸런스가 맞춰진다.

기본적으로 피부와 호흡만으로도 거의 1L에 달하는 수분이 배출되고 있는 것이다. 그렇다고 해서 1L의 물을 한꺼번에 마시는 것은 의미가 없다. 물을 한꺼번에 많이 마시게 되면 목의 갈증은 사라지겠지만, 지나치게 많은 양의 물을 마시는 것은 '저나트륨혈증'을 가져와 온몸의 세포가 물에 불은 상태에 있는 것처럼 몸이 붓고, 두통과 피로에 정신이 혼미해질 수도 있으며, 위액을 묽게 만들어 위에 부담을 주게 되는 등의 문제가 발생할 수 있다.

혈액의 나트륨 농도가 135mmol/L 미만으로 낮아진 경우이며, 우리 몸의 수분이 과다할 때 발생한다.

또한, 우리 몸에 물이 부족하게 되면 몸에 들어온 나쁜 물질이나 대사과정에서 생긴 노폐물을 몸 밖으로 배출하는 기능이 떨어져 몸에 독소가 쌓일 수 있다. 따라서 효과적으로 물을 마시려면 갈증 해소의 정도를 기준으로 삼고, 약 200mL 정도를 여러 번에 나누어 마시는 것이 바람직하다.

물을 마시고 30초 후면 혈액에 도달하고, 1분 후에는 뇌 조직과 생식기, 10분 후에는 피부, 20분 후에는 간 · 심장 · 신장을 비롯한 장기에 도달한다. 즉, 수분 섭취 30분 후에는 전신에 도달하게 되는 것이다. 그러나 지금 마신 물이 몸 밖으로 완전히 배출될 때까지는 약 1개월 정도가 소요되며, 우리 몸이 함유하고 있는 전체 물의 50%가 새로운 물로 바뀌는 데 10일, 우리 몸의 모든 세포가 새로운 물로 바뀌는 데 3년이 걸린다. 따라서 세포 내의 물을 끊임없이 좋은 물로 가득 채우는 것이 건강을 지키는 지름길이다.

방금 소변을 보고 왔다면, 한 달 전에 마신 물이 우리 몸을 모두 돌고, 노폐물로 배출되는 것이다.

물을 마시면 신체 각 부위에 도달하면서 인체에 직접적인 영향을 미치는데, 우리가 매일 마시는 물은 입 → 위 → 장 → 간장 · 심장 → 혈액 → 세포 → 혈액 → 신장 → 배설 등의 순서로 순환하면서 다음과 같은 중요한 기능을 수행한다.

- 여러 가지 영양소를 소화시키고 흡수한다.
- 몸에서 생긴 필요 없는 노폐물 등을 몸 밖으로 배출한다.
- 내장의 움직임이 매끄럽도록 도와준다.
- 체내의 열을 발산시켜 체온을 조절하는 등의 역할을 한다.
- 세포의 형태를 유지하고 대사 작용을 높인다.
- 혈액을 중성 혹은 약알칼리성으로 유지시킨다.
- 신진대사를 원활하게 해 준다.

물의 순환 물을 마시면 20분 후에는 거의 모든 장기에 도달하게 되며, 신진대사를 도와준다.

2. 물과 건강

인간은 물론 모든 생물에 물이 없다면 생존은 불가능하다. 생물이 살아갈 수 있기 위한 물질의 교환, 대사와 배설이 모두 물에 의해 이루어지고 있다. 세계보건기구(WHO)에서는 "깨끗한 물을 마시면 각종 질병의 80%까지 치유할 수 있으며, 하루에 200mL씩 8잔의 물을 마시는 것이 좋다."라고 권고하고 있다.

1) 물의 섭취량이 다른 경우

물이 우리 몸에 중요하다고 해도 질환이나 체질에 따라 물을 하루 섭취량보다 많이 마셔야 하는 경우와 적게 마셔야 하는 경우가 있다.

(1) 물을 많이 마셔야 하는 경우

물을 기본 섭취량(성인 기준 하루 2L)보다 많이 마셔야 하는 경우는 고혈압 환자, 장기입원 환자, 통풍 환자, 염증성 질환, 호흡기 질환(감기, 기관지염) 등이다. 고혈압 환자의 경우 물을 다량으로 섭취함으로써 혈전을 없애고 혈관에 피가 잘 흐르게 한다. 특히, 칼륨(K)은 나트륨을 몸 밖으로 배출시켜 주며 혈압을 정상적으로 유지하는 데 도움을 주므로 고혈압 예방을 위해서는 칼륨이 많이 함유된 물을 선택하는 것이 바람직하다. 오랜 기간 병상에 누워 지내는 환자의 경우 물을 많이 섭취하여 소변량을 증가시켜 요로결석(尿路結石) 및 변비를 예방할 수 있다. 또한, 통풍(痛風) 환자는 물을 많이 마셔 요산 배출을 촉진하여 혈액 속 요산 농도를 낮출 수 있다. 염증성 질환의 경우도 물을 많이 마시면 그만큼 소변량이 증가하여 염증도 함께 배출되므로 염증 수치를 낮추는 데 효과적이다.

(2) 물을 적게 마셔야 하는 경우

물을 적게 마셔야 하는 경우는 만성 신부전증, 신장병, 심장병, 간경화, 심한 갑상선 기능 저하증 환자 등이다. 만성 신부전증을 앓고 있는 환자의 경우 물과 노폐물의 배출이 어렵고, 신장병 환자는 소변을 통해 단백질이 다량 배출되면서 혈액의 삼투압이 저하된다. 따라서 수분의 과잉 섭취 시 체내에 지나치게 많은 수분이 잔류하게 된다. 또한, 심장병 환자는 물의 과잉 섭취로 심장과 폐에 부담이 가중되고 저나트륨혈증의 위험이 나타날 수 있다.

〈표 2-2〉 물의 섭취량이 다른 경우

물을 많이 마셔야 하는 경우	물을 적게 마셔야 하는 경우
고혈압	만성 신부전증
장기입원 환자	신장병
통풍	심장병
염증성 질환	간경화
호흡기 질환	갑상선 기능 저하증

그럼, 우리 몸을 건강하게 지키기 위한 물 마시는 방법에 대해 알아보자.

2) 건강하게 물 마시는 방법

물의 생리작용을 원활하게 수행하기 위해서는 물 마시는 요령이 필요하다. 수분 섭취에 가장 좋은 물은 단순한 맹물이다. 간혹, 물이 싫어서 물 대신 시중에서 판매되는 여러 다양한 음료수를 섭취하는 경우가 종종 있는데, 이러한 음료수로는 물이 갖는 고유 효과를 기대하기 어렵고 첨가물이 많을수록 수분 섭취와는 멀어지게 된다. 특히, 카페인이 함유된 음료(커피, 홍차, 녹차, 콜라 등)와 알코올성 음료는 이뇨작용을 일으키기 때문에 이들이 함유된 음료나 술을 마시게 될 경우, 마신 양의 1.5~2배 정도의 수분이 소변으로 배출된다. 따라서 가급적이면 음료수 대신 물을 마시는 것이 좋다.

대한민국이 가장 좋아하는 기호음료인 커피는 약 1.2배, 맥주는 약 1.6배의 이뇨작용을 일으킨다. 따라서 커피나 맥주를 마시는 경우, 이뇨작용만큼 물을 섭취해야 수분 밸런스가 유지된다.

물을 섭취하는 양은 연령 및 성별에 따라 차이가 있지만, 평균 하루에 1.3~2.5L 혹은 200mL 컵으로 약 6~10잔의 물을 마시는 것이 좋다. 물의 섭취량은 유전적 요인, 연령, 온도, 빛, 소리, 식생활 습관, 접근성, 식사시간 등에 따라 영향을 받는다. 효과적으로 물을 마시려면, 한 번에 한 컵씩(약 200mL) 하루 6~10회 정도 수시로 물을 마시는 것이 바람직하다.

아침에 일어나자마자 물을 마셔야 하는 이유는, 수면 중에도 호흡과 땀으로 인해 수분 배출이 계속 일어났기 때문이다.

오전 10시와 오후 3시는 아침식사와 점식식사 사이, 점심식사와 저녁식사 사이로 이 시간에 가급적 물을 섭취하는 것이 위에 부담을 줄일 수 있다.

한국수자원공사(K-water)에서 권장하는 하루 물 섭취량의 계산공식은 자신의 체중(kg) × 0.03(L)이다. 체중이 적게 나가거나 많이 나가는 경우 하루 물 섭취량이 달라지는 것이다. 그러나 날씨가 덥거나 활동량이 많아 땀을 많이 흘렸다면 권장섭취량보다 더 많이 마시면 된다.

하루 생체리듬으로 본다면, 아침에 일어나자마자, 오전 10시, 오후 3시, 입욕 전후, 잠자리 전에 나누어 마시는 것이 좋다. 물을 마실 때는 10~15℃의 적은 양의 물을 많은 횟수로 나누어 천천히 마시는 것이 건강하게 물 마시는 방법이라고 할 수 있다.

식사 중이나 식후에 바로 물을 마시는 것은 소화에 중요한 역할을 하는 위액을 희석시켜 소화장애의 원인이 되므로 바람직하지 않다. 물을 평소에 자주 마신다면 음식을 섭취하는 동안에도 물을 찾는 일이 없어질 것이다.

노인의 경우, 체내 수분함유량이 50% 정도밖에 되지 않고, 갈증을 인지하는 감각이 노화에 의해 둔화되고 취약하기 때문에 건강을 지키기 위해서는 조금씩 자주 마시는 습관을 가지도록 노력해야 한다.

영유아는 체내 수분함유량이 70% 이상이고, 아직까지 신장이 성숙하지 않기 때문에 모유 혹은 분유로 섭취하는 수분으로도 충분하다. 그러나 분유의 경우 물에 분유를 타서 먹는 형태이므로 물을 신중하게 선택해야 한다. 미네랄 함량이 너무 많은 물은 분유도 잘 녹지 않을 뿐만 아니라, 섭취에도 어려움이 있을 수 있기 때문이다.

오스트리아의 와일드 알펜 오스트리아 남알프스산맥에서 취수한 프리미엄 베이비워터

호주의 오지 베이비워터 오지 베이비워터 라벨에는 HACCP으로 생산되었으며, 아기에게 가장 적합한 물이라고 설명하고 있다.

3) 물을 잘못된 방법으로 섭취하는 경우

평균 하루에 1.3~2.5L 혹은 200mL컵으로 약 6~10잔의 물을 마시는 것이 좋다고 앞서 설명하였다. 그러나 너무 많은 양을 섭취하여 물 중독 증상을 보이거나, 너무 적은 양을 섭취하여 탈수가 오면 사망에 이르게 된다.

(1) 물 중독으로 사망하는 경우

2007년 1월 미국 캘리포니아 새크라멘토의 한 라디오 방송에서 '화장실에 가지 않고 얼마만큼 물을 마실 수 있나?'를 주제로 콘테스트가 있었다. 간호사였던 청취자 한 명이 콘테스트 도중 위험하다는 충고를 했으나, 주최 측에서는 이를 무시하고 대회를 계속 진행하였다. 20명의 신청 청취자가 경쟁을 한 끝에 결국 세 자녀의 엄마인 28세 여성이 우승을 차지하였다. 이 여성이 화장실을 한 번도 가지 않고 마신 물의 양은 약 6.5L였다. 그러나 그날 오후 그녀는 자택에서 사망하였는데, 사인(死因)은 '물 중독'으로 판명되었다.

한도 이상으로 무리하게 물을 계속 마시면 뇌의 중추에 이상이 생기게 되고 세포 내에 물로 가득 차서 몸이 붓게 되는데, 이 상태가 바로 '물 중독'의 시작이다. 더 악화되면 혼수상태에 빠지게 되고 결국 죽음에 이르게 되는 것이다. 또한, 물을 과잉 섭취하게 되면, 세포외액의 양이 증대되어 부종이나 고혈압의 원인이 되며, 세포내액에도 양이 과잉 증가하게 되므로 구토나 두통, 경련이나 혼수상태를 낳기도 한다.

생후 6개월 이하인 유아가 과도하게 물을 섭취했을 경우도 '물 중독'을 일으키며, 심하면 유아의 생명까지도 위협할 수 있다고 미국 존스홉킨스대학의 연구에서도 발표된 바 있다. 연구에 따르면, 생후 6개월 이하 유아의 신체기관은 성인과 달리 성숙하지 않은 상태이고, 특히 콩팥은 많은 수분으로 나트륨, 칼륨 등의 무기질이 빠져나가 뇌에 영향을 미칠 수 있게 된다는 것이다.

이러한 '물 중독'으로 인해 체온이 떨어지거나 얼굴이 붓고, 불안감, 졸림 등의 위험성이 증가하므로 유아의 경우 지나치게 수분을 공급하는 것보다는 모유나 분유를 통해 수분을 대신하는 것이 바람직하다.

(2) 물 부족(탈수 증상)으로 사망하는 경우

한여름 폭염에 승용차 속 아이가 사망하였다는 뉴스 혹은 무더위에 일사병으로 쓰러져 구급차에 실려 가는 경우를 종종 보게 된다. 보통 외부의 온도가 높아지면 몸은 자연적으로 땀을 발산하게 되는데, 수분함유량이 성인보다 많고 신진대사가 활발한 영유아의 경우 더운 날씨에 땀으로 수분을 빼앗기면서 과도하게 탈수 상태가 되어 목숨을 잃게 되는 것이다. 또한, 외부 온도가 체온 이상으로 높아지더라도 땀의 배출만 잘 된다면 체온이 계속 상승하는 일은 일어나지 않지만, 뇌세포가 고열(高熱)에는 의외로 약한 성질을 가지고 있어 땀을 흘리지 않음으로써 몸속의 열이 방출되지 않을 경우 일사병에 의해 의식불명으로 쓰러지는 것이다.

몸속 수분함유량이 2% 부족하게 되면 갈증을 느끼게 되고, 물 부족이 3%가 되면 목마름의 감각은 떨어지며, 6%가 되면 몸 안의 수분조절 기능이 둔화되어 탈수 증상을 보이기 시작한다.

〈표 2-3〉 탈수량과 탈수 증상 동반 징후

탈수량(%)	탈수 증상
2%	갈증을 느끼기 시작
3%	가벼운 갈증, 입술의 건조
4%	체온상승, 피부의 홍조, 소변량 감소 및 농축
5%	두통, 몸이 달아오름
6~7%	어지럼증, 청색증, 심한 갈증, 입안건조, 소변량 부족
8~10%	신체의 떨림, 경련
11~14%	피부 건조, 혀가 부풀어 오름
15~19%	배뇨통, 눈의 흐림, 난청, 혀의 축소
20% 이상	소변량 없음, 사망

땀을 많이 흘린 경우, 구토나 설사를 많이 한 경우, 물과 음식의 섭취가 부족한 경우, 당뇨병이나 신장병 환자이면서도 잘 관리하지 않은 경우, 물 없이 짠 음식이나 바닷물을 섭취한 경우 등에도 탈수가 일어날 수 있다.

다음은 탈수의 주요 증상이다. 해당 증상이 있다면 탈수를 의심해 보고, 좀 더 수분 섭취에 신경 쓰도록 하자.

- 갈증
- 알 수 없는 피로감
- 체온 상승
- 두통 또는 어지러움
- 적은 소변량(탈수가 심한 경우 소변보는 간격이 12시간 이상으로 벌어지기도 함)
- 매우 강한 냄새가 나고 짙은 갈색을 띠는 소변
- 피부 탄력성 상실
- 어둡고 움푹 들어간 눈
- 정서 불안
- 손톱 부분을 강하게 눌렀을 때 색이 빨리 돌아오지 않음

과연 정수기는 좋은 물일까?

2012년 4월 27일 MBC 특별기획으로 '워터 시크릿-미네랄의 역습'이라는 주제로 각 가정에 거의 필수품으로 자리한 정수기의 물이 과연 좋은 식수일까에 대한 검증에 대해 방영하였다.

낙동강 페놀 유출사건, 노후화된 노후 배관 등의 문제로 우리는 수돗물을 꺼려하여 정수기에 대한 관심이 높아졌을 뿐만 아니라 편리성 때문에도 각 가정에 보급화를 가져오게 되었다.

일반적으로 가정용 정수기에는 정수하는 여러 가지 방법 중 역삼투압, 중공사막, 나노방식의 세 가지 방식이 사용된다. 그중 가장 많이 사용되고 있는 역삼투압 방식의 정수기에 대한 논란이 이어지고 있기에 MBC에서는 우리나라에 가장 많이 보급되어 있는 역삼투압 방식의 정수기물에 대한 검증을 위해 독일 본(Bonn) 대학을 찾아갔다. 실험에 앞서 독일 본(Bonn) 대학 위생실험실 마틴 엑스너 교수는 좋은 식수의 조건을 다음과 같이 제시했다.

- 미네랄이 풍부하고 물맛이 좋아야 한다.
- 10~12℃의 온도에서 가장 좋은 맛을 느낄 수 있다.
- 미네랄이 풍부해야 한다.
- 유해 박테리아가 없고 청결해야 한다.

본 대학 수질검사소에서 역삼투압 방식의 정수기 물에 대한 실험을 진행한 결과 다음과 같은 결론을 발표하였다.

- 박테리아와 세균 기준치가 초과되었다.
- 미네랄이 전혀 없고, pH가 산성인 산성수이다.
- 독일의 음용수 규정을 충족시키지 못하고, 미네랄이 없는 물을 장기간 마실 경우 건강상의 문제가 발생할 수 있다.

즉, 편리성과 깨끗한 물이라 하여 정수기를 설치하고 마셔 왔던 물이 미네랄이 하나도 없는 그냥 '물'이었을 뿐만 아니라, 미네랄이 없는 물을 장기가 섭취하면 건강상에 문제가 발생됨을 경고하고 있다. 국제물학회 미네랄연구팀 잉그리드 로스버그 박사는 우리 몸의 세포는 물로 둘러싸인 형태로 세포 밖에 미네랄이 없는 물이 있으면, 그 물이 세포에서 미네랄을 빼앗아가는 현상이 발생한다고 하였다. 특히, 임산부가 역삼투압 정수기의 물을 마실 경우 산모와 태아 모두 심각한 미네랄 부족을 겪게 될 것이라고 하였다.

현대인이 믿고 마셨던 정수기 물은 깨끗할 것이라는 믿음으로 마셔 왔지만, 미네랄이 전혀 함유되지 않은 건강한 물이 아니었다. 이런 물을 우리가 계속 믿고 마실 수 있을까? 이제 물이 품은 생명과 건강의 비밀에 대해 다시 한번 생각해 보고, 어떤 물을 마셔야 할지 고민해 보자.

출처:「워터 시크릿-미네랄의 역습」 중(MBC 특별기획, 2012년 4월 27일 방영).

Water & Tea

03 CHAPTER 맛있고 좋은 물

앞서 2장 「물과 건강」에서 물이 우리 몸에서 하는 역할과 건강하게 물 마시는 방법에 대해 알아보았다. 「물과 건강」에서도 보았듯이, 체내에 들어온 물은 잠시도 쉬지 않고 부지런히 움직이면서 혈액과 조직액의 순환을 원활하게 하며, 세포의 형태를 유지시켜 주고, 영양소를 용해시킨 후 세포로 흡수 및 공급해 주고, 체내의 나쁜 물질과 불필요한 노폐물을 배출시키며, 체내의 열을 발산시켜 체온을 조절하고 혈액을 중성 내지 약알칼리성으로 유지시키는 등 매우 중요한 역할을 많이 하고 있다. 이처럼 신체에 매우 중요한 역할을 하고 있는 물을 아무 물이나 섭취할 수는 없다. 그럼, 어떤 물이 맛있는 물이고 좋은 물인지 알아보자.

1. 맛있는 물

맛있는 물이란 과연 어떤 물일까? 미네랄이 풍부한 물, 혹은 좋은 수원지에서 받은 깨끗한 물이 맛있는 물일까? 정답은 없다. 그 이유는 물의 종류와 상관없이 개인의 생리적 상태와 외부 환경의 조건, 섭취 온도 등에 따라 느끼는 물맛이 다르기 때문이다. 한여름 폭염 속, 등산 후 산 정상에서 혹은 땀 흘려 운동을 마친 후 등 갈증을 느낄 때 마시는 물 한 잔이야말로 가장 맛있는 물일 것이다. 즉, 개인의 상황마다, 계절과 날씨마다 물맛은 각자가 다르게 느끼는 상대적인 맛이라고 볼 수 있다.

일반적으로 '맛있는 물'의 조건에는 불쾌한 냄새나 맛이 나지 않으며, 적당하게 미네랄을 함유해야 하고, 마시는 물의 온도는 10~17℃(체온보다 20~25℃ 낮은 온도)라고 말할 수 있다. 일본 후생노동성의 '맛있는 물 연구회'의 연구 결과에서는 맛있는 물의 조건 중 온도를 첫 번째로 꼽고 있는데, 마시는 물의 온도가 차가울 때 '물이 맛있다'라고 종종 말하고 있다. 단지 온도가 차가울 뿐인데 이것을 맛있다고 표현하는 것은 잘못된 표현이라고 볼 수 있다.

우리나라의 보건복지부, 고용노동부, 여성가족부의 일을 담당하고 있는 일본 정부기관이다.

따라서 '맛있는 물이란 어떤 물일까?'라는 질문에 답을 찾고, 나에게 맞는 물은 어떤 물인지 알아보자.

미네랄의 필수 구성 7원소는 칼슘, 인, 칼륨, 황, 나트륨, 염소, 마그네슘이다.

1) 미네랄

맛있는 물의 첫 번째 조건은 미네랄이다. 미네랄이란 인체의 성장과 유지 및 생식에 필요한 소량의 영양소를 말한다. 인체에 필수적인 미네랄은 물의 균형을 조절하고, 알칼리성으로 유지하며 신체 내 촉매작용을 도와준다. 물에 녹아 있는 미네랄은 칼슘, 마그네슘, 나트륨, 칼륨, 철, 아연, 염소, 질산, 탄산, 황산 등이 있다. 물맛은 수원지의 지층구조, 지질상태, 광물질의 구성과 광물질 간의 밸런스에 따라 다르게 나타난다. 즉, 토양의 차이에 따라 물맛이 다르게 느껴진다고 볼 수 있는데, 이를 떼루와(Terrior)에 대한 차이라고도 설명할 수 있다.

떼루와란 와인을 이해할 때 가장 중요한 개념 중 하나로, 포도가 자라는 자연환경을 의미한다. 물의 떼루와는 '수원지'라고 이해하면 된다. 떼루와에 대한 자세한 설명은 워터테이스팅 파트를 참고하자.

예를 들어, 지질적인 특성상 석회암 지역이 많은 유럽이나 북아메리카, 아시아 대륙의 경우 칼슘, 마그네슘 등의 함유량이 많은 반면, 화산암질의 산지가 많은 한국, 일본은 규산, 나트륨이온의 함유량이 많은 특징을 가지고 있기 때문에 물맛이 다른 것이다.

물에 포함되어 있는 미네랄 성분에는 칼슘, 마그네슘, 나트륨, 칼륨, 철, 아연 등과 같은 양(+)이온과 염소, 질산, 탄산, 황산과 같은 음(-)이온이 있는데 이들이 어떠한 조합으로 구성되었는가에 따라 물맛이 결정된다.

이처럼 물에 포함되어 있는 미네랄이 물맛에 영향을 미치므로 물속에 주로 녹아 있는 미네랄의 종류 및 특징에 대해 살펴보자.

(1) 칼슘(Calcium, Ca^{2+})

칼슘은 골격과 치아를 튼튼하게 하고 세포막을 단단하게 하며, 신경과 근육자극을 제대로 전달하며 혈전방지를 도와준다. 칼슘은 반응성이 커서 자연 상태에서는 화합물로만 존재한다. 체중의 1.5%를 차지하며, 뼈에서 석회질이 빠져서 생기는 골다공증이나 골절은 칼슘 결핍 시 발생한다. 그러나 칼슘이 너무 높은 물을 장기간 복용할 때는 요로결석이 발생할 수 있다.

성인은 하루에 800mg 정도가 필요하지만, 유아는 성인만큼 필요하지 않고, 성장기 청소년은 성인보다 더 많은 양이 필요하다. 국내에서 생산하는 생수에는 30mg/L보다 적은 양을 함유하고 있지만, 프랑스의 콘트렉스(Contrex)에는 468mg/L의 칼슘이 함유되어 있다. 국내 생수와 유럽 생수의 칼슘 함량 차이는 앞서 설명한 지질 구조의 특성 때문이라고 볼 수 있다.

콘트렉스 콘트렉스에는 468mg/L의 칼슘이 함유되어 있다.

(2) 마그네슘(Magnesium, Mg^{2+})

칼슘, 인과 함께 뼈의 대사에 중요한 기능을 한다. 각종 효소작용을 활성화시키고 단백질을 합성하며, 신경계에도 반드시 필요한 미네랄이다. 칼슘과 마그네슘은 균형 있게 섭취하는 것이 중요한데, 칼슘 : 마그네슘 = 2 : 1 정도가 가장 적합한 밸런스이다. 체중의 0.14%를 차지하는 마그네슘은 적정량을 섭취하면 장에 도움을 주어 변비를 예방해 주는 효과가 있으나, 결핍 시에는 혈관이 확장되어 신경과민을 일으킨다(눈 떨림 현상도 마그네슘 부족 때문임).

마그네슘이 너무 높은 물은 쓴맛이 많이 느껴지고, 칼슘과 같이 마그네슘이 높은 물을 장기간 복용할 때는 요로결석이 발생할 수 있다.

성인은 하루에 200~400mg이 필요하며, 일반적으로 생수에는 20mg/L 내외의 마그네슘이 함유되어 있다. 독일의 게롤슈타이너(Gerolsteiner)에는 108mg/L의 마그네슘이 함유되어 있다.

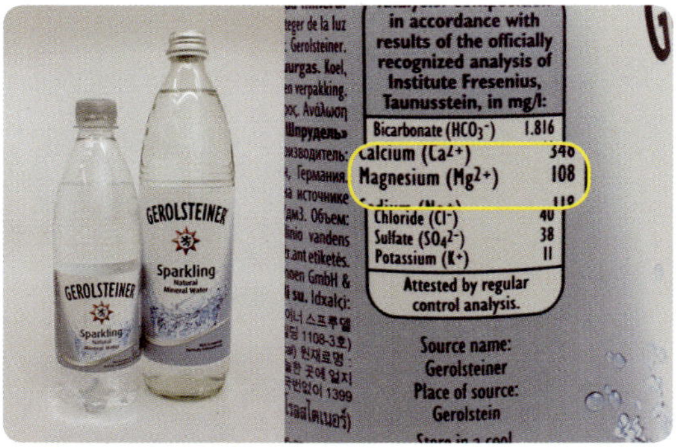

게롤슈타이너 게롤슈타이너에는 108mg/L의 마그네슘이 함유되어 있으며, 페트병으로도 생산되고 있다.

(3) 나트륨(Sodium, Na^+)

나트륨은 조직 사이를 구성하는 액체 내 침투압을 유지하게 하며, 체내의 함량은 마그네슘과 비슷하다. 나트륨은 결핍 시보다 과다 섭취할 때 건강에 많은 문제를 일으킨다. 과다섭취 시에는 고혈압, 신장병, 심장병 등이 생길 수 있다. 그러나 이런 건강문제를 걱정하여 나트륨 섭취를 거의 하지 않아 결핍되면 위산이 감소되므로 적정량 섭취가 중요하다.

성인은 하루에 500mg 정도가 필요하지만 극심한 육체적 스트레스를 받았을 경우엔 1,500mg 이상이 필요하기도 하다. 일반적으로 생수에는 10mg/L 내외의 나트륨이 들어 있다. 독일의 젤터스(Selters)에는 287mg/L가 함유되어 있으며, 프랑스의 이드록시다즈(Hydroxydase)에는 무려 1,842mg/L의 나트륨이 함유되어 있다.

혹시 지금 손에 국내산 생수를 들고 있다면 국내산 생수의 나트륨 함량과 비교해 보라. 거의 400배가 넘는 나트륨 함량이다.

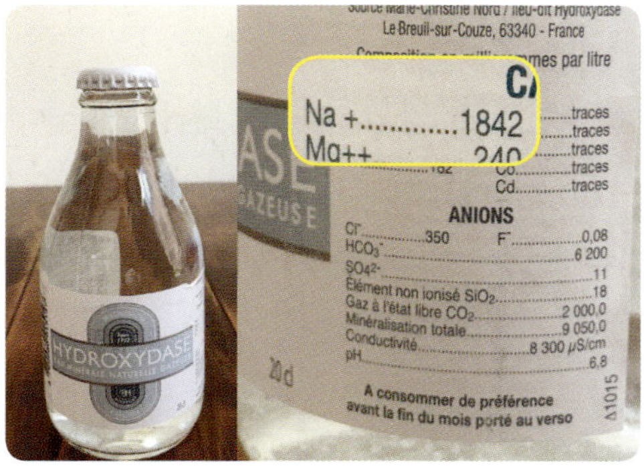

이드록시다즈 이드록시다즈에는 1,842mg/L의 나트륨 함유되어 있다.

(4) 칼륨(Potassium, K^+)

칼륨의 95%는 세포 안에 존재하며, 나트륨과 같이 체액의 주요 전해질로 체내의 수분량을 조절하고 산과 알칼리의 균형을 맞추는 기능을 한다. 또한, 혈압을 낮추며, 근육의 수축과 이완 등에 영향을 미쳐 고혈압 예방에 효과가 있으며, 성장세포를 돕기 때문에 청소년기에 적당한 섭취가 필요하다. 결핍 시에는 뼈 근육이 약화될 수 있다. 물에 칼륨이 너무 많으면 쓴맛이 나지만, 적당량 녹아 있으면 물맛이 좋아진다.

성인은 하루에 2,000~4,000mg이 필요하다. 일반적으로 생수에는 5mg/L 이하의 칼륨이 함유되어 있으나, 이탈리아의 생수 페라렐레(Ferrarelle)에는 일반 생수의 10배가 넘는 50mg/L의 칼륨이 함유되어 있다.

1893년에 창립한 이탈리아 최대 생수 브랜드 페라렐레

(5) 황산이온(SO_4^{2-})

수많은 광물질에 존재하며, 자연수 중의 황산이온은 주로 지층의 지질에서 비롯된다. 수돗물 중의 황산이온은 대부분 정수처리에 사용되는 응집제인 황산알루미늄으로 인하여 20~50mg 정도 검출된다. 황산이온은 간 기능을 돕고 소화를 촉진시키는 역할을 한다. 그러나 다량 섭취 시 이뇨작용을 촉진하여 탈수가 일어날 수 있다. 물속에 황산이온이 많이 함유되어 있으면 미네랄 성분인 칼슘의 함량을 감소시켜 물맛을 나쁘게 한다. 이탈리아의 산펠레그리노(San Pellegrino)는 402mg/L의 황산이온이 함유되어 있다.

국내에서는 200mg/L 이하로 관리하고 있다.

산펠레그리노 산펠레그리노에는 402mg/L의 황산이온이 함유되어 있어 약간의 쓴맛과 무거운 맛을 느낄 수 있다.

(6) 중탄산염, 탄산수소염(Bicarbonate, HCO_3^-)

중탄산염은 근육에 과다 분비된 젖산을 중화시켜 근육통을 완화시키는 역할을 하는데, 운동을 심하게 한 날 중탄산염이 많이 함유된 물을 마시면 근육의 피로회복에 도움이 된다. 이러한 역할은 위산과 산성화된 음식물을 중화시키는 췌장분비액과 흡사하다. 진행성 만성신장병 환자의 영양 상태를 개선하고, 임상적으로 병의 예후를 개선시키는 기증이 임상실험으로 증명되었다.

국내에서 생산되는 생수에는 거의 함유되어 있지 않고, 유럽에서 생산되는 생수에 주로 함유되어 있는데, 일반적으로 생수에는 50~200mg/L의 중탄산염이 함유되어 있지만, 프랑스의 바두아(Badoit)에는 1,250mg/L, 이드록시다즈(Hydroxydase)에는 6,200mg/L, 독일의 게롤슈타이너(Gerolsteiner)에는 1,816mg/L의 중탄산염이 함유되어 있다.

바두아

(7) 규산(SiO_2, Silica)

화산암으로 구성된 실리카층이나 점토층을 통과할 때 용출되고, 실리카(Silica)라고도 부른다. 규소와 염소의 화학적 결합체로서 물에 조금 녹으며, 약산성을 띈다.

심장질환의 위험을 줄이고 칼슘과 작용하여 강한 뼈 형성에 도움이 되어 골다공증을 예방할 수 있으며, 산화방지제처럼 조직의 재생을 돕는다. 또한, 머리카락과 손톱은 규산에 의해 더 튼튼해지고 노화방지 및 알츠하이머를 예방해 준다.

성인은 하루에 20~30mg/L가 적정 섭취량이다. 일반적으로 생수는 20mg/L보다 적은 양의 규산을 함유하고 있지만, 피지섬에서 생산되는 피지(Fiji) 생수에는 92mg/L로 4배 이상 함유되어 있어 많은 유명 인사들이 선호하는 생수 브랜드로 알려져 있다. 국내에서 생산되는 생수 중에는 백산수가 40~48mg/L로 가장 많은 실리카가 함유되어 있다.

피지

백산수 45mg/L의 실리카가 함유되어 있다.

이처럼 물속에는 칼슘, 마그네슘, 나트륨, 칼륨, 황산이온, 중탄산염, 규산 등의 미네랄이 함유되어 있다.

물에 녹아 있는 미네랄 중 칼슘, 칼륨, 규산은 물을 맛있게 하는 성분인 반면, 물을 맛없게 하는 성분은 마그네슘, 염소, 황산이온, 철이다. 마그네슘이 많이 함유된 물에서는 쓴맛이 많이 나며, 염소는 짠맛, 황산이온은 무거운 맛, 철은 떫은 맛을 지니게 한다. 황산이온은 칼슘 함량을 감소시키기 때문에 물맛 저하의 원인이 된다. 칼슘보다 마그네슘 함량이 적으면 물맛이 더욱 좋아지고, 마그네슘보다 칼슘의 함량이 더 적으면 물맛은 쓴맛을 지니게 된다. 즉, 물맛을 좋게 하는 것은 주로 양(+)이온의 미네랄이라고 할 수 있다.

〈표 3-1〉 물맛에 영향을 미치는 미네랄

물맛을 맛있게 하는 성분	물맛을 맛없게 하는 성분
칼슘(Ca^{2+}) 칼륨(K^{+}) 규산(SiO_2)	마그네슘(Mg^{2+}) – 쓴맛 염소(Cl^{-}) – 짠맛 황산이온(SO_4^{2-}) – 무거운 맛 철(Fe) – 떫은맛

〈표 3-2〉 미네랄의 특징

구분	하루 필요량 (성인 기준)	특징	부작용	많이 함유된 생수 브랜드
칼슘 (Ca^{2+})	약 800mg	골격과 치아를 튼튼하게 해 줌	결핍 시 골다공증 및 골절 발생	콘트렉스
마그네슘 (Mg^{2+})	200~400mg	칼슘, 인과 함께 뼈의 대사에 중요한 기능	결핍 시 신경과민, 눈떨림 현상, 집중력 저하	게롤슈타이너
나트륨 (Na^{+})	500mg (극심한 육체적 스트레스를 받았을 경우 1,500mg 이상 필요)	조직 사이를 구성하는 액체 내 침투압을 유지	과다섭취 시 고혈압, 신장병, 심장병 발생, 결핍 시 위산 감소	이드록시다즈 젤터스
칼륨 (K^{+})	2,000~4,000mg	체내의 수분 함량을 조절, 고혈압 예방	결핍 시 뼈 근육이 약화	페라렐레
황산이온 (SO_4^{2-})	극소량	간과 쓸개를 도움 소화를 촉진	과다 섭취 시 탈수 유발	산펠레그리노
중탄산염, 탄산수소염 (HCO_3^{-})	극소량	인체의 pH 밸런스 유지, 근육통 완화		이드록시다즈 게롤슈타이너 바두아
규산 (SiO_2)	20~30mg	노화방지, 알츠하이머 예방		피지 백산수

2) 경도

맛있는 물의 두 번째 조건은 경도이다. 경도는 물속에 녹아 있는 2가 양이온($^{2+}$)에서 기인하는 것으로 일반적으로 물의 세기를 나타낸다. 물에 녹아 있는 미네랄 중 가장 중요한 칼슘과 마그네슘이 경도를 결정하는 주요 성분인데, 탄산염($CaCO_3$)의 농도를 기준으로 0~75mg/L이면 연수(軟水), 75~150mg/L이면 중연수, 150~300mg/L이면 경수(硬水)로 구분한다. 경도의 산출 공식은 다음과 같다.

$$경도(mg/L) = (칼슘 \times 2.50) + (마그네슘 \times 4.12)$$

경도가 높을수록 쓴맛과 떫은맛이 나고, 반대로 낮을수록 담백하고 감칠맛이 난다.

맛있는 물의 경도 범위는 0~100mg/L이며, 가장 최적의 경도는 50mg/L라고 알려져 있다. 경도는 워터테이스팅에서도 매우 중요한 항목인데, 경도의 범위에 따라 물을 마시는 순서를 정할 수 있기 때문이다. 즉, 연수에서 경수의 순서로 마셔야 제대로 물맛을 평가할 수 있다. 다음의 〈표 3-3〉은 세계보건기구(WHO)에서 제시한 경도의 가이드라인이다.

〈표 3-3〉 세계보건기구(WHO)의 수질 가이드라인

구분	세부 구분	경도(mg/L)
연수	연수	0～60mg/L
	중연수	60～120mg/L
경수	경수	120～180mg/L
	강경수	180mg/L 이상

우리나라에서는 경수를 센물, 연수를 단물로 구분한다. 센물은 산의 계곡이나 온천수 등이며, 땅속 광물들의 성분이 이온 상태로 녹아 있기 때문에 칼슘과 마그네슘을 많이 포함하고 있다. 따라서 센물은 미끄럽고 비누가 잘 풀리지 않는다. 연수는 강물, 빗물, 수돗물, 증류수 등으로 칼슘과 마그네슘을 적게 포함하고 있어 주로 생활용수로 많이 사용된다.

우리나라와 일본의 경우 일반적으로 경도 100mg/L 미만을 연수, 경도 100~120mg/L를 중경수, 경도 300mg/L 이상을 경수로 크게 분류하고 있다. 일반적으로 마시기 쉬운 연수는 몸에 별로 부담을 주지 않는다.

유럽은 토양에 석회암이 많이 분포하고 있어 유럽에서 생산되는 생수는 보통 200~400mg/L의 강경수인 경우가 대부분이다. 경도가 과도하게 높으면 우리 몸의 위장을 상하게 하여 설사를 유발하고, 세탁을 할 때에는 세정력을 떨어뜨리며, 조리를 했을 경우 음식의 맛을 저하시킨다. 하지만, 경수는 체질개선 등의 대사조절작용을 한다. 경도가 300mg/L인 강경수가 인체와 생활에 주는 효과는 첫째, 운동 후의 미네랄 공급, 임산부에게 칼슘 공급, 변비 해소, 다이어트 등에 효과가 있으나 연수 체질의 동양인이 과도하게 섭취할 경우 설사의 가능성이 있으므로 소량씩 마시는 것이 좋다.

3) 탄산(H_2CO_3)

맛있는 물의 세 번째 조건은 탄산이다. 탄산이란 이산화탄소가 물에 녹아서 생기는 산으로 화학식은 H_2CO_3이다. 즉, 이산화탄소(CO_2)가 물(H_2O)과 만나 $CO_2 + H_2O = H_2CO_3$의 반응식이 이루어지는 것이다. 탄산은 수용액으로만 존재하며, 약산성으로 청량음료 등에 사용된다. 탄산이 물에 충분히 녹아 있으면, 신선하고 상쾌한 맛이 더해지게 된다.

지질학적 지형의 특징으로 인해 수원지에서 자연 그대로의 탄산이 형성되어 천연탄산수를 만들어 내는데, 이때 물에 포함된 이산화탄소는 많은 양의 미네랄을 물이 흡수하도록 돕는 역할을 한다.

천연탄산수는 대부분 수원지 근처에서 화산활동으로 생긴 마그마가 이산화탄소를 생성하여 탄산수가 분출되거나 화산가스 덕분에 천연탄산화가 된다. 혹은 물 자체의 수압으로 흘러나오는 과정에서 지질의 영향을 받아 미네랄의 구성요소가 변화하여 자연스럽게 탄산화가 되기도 한다. 이에 반해 인공탄산수는 미네랄워터에 탄산가스를 인위적으로 가미한 것이므로 천연탄산수와는 다르다.

이산화탄소의 기체상을 말하며, 탄산가스는 식품공업에서 탄산수 혹은 탄산음료 제조에 이용된다.

일반적으로 이산화탄소가 없는 물은 스틸워터(Still water), 이산화탄소가 있는 물은 스파클링워터(sparkling water)라고 한다. 그러나 Fine Waters에서는 탄산가스의 함유량에 따라 세분화하고, 각 생수에 알맞은 서비스온도를 추천하고 있다. 이에 대해서는 7장 워터테이스팅 부분에서 자세하게 배워 보기로 한다.

Fine Waters(www.finewaters.com)는 2008년 마이클 마스카 박사에 의해 세워진 단체로 생수에 관련된 모든 정보를 제공하고, 일반 소비자와 식음료전문가에게 물 교육을 실시하고 있다.

탄산이 인공첨가된 탄산수 원재료명에 정제수와 이산화탄소라고 표기되어 있다.

4) 유리탄산(CO_3^{2-})

맛있는 물의 네 번째 조건은 유리탄산이다. 우리가 물을 마시고 '시원하다'라고 표현하는 데는 물의 온도뿐만 아니라 유리탄산과 관계가 있다. 유리탄산은 토양 중의 유기물이 분해되면서 탄산가스가 되고, 이것이 물에 녹아 있는 형태로 우리 몸속에서 혀와 위의 신경을 자극하여 소화액 분비를 촉진하는 역할과 마셨을 때 청량감을 느끼게 해 준다. 유리탄산이 함유된 물을 끓이게 되면 대부분 날아가 버리기 때문에 끓이기 전 큼 회복되지는 못한다. 맛있는 물의 유리탄산 농도의 범위는 3~30mg/L이며, 이산화탄소 주입을 통해 일정 농도 이상 증가가 가능하다.

5) 산소(O_2)

맛있는 물의 마지막 조건은 산소이다. 물에 녹아 있는 산소의 양도 물맛에 영향을 미치는데, 일반적으로 산소에 대한 기준이 정해져 있지는 않다. 그러나 5mg/L 이상의 용존산소가 존재할 때, 물맛이 좋은 것으로 나타났다. 물을 끓인 직후에는 용존산소량이 줄어들어 맛이 떨어지지만, 끓인 물을 냉장고에 일정 시간 보관하면 용존산소량이 다시 증가하고 물맛도 좋아진다. 세계적으로 좋은 샘물의 공통점은 미네랄이 풍부하고 용존산소량이 많으며, 약알칼리성을 띠는 것으로 나타났다.

〈표 3-4〉 맛있는 물의 조건

구분	맛있는 물의 조건
미네랄	칼슘, 칼륨, 규산
경도	50mg/L
탄산(H_2CO_3)	지질학적 지형으로 인해 수원지에서 자연 그대로 형성된 탄산
유리탄산(CO_3^{2-})	3~30mg/L
산소(O_2)	5mg/L 이상의 용존산소

2. 맛있는 물 지표(O-index, K-index)

1980년대까지는 물의 안전성과 청결도가 중요했다면, 21세기 물에 대한 관심사는 맛있고 건강한 물이라고 할 수 있다. 1970년대부터 일본에서는 후생노동성의 맛있는 물 연구회와 대학 연구소 등에서 물맛에 대한 연구와 평가하는 방법을 연구하고자 하였다. 특히, 물속에 존재하는 미량의 이온물질을 조사하여 물맛을 평가하는 방법에 대해 집중하여 조사하였다.

우리나라의 먹는 물 수질 기준에서는 맛 항목의 판단 기준을 무미(無味)로 정하고 있다. 그러나 미네랄 종류별 함량에 의해 미묘한 물맛의 차이가 생기고, 이러한 물의 맛은 소비자의 식수 선택 시 영향을 미친다. 그러나 현재까지 전 세계적으로 물맛을 좋게 하는 최적의 미네랄 함량 기준은 따로 정해져 있지 않다.

일본 오사카 대학의 하지모토 쓰쓰무(橋本 奬) 교수는 '건강한 음료수와 맛있는 음료수의 수질평가와 그 응용에 관한 연구(1989)'에서 일본 각지의 수돗물과 지하수의 미네랄 함량 분석과 관능검사(Sensory Test)를 통하여 물맛에 대해 O-index와 K-index의 기준을 제시하였다. 현재 우리나라에서는 주로 O-index를 물맛을 측정하는 지표로 활용하고 있다.

그럼, O-index와 K-index의 기준에 대해 알아보자.

1) O-index

일반적으로 칼슘, 칼륨, 규산은 물맛을 좋게 만들고, 마그네슘과 황산이온이 많으면 물맛을 나쁘게 한다고 설명하였는데, 하지모토 교수가 연구한 O-index는 물맛을 좋게 하는 미네랄과 물맛을 나쁘게 하는 미네랄의 균형이라고 생각하면 된다. O-index의 'O'는 일본어 'Oishi(おいしい)'의 발음으로 '맛있다'는 뜻이다.

즉, O-index는 맛있는 물의 지표라고 할 수 있으며, O-index의 미네랄 균형지표를 구하는 공식은 다음과 같다.

$$OI = (칼슘 + 칼륨 + 규산) / (마그네슘 + 황산이온) \geq 2.0$$

2) K-index

K-index의 'K'는 일본어 'Kenco(健康)'의 발음으로 '건강'이라는 뜻이다. 즉, O-index가 맛있는 물의 지표라면, K-index는 건강에 좋은 물의 지표라고 할 수 있다. 일본 내 장수촌 지역의 하천수 수질분석을 K-index를 바탕으로 실시한 결과, 대체로 KI값이 높게 나타났는데, 이는 그만큼 물속 칼슘의 함량이 중요하다는 것을 알 수 있다.

K-index의 미네랄 균형지표를 구하는 공식은 다음과 같다.

$$KI = 칼슘 - (0.87 * 나트륨) \geq 5.2$$

3) O-index와 K-index의 미네랄 균형지표

위의 설명에서 보았듯이, O-index와 K-index의 궁극적인 목적은 맛있고 건강한 물을 찾고자 함이다. 따라서 맛있고 건강한 물의 미네랄 균형지표를 살펴보면 다음의 〈표 3-5〉와 같다.

〈표 3-5〉 맛있고 건강한 물의 미네랄 균형지표

구분	미네랄 균형지표	
	O-index	K-index
맛있고 건강한 물	OI ≥ 2.0	KI ≥ 5.2
건강한 물	OI < 2.0	KI ≥ 5.2
맛있는 물	OI ≥ 2.0	KI < 5.2
어느 쪽에도 속하지 않는 물	OI < 2.0	KI < 5.2

그러나 일본의 아키타현(秋田県)에서는 새로운 지표를 도입하여 맛있고 건강한 물에 대한 공식을 제공하고 있다. 즉, 맛있는 물의 지표인 OI값과 경도를 이용한 공식인데, 여기에 건강한 물의 지표인 KI값을 고려하여 제시하였다. 아키

타현에서 제시한 공식은 다음과 같다.

물맛의 종합점수 = (O值 X a) + (맛있는 경도 X b) + (K值 X c)

여기서 맛있는 경도란, 경도 = 5-|경도-55|의 방법으로 구하는데, |경도-55|는 절댓값을 나타낸다. 일본의 경우 경도 55를 가장 맛있는 물이라고 하고 있다.

또한, a, b, c는 가중치로서 비교할 경우에는 1을 놓고 계산해도 무방하지만, 건강을 추구하는 사람은 c에 가중치를 높게 책정하여 계산하면 된다. 이러한 공식을 토대로 하여 아키타현에서는 자체적으로 좋은 물(名水)에 대하여 점수를 매겨 순위를 정하고 있다. 그러나 모든 자료는 음용수로서 각 수질성분이 적합하다는 전제하에 조사되어야 하기 때문에 변별력이 조금 부족할 수 있다. 따라서 맛있고 건강한 물을 찾는 하나의 참고자료로만 활용하는 것이 좋다.

3. 좋은 물

일반적으로 사람들은 갈증 해소를 위해 물을 마신다고 생각한다. 그러나 물은 영양소를 구성하는 매개물질로서 인체 내에서 많은 임무를 수행하고 있다. 특히, 아미노산, 포도당, 핵산 같은 생물대분자의 합성작용을 돕고, 생물 물질대사에 참여하는 등 우리 몸에 매우 중추적인 역할을 하고 있다.

명나라의 의학자 이시진이 쓴 『본초강목(本草綱目)』은 각 권마다 물에 관하여 기록하였다. 특히 이슬, 절기수(節氣水), 우물물, 감천(甘泉) 등을 설명하고 그 향기와 치료효과에 관한 내용을 찾아볼 수 있는데, 입춘수(立春水)와 청명수(淸明水) 등 24절기에 따른 절기수를 "하늘과 땅의 기후에 상응한다."라고 설명하며 자연수라고 하였다. 또한, 수원이 각기 다른 우물물은 여러 종류로 나눌 수 있으며, 그중에 지하샘물의 수질이 가장 좋다고 기록하고 있다. 이시진은 사람의 음식은 물과 흙에서 왔고, 음식은 인생에 매우 중요한 것이므로 사람들이 물의 특성, 물의 흐름과 온도, 농도, 맛을 주의 깊게 이해해야 한다고 강조하였다.

유럽에서는 의사가 되기 위한 국가고시를 치르기 전에 온천 등 용수(湧水)를 이용하여 질병을 치료하는 학문인 '수치요법(水治療法, Hydrotherapy)을 배우도록 한다. 만약, 수치요법 전문의가 되기 위해서는 의사 자격 취득 후 대학에서 5~6년 동안 지학(地學)이나 과학 전반을 배우고 난 후 '수치요법의학사'의 국가자격시험에 응시할 수 있는 자격이 주어지는데, 유럽에서도 물은 곧 약이고, 의료기술이라고 보고 있는 것이다.

우리나라 조선 시대 한방의학 발전에 기여한 허준(許濬)은 선조와 광해군의 어의(御醫)를 지내며, 의서를 모으고 임상실험을 통한 치료방법 등을 토대로 조선 최대의 의학서『동의보감(東醫寶鑑)』을 1610년에 완성하였다.『동의보감』의 「논수품(論水品)」에서는 물의 종류를 33개로 분류하여 물의 성질과 용도를 각각 설명하는 등 물 자체로서의 기능뿐만 아니라 조상들의 정성과 의학적인 부문까지 살펴볼 수 있다.

이처럼 동서고금을 막론하고 '물은 만병통치약'이라는 말이 있지만, 물이 약의 모든 기능을 대신할 수는 없다. 그러나 물은 약의 효과를 증진시키는 보조 기능을 할 뿐만 아니라 이러한 기능만으로도 충분한 가치가 있다. 따라서 다음의 조건을 만족하는 물이 좋은 물이라고 할 수 있다.

① 물속에 유독하고 유해한 물질을 함유하고 있지 않아야 한다.
② 물에서 악취가 나지 않아야 한다.
③ 물의 경도가 적당해야 한다.
④ 인체에 필요한 미네랄 함량이 적당하며, 비율이 적합해야 한다.
⑤ pH가 중성 또는 약알칼리성이어야 한다(pH 7.0~9.5 사이가 이상적).
⑥ 물속 용존산소와 이산화탄소 함량이 적당해야 한다.
(물속 용존산소≧5mg/L, 이산화탄소는 10~30mg/L 정도)
⑦ 물 분자 집합이 작아야 한다(≦100Hz).
⑧ 물의 삼투력, 용해력, 대사능력, 산화 환원성 등의 기능이 강해야 한다.

〈표 3-6〉『동의보감(東醫寶鑑)』-「논수품(論水品)」의 33개 물

순번	구분	설명
1	정화수(井華水)	• 새벽에 처음 길어 오는 우물물이며, 물 중에서 가장 천기가 충만한 물이다. • 성질이 순하고, 맛이 달며, 독이 없어서 약과 차를 달이는 물로 적격이다. • 제사, 차례, 어머니가 가족의 안전을 위해 기도하는 치성용으로 사용한다.
2	한천수(寒泉水)	• 좋은 우물물이다. • 새로 길어 와서 독에 붓지 않은, 즉 보관하지 않은 상태의 물을 말한다. • 약을 달이는 물로서 성질이 순하고 맛이 달다. • 독이 없어 소갈증, 위암, 구역질, 역질과 이질, 임질 등을 다스린다.
3	국화수(菊花水)	• 국화꽃으로 덮인 못에서 길어 온 국화 맛이 스민 물이다. • 국화는 사람에게는 약이 되고, 벌레 혹은 곤충 등을 제어하고 소독하는 성분이 있어 더욱 정한 기운이 물에 서려 있다. • 안색을 좋게 하고, 오랫동안 마시면 수명이 길어지고 노화를 억제한다.
4	납설수(臘雪水)	• 섣달 대한(大寒) 무렵, 동지로부터 세 번째 날에 오는 눈을 받아 녹인 물로, 성질은 차고 맛은 달고 독이 없다. • 이 물로 차를 끓이면 차 맛이 좋으며, 약을 달이면 약효가 탁월하다.
5	춘우수(春雨水)	• 정월에 처음 내린 빗물로서 그릇에 받아서 약을 달여 먹으면 양기가 상승한다. • 겨울철에만 구할 수밖에 없는 매우 귀한 빗물이다.
6	추로수(秋露水)	• 가을에 아침 해가 뜨기 전 이슬을 받은 물이다. • 성질이 부드럽고 맛이 달며 독이 없다. 특히, 번로수(繁露水)라 하여 이슬량이 많고 진한 가을의 이슬을 쟁반에 받아서 먹으면 오래 장수하고 배도 고프지 않다.
7	박(雹)	• 우박을 뜻한다. • 간장이 맛이 좋지 않을 때, 우박 1~2되를 받아서 장독에 넣으면 장맛이 전과 같이 된다.
8	동상수(冬霜水)	• 겨울에 내린 서릿물로 성질이 차고 독이 없으며, 모아서 먹는다. • 술 때문에 생긴 열, 술을 마신 뒤의 여러 가지 열, 얼굴이 벌겋게 되는 것, 상한으로 코가 막히는 것 등에 쓰인다.
9	하빙수(夏氷水)	• 한천수(寒泉水)를 석빙고(石氷庫) 등에 얼려 놓았다가 여름에 마시는 물로, 이른 아침 이슬의 일종으로 성질이 매우 차고 맛이 달며 독이 없다. • 몸에 열이 나고 가슴이 답답하고 괴로운 번열(煩熱)이 나는 것을 없앤다.
10	방제수(方諸水)	• 조개껍데기를 밝은 달빛에 비추어 그것으로 받은 물이다. • 부스럼 독을 씻고 흉터를 없애며, 옷을 빨면 때가 잘 빠진다.
11	매우수(梅雨水)	• 매화 열매가 누렇게 익을 때인 음력 5월에 내린 빗물이다. • 옷의 때를 없애는 데 잿물처럼 사용한다.
12	반천하수(半天河水)	• 참대나무 울타리 윗 끝이나 큰 나무가 오래되고 썩어서 생긴 구멍에 고인 빗물로서 먹을 수도 있고 여러 허물은 곳을 씻을 수도 있다. • 정신과 관련된 질병 치료에 좋으며, 이는 빗물이 내려와 땅의 더러움과 섞이지 않아 맑은 정신 유지에 큰 효험이 있다.

순번	구분	설명
13	옥류수(屋霤水)	• 볏짚 지붕에서 흘러내린 물로서 미친개에게 물려서 다친 곳을 씻는다. • 지붕에 물을 끼얹고 처마로 흘러내리는 것을 받아서 쓰기도 한다.
14	옥정수(玉井水)	• 산골짜기의 옥이 있는 곳에서 나오는 물을 말하며, 산에 옥이 있으면 풀과 나무에도 윤기가 돈다. • 오랫동안 먹으면 몸이 윤택해지고 머리카락이 희어지지 않으며, 정력을 돋운다.
15	벽해수(碧海水)	• 수심 깊은 바다의 청정한 바닷물로 성질은 약간 따뜻하고 맛이 짜며, 독이 약간 있으나 이 물을 끓여서 목욕하면 풍으로 생긴 피부병이 낫는다.
16	천리수(千里水)	• 멀리서 흘러내리는 강물을 말하며, 성질은 순하고 맛이 달며 독이 없다. • 앓고 난 뒤의 허약함을 보충해 준다.
17	감란수(甘爛水)	• 물을 1말 정도 큰 동이에 부은 다음 바가지로 퍼 올렸다가 쏟기를 수차례 반복하면서, 거품이 충분히 생기도록 해서 만든다.
18	역류수(逆流水)	• 천천히 휘돌아 흐르는 물을 말하며, 거슬러 흐르는 성질이 있기 때문에 가슴이 답답함을 토하게 하는 약을 타서 쓴다.
19	순류수(順流水)	• 순하게 흐르는 물을 말한다. 성질이 순하고 아래로 흐르기 때문에 배꼽 아래 부분의 배와 허리, 무릎의 병을 치료하는 데 쓰인다.
20	급류수(急流水)	• 빨리 흐르는 여울물을 말한다. • 아래로 빨리 흐르는 성질이 있기 때문에 대소변을 잘 볼 수 있는 약이나, 정강이 아래에 생긴 풍증을 치료하는 약을 달이는 데 쓴다.
21	온천수(溫泉水)	• 온천에는 유황(硫黃)이 있기 물이 더운 성질을 가지고 있다. • 유황이 들어 있는 온천물로 목욕을 하면, 여러 가지 풍증으로 힘줄과 뼈마디가 쑤시는 곳과 피부의 감각이 없어지고 손발을 잘 쓰지 못하는 증세, 나병, 버짐에 좋은 효과를 볼 수 있다.
22	냉천수(冷泉水)	• 맛이 떫은 찬물을 말하며, 편두통이나 등골이 싸늘하거나 울화가 속으로 몰리면서 오한이 나는 증세에는 이 물로 목욕하면 효과가 있다.
23	장수(漿水)	• 좁쌀로 시어지게 죽을 쑨 윗물을 말한다. • 갈증을 멈추게 하고 설사나 이질을 낫게 한다.
24	지장수(地漿水)	• 누런 흙물을 말하는데 양질의 황토 구덩이에 물을 붓고 골고루 저어 혼탁하게 만든 후 한참 있다가 뜬 맑은 윗물을 말한다. • 독버섯, 음식물, 중금속 등에 중독된 것과 지친 후의 후유증 등을 풀어 주는 데 도움을 준다.
25	요수(潦水)	• 사람의 발길이 닿지 않는 심산유곡의 산골짜기에 새로 판 웅덩이에 고인 빗물을 말하며, 무근수(無根水)라고도 한다. • 흐르지 않는 성질이 있고, 흙 기운이 들어 있기 때문에 비위가 상하는 것을 고쳐 주며, 음식을 잘 먹게 하고 속이 허할 때 기운을 북돋아 주는 약을 달이는 데 쓸 수 있다.
26	생숙탕(生熟湯)	• 끓는 물에 찬물을 탄 것을 말한다. • 맛은 짜고, 독이 없다. 이 물에 맛이 짜고 무독하게 볶은 소금을 타서 1~2되 마시면 음식에 체한 것과 독이 있는 음식을 먹어서 곽란(霍亂)이 되려고 하던 것도 토하고 낫게 된다.

순번	구분	설명
27	열탕(熱湯)	• 뜨겁게 끓인 물을 말한다. • 곽란으로 근육에 쥐가 날 때 쓴다. • 물을 뜨겁게 끓일 때에는 백여 번 끓어오르게 해야 한다.
28	마비탕(麻沸湯)	• 퍼런 생삼(生麻)을 삶은 물을 말한다. 마를 담갔던 즙은 주로 소갈증에 쓴다.
29	조사탕(繰絲湯)	• 누에고치를 삶은 물로 독이 없다. 회충을 없애는 데 쓴다. • 소갈증이나 입이 마르는 데 쓴다.
30	증기수(甑氣水)	• 밥을 찌는 시루 뚜껑에 맺힌 물을 말한다. • 머리털을 자라게 하기 때문에 이 물로 머리를 감으면 머리털이 길어지고 검어지면서 윤기가 돈다.
31	동기상한(銅器上汗)	• 구리 그릇 뚜껑에 맺힌 물을 말한다. • 이 물이 떨어진 음식을 먹으면 병이 생긴다.
32	취탕(炊湯)	• 묵은 숭늉을 말한다. • 하룻밤 묵은 것으로 얼굴을 씻으면, 얼굴에 윤기가 없어지고 몸을 씻으면 버짐이 생긴다.
33	육천기(六天氣)	• 동(東), 서(西), 남(南), 북(北), 천(天), 지(地) 여섯 방향의 기운을 말하는데, 이것을 마시면 배가 고프지 않고 오래 살며 얼굴이 고와진다고 하였다.

04 CHAPTER 물의 원천 및 특징

앞서 1장에서 세계 수자원 현황을 살펴보았다. 푸른 별 지구는 96.52%가 해수(바닷물)이고, 3.48%가 담수(민물)로 구성되어 있다. 3.48%의 담수 중 1.76%가 빙하와 만년설, 0.77%가 하천, 담수호, 지하수, 습지 등이다. 물은 크게 하늘과 땅 위, 땅속 이렇게 세 곳에서 얻을 수 있는데, 하늘에서 얻는 물은 천수라고 하여 빗물, 눈, 우박 등을 말한다. 땅 위에서 얻는 물은 지표수로 하천, 호소, 저수지 등이며, 땅속에서 얻는 물은 지하수를 말한다.

4장에서는 물의 종류와 특징, 먹는물의 종류와 특징에 대해 알아보자.

1. 물의 종류와 특징

물은 지표수(하천수, 호소수, 저수지수), 지하수(심층수, 광천수, 암반지하수, 천층수), 복류수, 용천수, 자분정, 우물물, 빗물, 빙하수, 빙산, 해양심층수 등으로 구분되고 있다. 물의 종류는 수질 및 처리과정에 따라 식수, 생활용수, 농업용수, 공업용수 등으로 활용된다.

종류별 물의 특징에 대해 설명하고, 물의 종류로 생산되는 생수 브랜드를 함께 살펴보자.

1) 지표수

지표수는 지구 표면에 존재하는 물을 말하며, 보통 하천이나 호소의 물을 말한다. 지표수는 얻기 쉬운 장점이 있으나 수온의 계절적 변화가 심하고 홍수와 가뭄 시 오염될 가능성이 매우 큰 단점이 있다. 지표수에는 하천수, 호소수, 저수지수 등이 있다.

(1) 하천수(河川水)

하천수는 쉽게 분간할 수 있는 자연적 통로를 따라 낮은 곳으로 흐르는 물로서, 강수의 직접적인 지표 유출, 만년설이나 빙하로부터 나오는 물 등에 의해 형성된다. 즉, 하천에 흐르는 물이 하천수인데, 기상과 기후의 영향을 받아 여름철과 겨울철의 수온 차가 크다. 또한, 가뭄 시에는 최소 유량이 되고, 홍수기에는 범람하는 경우도 있어 수량과 수질 모두 계절적 특성을 지닌다.

(2) 호소수(湖沼水)

호소수는 계절별 강우량이 다른 조건에서 홍수 시와 갈수 시에 유량을 조절할 목적으로 건설한 댐과 둑에 고여 있는 물을 말한다. 하천수에 비해 일반적으로 수질이 양호한 편이다.

(3) 저수지수

유수(流水)를 저장하여 물의 과다 또는 과소를 조절하는 인공시설로서 하천에서 충분한 용수를 확보할 수 없을 때 중요한 지표수 용수원(用水源)이다. 시설비가 비싸고 수질이 떨어지는 단점이 있으나, 풍부한 수량을 확보할 수 있고 수온도 흐르는 물에 비해 높은 경우가 많아 농업용수로 매우 훌륭하다. 또한, 관광단지로 개발할 수 있는 이점도 있다.

2) 지하수

지하수란 땅속의 지층이나 암석 사이의 빈틈을 채우고 있거나 흐르는 물을 말한다. 지하수의 원천은 대부분 비(雨)인데, 지표에 내린 빗물이 땅속으로 스며들어 지하수계의 일부분이 되고, 또 땅속을 경유하여 바다로 들어가거나 지면을 흘러내려 바다로 유입된다. 따라서 지하수는 유기물질이 적고 광물질 등의 성분이 많아 경도가 높은 편이다.

지하수는 식수 외에도 생활용수, 농업용수, 공업용수 등 폭넓게 이용되고 있으며, 지하수의 종류에는 심층수, 광천수, 암반지하수, 천층수 등이 있다.

(1) 심층수

1차 불투수층과 2차 불투수층 사이에 존재하는 물로 토양의 정화작용이 왕성하여 무균에 가까운 상태의 물이다. 심층수의 대표적인 생수 브랜드는 러시아의 바이칼이다.

바이칼 러시아의 바이칼호수 430m에서 취수한 생수로 부드러움과 청량감을 느낄 수 있는 생수이다. 바이칼의 패키지디자인은 호수 주변 풍경을 시리즈로 제작하여 생수를 마시면서 바이칼호수를 감상하는 것과 같은 묘미도 느낄 수 있다.

(2) 암반지하수

일반적으로 지하심부에 존재하는 암석 내 지하수를 말한다. 암석 내에 상당량의 물이 포함되어 있어 지하수로 개발 및 이용되고 있다. 시중에 판매되고 있는 병입생수 대부분의 원수원은 암반지하수이며, 대표적인 생수 브랜드는 삼다수, 백산수, 하와이워터(Hawaii water, 미국), 피지(FIJI, 피지), 아쿠아퍼시픽(Aqua Pacific, 피지), 아쿠아파나(Acqua Panna, 이탈리아) 등이다.

삼다수

백산수

하와이워터

피지워터와 아쿠아퍼시픽

아쿠아파나

(3) 광천수(鑛泉水, Mineral Water)

광천수는 칼슘, 마그네슘, 나트륨, 칼륨, 철 등의 광물질을 일정 수준 이상 함유한 물로 미네랄워터(Mineral Water)라고 불리며, 땅속에서 솟아나는 샘물을 말한다. 지하수는 지표수보다 이동 속도가 월등히 느리므로 오랜 기간 지하에 머무르면서 퇴적물, 암석 등의 지질매체와 반응이 지속되므로 지표수보다 지하수가 함유하는 광물질의 함량이 높아진다.

지하수가 지하에 머무르는 동안 천연의 이산화탄소가 용해하여 발포성의 지하수(천연탄산수)가 되는 경우가 있는데, 이 물을 천연광천수(Natural Mineral Water)라고 한다.

104p 설명 참고

초정리 광천수

약산

에비앙

(4) 천층수

천층수는 상부에 존재하고(1차 불투수층 위에) 있는 비포화 토양의 공극을 통해 대기와 직접 접촉하고 있어 산화가 쉽게 일어난다. 지표로부터의 깊이가 얕아 정화가 부족하므로 음용수로 사용하기에 적합하지 않을 수 있으며, 지반의 균열로 인해 폐수나 하수가 유입될 수 있어 오염 가능성이 큰 편이다.

3) 복류수

지하수의 하나로, 하천이나 호수, 늪의 바닥 또는 측부의 모래 · 자갈층 속을 흐르는 물이다. 표류수보다 수질이 좋아 수원으로 할 수 있다.

4) 용천수(湧泉水, Spring Water)

빗물이 지하로 스며든 후에 대수층(大水層)을 따라 흐르다 암석이나 지층의 틈새를 통해 지표로 솟아나는 물을 의미한다. 우리나라에는 특히 제주도에 많은 용천수가 분포하고 있다.제주도에서 용천수로 생산하는 물을 용암수라고 하며, 물은 다음 사진의 두 종류가 있다.

오리온에서 생산하는 제주 용암수

제주 용암수 LAVA Water

5) 자분정(自噴井, Artesian Well)

기타 양수를 목적으로 하는 장비를 사용하지 않고서도 지하수가 지표 이상으로 분출하여 나오는 우물물이다. 지표 이상으로 분출하지 않더라도 수위가 우물 속 대수층의 상면보다 높다. 자분정의 대표 생수 브랜드는 보스워터(VOSS, 노르웨이)이다.

보스워터 (좌) 보스 스틸워터, (우) 보스 스파클링워터

영화「기생충」워터로도 유명한 보스워터는 375mL, 800mL 두 가지 용량으로 판매하고 있다.

6) 빙하수(氷河水, Glacier Water)

빙하수는 빙하가 녹은 물로 활성수소가 매우 풍부하고 불순물이 거의 없으며, 천연육각수의 구조를 띠고 있다. 지구상에서 규모가 가장 큰 수자원인 동시에 가장 오래된 수자원이라고 할 수 있다. 허준의 『동의보감(東醫寶鑑)』에서는 빙하수를 납설수(臘雪水)라고 하였으며, 장질부사를 치료하고 독(毒)을 풀고, 충(蟲)을 죽이며, 단맛이 나는 물이라고 설명하고 있다. 즉, 빙하수는 다량의 미네랄을 함유하고 있어 건강에 도움을 주는 효능이 있다.

빙하수의 대표 생수 브랜드는 아이슬란딕(Icelandic Glacial, 아이슬란드), 아이스 에이지(Ice Age, 캐나다), 휘슬러(Whistler, 캐나다), 이즈브레(Isbre, 노르웨이) 등이 있다.

휘슬러

이즈브레

클리어 알래스칸

네이키드 (좌) 네이키드 스틸워터 (우) 네이키드 스파클링워터. 네이키드 스파클링워터는 네이키드 스틸워터에 탄산가스를 주입하는 방법으로 생산되어 품목명에 '탄산수'로 표기된다.

7) 우물물(Well Water)

우물은 지하수를 퍼 올리기 위해 만들어진 인위적인 시설이다. 지면을 수직으로 파 놓거나 관을 세로 방향으로 땅속에 세워 설비를 통해 올라오는 샘물이 우물물이다. 빗물과 강물에만 의지하기보다 안정적으로 식수와 생활용수를 확보하기 위해 만들어졌다.

8) 빗물(Rain Water)

빗물은 식수, 생활용수, 지하수 등 모든 물의 근원으로 대기 중의 수증기가 응결하여 중력에 의해 지표로 하강한 것이다. 대기 중에 수증기가 응결할 때는 가장 순수한 물이지만, 하강할 때 대기 중의 부유물과 가스체를 용해하여 많은 성분을 포함하고 있다. 따라서 빗물을 받아 저장할 때 오염을 방지하기 위해서는 수면에 닿은 후 신속하게 처리해야 한다.

9) 해양심층수(Deep Sea Water)

해양심층수는 햇빛이 거의 도달하지 않는 수심 200m 이하 바다 깊은 곳의 물이다. 해양심층수는 2℃ 이하 차가운 온도와 깊은 수심 덕분에 유기물이나 오염물질의 유입이 없어 매우 청정하며, 인이나 질소 등 미네랄이 풍부하다.

해양심층수의 대표 생수 브랜드는 코나딥(Kona Deep, 미국)이 있으며, 우리나라 해양심층수는 천년동안과 청아라 등이 있다.

천년동안

울릉도 청아라 청아라는 경도에 따라 패키지 색상이 다르다.

코나딥

10) 빙산(氷山, Iceberg Water)

빙산수는 빙하에서 떨어져 나와 해류에 떠다니는 얼음덩어리에서 만들어지는 물이다. 빙산수를 만들기 위해서는 기술력이 필요한데, 빙산은 지구환경과 밀접한 연관성이 있기 때문에 제한된 수량만을 공급하고 있다.

2. 먹는물의 종류와 특징

먹는샘물의 관련법인「먹는물관리법」제3조 제1호에 의하면, '먹는물'이란 먹는 데에 일반적으로 사용하는 자연 상태의 물, 자연 상태의 물을 먹기에 적합하도록 처리한 수돗물, 먹는샘물, 먹는염지하수, 먹는해양심층수 등을 말한다. 특히, 먹는샘물의 제조는 오존을 이용한 처리 외의 화학적 처리방법은 사용하지 못하는 것으로 규정하고 있다.

먹는물의 종류에 따른 특징에 대해 알아보자.

〈표 4-1〉 먹는물의 종류

구분	수처리 유무	종류
먹는물	자연 상태의 물	자연 상태의 물
	처리수	수돗물
		먹는샘물
		먹는염지하수
		먹는해양심층수

1) 수돗물(Tap Water)

수돗물이란 하천수, 호소수, 지하수, 해수 등을 취수시설 및 정수시설, 급수설비 등의 수도시설을 이용하여 정수처리한 후 일반가정 등에 공급하는 물을 말한다. 우리나라의 수도시설은 1894년 6월 처음으로 설치되어, 1906년부터는 부산, 평양 등 대도시를 중심으로 각지에 보급되었다. 수도시설 보급 이후부터는 수많은 수인성 질병으로 인한 사망률이 급격히 감소하였으며, 상수도 급수 보급률은 지속적으로 확대되어 현재 90% 이상이다. 현재 우리나라의 상수도시설과 공급 수준은 기술적으로 세계적인 수준이며, 수돗물의 수질 또한 전 세계 8위로 매우 우수하다.

(1) 수돗물의 생산과정

가정이나 공공시설의 수돗물은 중요한 식수 및 용수로서 일반적으로 강물, 댐의 물 또는 지하수를 취수, 응집, 침전, 여과, 소독, 급수하는 등의 정수처리과정을 거쳐 생산된다.

〈표 4-2〉 수돗물이 공급되는 과정

공급 과정		공정 내용
취수원		수돗물의 원료가 되는 물이 모여 있는 물 창고. 취수원은 강이나 호수, 댐, 저수지 등의 물을 말하며, 취수원은 크게 지표수와 지하수로 구분한다. 댐은 우리가 이용하는 수돗물의 원료창고라고 할 수 있다.
1단계	취수장	취수장은 강이나 호수 등 취수원 가까이에 위치해 수원의 물을 끌어들여 정수센터로 보내는 역할을 한다. 생물경보시스템과 수질자동장치를 이용해 수질에 유해물질이 유입되는지 여부를 24시간 감시한다.
2단계	착수정	취수장으로부터 전해 받은 원수를 안정시키고 수량을 조절하는 곳이다. 수질에 따라 분말 활성탄 등을 투입해 물속에 들어 있는 모래 등 입자가 큰 물질들을 가라앉혀 물을 깨끗하게 만드는데, 이 공정을 '침사지'라고도 부른다.
3단계	혼화지	혼화지에서는 착수장에서 보내온 물에 적절한 양의 정수처리약품을 넣어 섞는다. 정수 약품(응집제)은 미세한 탁한 물질들(콜로이드성 물질)을 큰 덩어리로 뭉치게 하는 역할을 한다.
4단계	응집지	약품과 물질이 서로 잘 섞이도록 물을 서서히 저어 주면 응집제를 중심으로 아주 작은 알갱이 콜로이드와 부유 물질이 엉겨 붙어 크고 무거운 덩어리 플록이 만들어진다. 플록의 형태가 되어야 침전이나 여과가 가능하다.
5단계	침전지	응집지에서 만들어진 덩어리(플록)를 가라앉혀 맑은 윗물을 여과지로 보내는 곳이다.
6단계	여과지	침전지를 통과한 물을 모래와 자갈층에 통과시켜 물속에 남아 있던 작은 입자들까지 깨끗하게 제거하는 과정으로 바로 사용할 수 있는 물로 된다.
7단계	염소투입	여과지를 거친 깨끗한 물에도 아직 세균이 남아 있을 수 있기 때문에 염소를 넣어 혹시 남아 있을 세균이나 박테리아를 소독한다.
8단계	정수지	소독처리된 수돗물을 임시로 저장하는 장소다.
배수지		정수지에서 보낸 물을 각 가정으로 보내기 전까지 저장하는 중간 물탱크로서 주변의 높은 지대에 설치하며, 배수관을 통해 각 가정으로 수돗물을 공급한다.

출처: i LOVE water-나는 어디서 왔을까요-우리 곁에 있는 수돗물-수돗물 어떻게 만들어질까요.

콜로이드(Colloid): 보통의 분자나 이온보다 크며, 지름 1~1,000nm 정도의 미립자가 기체 또는 액체 중에 분산된 상태를 콜로이드 상태라고 한다(두산백과).

플록(Floc): 물속의 현탁 물질이나 유기물, 미생물 등의 미립자를 응집제로 응집시킨 덩어리를 의미한다.

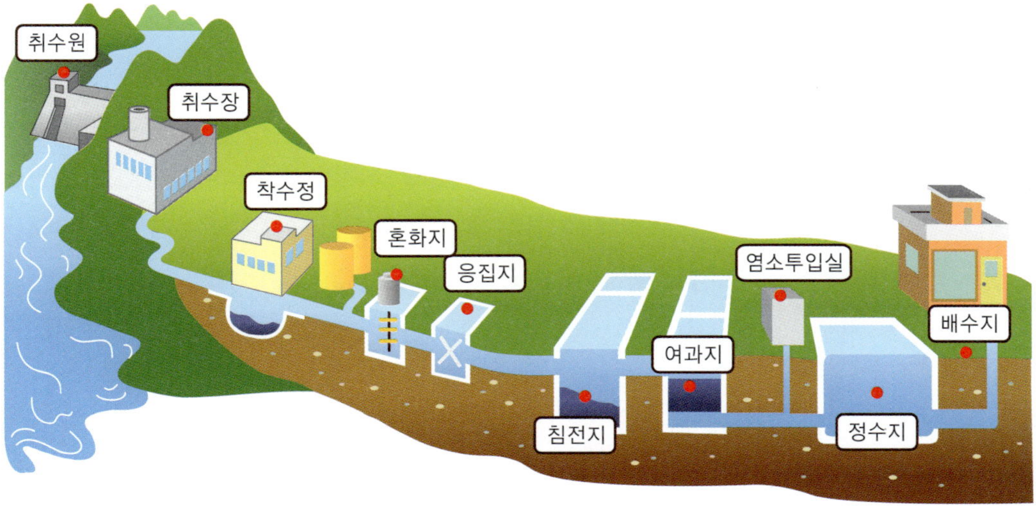

수돗물 정수과정도

(2) 수돗물의 안정성

유엔에서는 각 나라의 수량, 물의 오염도를 따지는 수질, 수돗물의 하수처리 기준 등을 종합해 '국가별 수질지수 순위'를 정하는데, 우리나라는 전 세계 8위로서 10위 프랑스, 12위 미국과 같은 선진국보다 우수한 수돗물 품질을 자랑한다. 또한, 중금속오염 수치 기준치도 미국과 일본의 1/2 수준으로 엄격하며, 한국수자원공사에서는 세계보건기구(WHO)에서 정한 수돗물 수질검사 기준항목(121개)보다 2배 이상 많은 250개의 수질 검사 항목을 적용하고 있다.

한국수자원공사(K-water)의 '수돗물분석연구센터'는 세계 4대 물분석센터로 인정받고 있으며, 국가적 노력으로 우수한 수돗물을 전 국민에게 공급하고 있지만, 현실에서는 외면받고 있다. 수돗물 이용 실태를 보면 국민 중 49.4%만 수돗물을 일상에서 사용하며, 그중에서도 조리하거나 끓이지 않고 직접 마시는 경우는 7.2%에 불과하다. 대부분은 정수기를 이용하거나(34.3%), 생수를 구입하고 있다(13.1%). 수돗물을 마시는 사람 중에서도 수돗물의 안전성(11.2%)보다는 편리함(49.7%) 때문에 이용한다고 응답하였다.

그렇다면 수돗물에 대한 불신은 언제부터 확대되었을까? 1985년 국민 여론조사에서 98%가 "수돗물은 오염된 물로, 식수로 적합하지 않다."라고 답변하였고,

생수 판매가 금지된 상황에서도 생수 판매 실적은 계속 상승하였다. 이는 급격한 산업화로 환경보호에 대한 의식 부족으로 수질이 악화되면서 '수돗물은 깨끗한 물이 아니다'라는 인식이 생겨났을 것으로 보고 있다.

또한, 1991년 발생한 20세기 최악의 환경 사건인 '낙동강 페놀사건'은 국민들이 수돗물을 불신하게 만든 결정적 계기가 되었으며, 이 사건으로 인해 1994년 생수 판매가 합법화되었다.

이처럼 수돗물에 대한 불신의 주원인은 크게 다음의 두 가지로 꼽을 수 있다.

가축의 법정전염병 중 특히 심한 전염성 질병의 만연방지를 위해 실시하는 예방법의 일종으로 감염동물 및 접촉한 동물, 동일 축사의 동물 등을 죽여서 처분하는 방식으로 주로 소각하거나 땅속에 매립하게 된다.

첫째, 상수원의 오염이다. 무방비한 공업용 폐수의 방출, 지구온난화에 따른 수온 상승과 녹조 발생, 구제역 등 가축 폐사로 인해 대량 실시한 살처분으로 토양 오염도 상승을 원인으로 볼 수 있다.

둘째, 노후된 물탱크와 수도관이다. 특히, 노후된 배관은 녹이 슬거나 내부 코팅물질이 인체에 매우 해롭기 때문에 상수원 오염의 우려보다 더 크게 나타났다. 또한, 고도정수처리시설이 전국적으로 갖추어지지 못하여 일부 지역에서는 불쾌한 맛과 냄새, 미량의 유해물질이 완벽히 정수되지 못하기 때문으로 볼 수 있다.

위에서 설명한 수돗물에 대한 불신을 없애고 수돗물 보급률과 이용률을 높이기 위해 「수도법」과 「먹는물 수질기준 및 검사 등에 관한 규칙」에 따라 일반수도사업자, 전용상수도 설치자 및 소규모급수시설을 관할하는 특별시장 · 광역시장 · 특별자치시장 · 특별자치도지사 · 시장 · 군수(광역시의 군수는 제외함)는 정기적으로 수돗물 수질검사를 실시하고 있다. 수질검사는 정수장뿐만 아니라 수도꼭지, 수도관 노후 지역의 수도꼭지, 급수과정별 시설, 마을상수도 · 전용상수도 · 소규모급수시설 등으로 구분하여 실시하고 있다. 만약, 수질검사를 받지 않고 수돗물을 공급한 수도사업자 또는 전용수도 설치자는 200만 원 이하의 벌금을 부과하고 있다.

따라서 세계적으로 '수돗물분석연구센터'와 수돗물의 품질에 대해서는 우수함을 인정받고 있으나 정작 국민들에게는 외면받고 있는 원인을 근본적이고 체계적으로 해결한다면 수돗물에 대한 불신을 극복하고 수돗물 이용률 역시 증가할 것이다.

2) 먹는샘물

먹는샘물이란 암반대수층 안의 지하수 또는 용천수 등 수질의 안전성을 계속 유지할 수 있는 자연 상태의 깨끗한 물을 먹는 용도로 사용할 원수(原水)인 샘물을 먹기에 적합하도록 물리적으로 처리하는 등의 방법으로 제조한 물을 말한다. 우리가 일반적으로 구입해서 마시는 물을 생수(Bottled Water)라고 하고 있다. 앞의 물의 종류에서도 살펴보았듯이, 물의 원천 중 식수로 처리되어 생수 브랜드로 개발되고 있는 것을 확인하였다. 그러나 판매하고 있는 생수병에 적혀 있는 '품목명'을 확인해 보면, 먹는샘물 혹은 혼합음료 이 둘 중 하나로 표기되어 판매하고 있다.

그렇다면, 먹는샘물과 혼합음료는 어떤 차이가 있는지 다음의 〈표 4-3〉을 살펴보도록 하자.

〈표 4-3〉 생수의 표기방법

구분	먹는샘물	혼합음료
정의	용천수나 지하수에 아무런 첨가물을 넣지 않고, 먹기에 적합하도록 물리적인 처리를 거친 뒤 용기에 넣어 판매하는 것을 말함	정제수에 첨가물을 넣어 만든 생수 혼합음료로 분류되는 생수는 물리적·화학적 정제 과정을 거쳐서 생산됨
종류	① 내추럴 미네랄워터(Natural Mineral Water): 최소한의 여과과정만을 거친 경우 '내추럴 미네랄워터'로 표기 가능 ② 미네랄워터(Mineral Water): 오존살균 처리 등을 한 경우 '미네랄워터' 표기만 가능	혼합음료의 종류는 따로 없음
관련법	「먹는물관리법」	「식품위생법」
관리기관	환경부	식품의약품안전처
수질검사 항목	50개 항목	8개 항목

내추럴 미네랄 워터, 미네랄 워터, 혼합음료

먹는샘물로 생산된 트레비 프리미엄

먹는샘물과 혼합음료는 자연적이냐, 인공적이냐의 차이에 따라 구분되고 있으며, 중요한 점은 관련법과 관리기관이 다르므로 수질검사 항목에서도 차이가 난다.

특히, 「먹는물관리법」에서는 탄산수를 제조하기 위해 먹는샘물 등의 제조설비를 사용하는 자에게는 샘물 취수량을 기준으로, 먹는샘물 등의 제조업자에게는 샘물 취수량을 기준으로, 먹는샘물 등의 수입판매업자에게는 먹는샘물 등의 수입량을 기준으로 수질개선부담금을 부과 · 징수하고 있으며, 부과금액은 2012년 1월 1일부터 1세제곱미터(m^3)당 2,200원을 부과하고 있다. 그러나 혼합음료로 품목명을 표기할 때에는 '수질개선부담금'을 따로 부과하고 있지 않고 있다.

1세제곱미터(m^3)는 약 1,000L=1t이다.

우리가 사용하는 '생수'라는 명칭이 법적 용어는 아니지만 먹는샘물, 먹는염지하수 및 먹는해양심층수를 포함하는 개념으로 통상적으로 사용되고 있다. 또한, 혼합음료라고 하더라도 일반 음료수, 예를 들어 탄산음료, 오렌지 주스 등이 아닌 '물'일 수도 있다는 것이다.

그럼, 여기서 의문점이 생길 수도 있다. 먹는샘물을 마셔야 하는가? 아니면 혼합음료를 마셔야 하는가? 어떤 물을 마셔야 하는지는 상황에 따라 소비자가 각자 판단해야 할 몫이다.

3) 먹는염지하수

먹는염지하수란 염지하수를 먹기에 적합하도록 물리적으로 처리하는 등의 방법으로 제조한 물을 말하는데, 염지하수란 물속에 녹아 있는 염분 등 총용존고형물(TDS: Total Dissolved Solid)의 함량이 2,000mg/L 이상인 암반대수층 안의 지하수로서 수질의 안전성을 계속 유지할 수 있는 자연 상태의 물을 먹는 용도로 사용한 원수를 말한다.

4) 먹는해양심층수

「해양심층수의 개발 및 관리에 관한 법률」에 따르면, 먹는해양심층수란 해양심층수를 먹을 수 있도록 적합하게 제조 또는 가공한 물로서 법에 따른 수질기준에 적합해야 한다. 해양심층수는 기본수준면으로부터 200m 아래(수입하는 해양심층수의 경우 해당 국가에서 정하는 수심을 말함)의 바다에 존재하면서 수질의 안전성을 계속 유지할 수 있는 바닷물로 규정하고 있다. 또한, 바닷물은 연중 안정된 저온상태를 유지하고 병원균이 거의 없는 반면 각종 미네랄 성분이 풍부하여 21세기 인류의 식수, 식량, 에너지 문제 해결대안으로 주목받고 있다.

시판되고 있는 해양심층수는 음용수로 만들기 위해 20배 이상 희석시킨 것으로 다른 미네랄워터와 비교하면 평균적으로 나트륨과 마그네슘은 약 3~5배 정도 높게 함유되어 있으나, 칼슘은 오히려 낮다.

05 CHAPTER 물과 음식의 관계

'음식(飮食)'이라는 단어는 '음(飮)' 자는 '마시다', '식(食)' 자는 '먹다'의 뜻을 가지고 있으며, '음(飮)'의 한자를 살펴보면, '食(먹을 식)'과 '欠(하품 흠)' 자로 구성되어 있다. 즉, 음식을 먹는 데 마시는 것이 빠져서는 안 된다는 의미이다. 일반적으로 우리는 물을 갈증 해소의 기능만을 생각하지만, 인체 내에서 많은 임무를 수행하는 물이 어떤 성질을 띠고 있느냐에 따라 음식의 맛이나 문화에도 영향을 미친다. 따라서 5장에서는 음식에 사용되는 물의 특성에 따라 식생활문화에 어떠한 영향과 차이가 있는지 알아보도록 하자.

1. 물과 음식

1) 물과 음식

우리나라와 일본은 물에 쌀을 불려 밥을 짓고, 식재료의 특징을 살린 국물요리를 즐겨 먹는다. 이에 반해 중국은 볶음요리가 많다. 같은 아시아 국가이고 한중일이라고 부르는 인접 국가임에도 불구하고 우리나라와 일본은 국물요리, 중국은 볶음요리가 많은 이유는 무엇일까? 바로 물의 경도가 한국과 일본은 연수,

중국은 경수이기 때문이다.

따라서 물의 특성에 따라 음식을 조리하는 방법과 식문화의 차이까지 다르게 발전한 것이라고 설명할 수 있다. 즉, 지역에 따라 물에 녹아 있는 미네랄, 경도 등의 특징이 다르기 때문에 최고의 음식 맛을 이끌어 내기 위해 조리법을 다르게 적용한 것은 선조들의 지혜가 아닐까 하는 생각이 든다.

연수는 단백질과 지방을 분해시키는 성질이 있으며, 요리에 연수를 사용하게 되면 식재료가 갖고 있는 맛을 최대한 살릴 수 있기 때문에 국물요리(국 혹은 찌개)처럼 재료를 함께 넣고 끓이거나 우려내는 조리법이 적절하다.

경수는 단백질과 지방을 응축시키고 단백질 체내 흡수에도 악영향을 미치기 때문에 경수로 음식을 할 때에는 물을 한 번 끓여서 필요 없는 광물질을 침전시켜 제거한 다음 사용하는 것이 좋다. 또한, 식품의 단백질, 전분, 지방질은 경수에 포함되어 있는 칼슘과 마그네슘의 탈수작용으로 인해 음식이 딱딱해진다. 따라서 경수를 사용한 음식으로는 쌀을 물에 불려서 밥을 짓는 것이 아니라 수증기를 이용해 찌거나 야채류와 함께 찌면서 야채 자체에서 나오는 수분을 이용하거나 기름에 튀기는 등 가능한 한 물을 사용하지 않는 음식이 많다. 유럽 지역의 물에는 칼슘 함유량이 높은 편인데, 대부분의 지역이 석회암 지층으로 지하를 흐르는 지하수에 칼슘이 많이 녹아 있기 때문에 경도도 높게 나타난다.

따라서 중국과 유럽국가 중에서도 특히 프랑스는 물을 거의 사용하지 않고 경수의 칼슘을 최대한 이용하여 식품 고유의 쓴맛이나 떫은맛을 걸러 내고 육질을 부드럽게 하는 스튜(Stew), 기름에 튀기거나 볶는 요리, 고기(소, 돼지, 닭, 어류의 살이나 뼈)와 야채를 함께 쪄서 야채 자체에서 나오는 수분을 이용하는 스톡(Stock) 등의 조리방법을 주로 사용한다. 경수로 끓인 스톡의 원리는 소, 닭, 돼지의 뼈나 힘줄에 많이 함유되어 있는 단백질 성분인 콜라겐을 오랜 시간 끓이면 젤라틴이 된다. 젤라틴은 경수에 있는 칼슘이나 마그네슘과 결합하여 덩어리로 기름과 함께 표면에 떠오르게 되는데, 떠오른 덩어리를 제거하면 칼슘과 마그네슘이 제거되는 것이다. 이렇게 만든 스톡은 단백질을 많이 함유한 고기나 콩을 사용하는 요리에 물 대신 사용한다.

만약, 우리나라 음식을 만들 때 경수를 사용하면 어떤 맛이 날까? 경수를 사용하면 칼슘과 마그네슘 때문에 특유의 감칠맛이 나지 않는다. 채소를 데칠 때도 경수를 사용하면 칼슘이 식물섬유와 결합하여 굳어지고, 밥도 퍼석퍼석해진다. 다만, 상수도 보급률이 90% 이상인 우리나라에서는 수돗물을 이용하여 요리를 하는 경우가 많은데, 염소(Cl)를 함유한 수돗물에 쌀을 장시간 담가두는 것은 밥의 색을 누렇게 변화시키고 비타민을 파괴시킬 수 있으므로 주의해야 한다.

수돗물은 냄새가 나서 선뜻 마시고 싶지 않으며, 맛에도 영향을 미친다. 수돗물에서 냄새가 나는 이유는 염소를 첨가하여 소독하기 때문이다. 만약, 염소 냄새가 싫다면 수돗물을 받아서 2~3시간 정도 두면 냄새가 날아간다. 참고로 장독대에 수돗물을 받아 두면 숙성 효과도 기대할 수 있다.

〈표 5-1〉 연수와 경수에 따른 조리법의 차이

구분	연수	경수
경도*	0~60mg/L	120~180mg/L
특징	• 단백질과 지방을 분해시키는 성질 • 식재료 본연의 맛을 최대한 이끌어 내며, 감칠맛이 풍부해짐	• 단백질과 지방을 응축 • 칼슘과 마그네슘의 탈수작용으로 인해 음식이 딱딱해짐
조리방법	국물요리(국, 찌개 등)	튀김요리, 스튜, 스톡 등

* WHO의 수질 가이드라인 참고

2. 물과 음료

물맛을 싫어해서 음료수를 대신하여 수분 섭취를 하는 소비자가 많이 늘고 있다. 그러나 음료수는 수분 섭취에 도움이 되지 않는다. 특히, 커피, 녹차 등은 이뇨작용이 강하여 오히려 몸속에 있는 수분을 배출시키는 특징이 있기 때문에 커피 혹은 녹차를 마실 때에는 평소보다 더 많은 수분을 섭취해야 한다. 또한, 우리가 즐겨 마시는 음료수(예를 들어, 과일음료, 청량음료 등)에는 설탕, 액상과당, 카페인, 산성의 성분과 같은 첨가물들이 다량으로 함유되어 있어 열량이 높아 오히려 비만의 원인이 될 수 있다.

일반적인 음료가 포함하고 있는 수분 함량을 살펴보면, 탄산음료인 콜라, 사이다는 90%, 커피, 녹차 혹은 홍차 등의 차는 95~98%, 알코올성 음료 중 막걸리, 맥주는 90% 이상, 소주는 80%, 와인은 85% 이상의 수분을 함유하고 있다. 위스키의 경우 알코올이 높아 다른 음료에 비해 수분 함량이 낮지만 그래도 60%의 수분을 함유하고 있다. "좋은 물이 나는 곳에서 좋은 술이 만들어진다."라는 말이 있듯이, 음료를 만들거나 차를 우릴 때에도 어떤 물을 사용하느냐에 따라 맛과 품질이 좌우될 수 있다.

그럼, 각각의 음료에 따라 어떤 물을 사용하는 것이 가장 최고의 맛으로 음료를 즐길 수 있는지 알아보자.

도쿄에서 100km 정도 떨어진 도치기현에 위치한 코코팜 와이너리(Coco Farm Winery)에서 생산하는 와인이다. 특히, 코코팜 와이너리에서는 생수도 판매하고 있는데, 이 지역에서 생산되는 생수이다.

1) 차

PART 2에서 차에 대해 자세히 설명하겠지만, 기본 6대 차류(녹차, 황차, 백차, 오룡차, 홍차, 흑차)는 모두 연수가 좋다. 연수는 향과 맛 성분을 잘 우려내지만, 경수는 차의 성분인 탄닌이 칼슘 혹은 마그네슘과 결합하여 잘 우러나지 못하게 하는 특징이 있으며, 철분이 많이 함유된 물로 차를 우리면 탄닌과 겸비하여 탕색을 검게 하고, 좋은 맛을 낼 수 없기 때문이다. 다음은 미국의 티협회(Tea Association of the USA)에서 제시하는 차를 우리는 물의 가이드라인이다.

차를 우려 낸 색

〈표 5-2〉 미국 티협회에서 제시하는 차를 우리는 물의 가이드라인

특징	이상적인 기준
염소 함유량, 철분, 마그네슘	0mg/L
총용존고형물(TDS)	50~150mg/L
경도	80mg/L
pH	6~8

출처: 미국 티협회(Tea Association of the USA).

위의 표를 살펴보면, 경도 100 이하의 연수이면서 중성(pH 6~8)인 물이 가장 이상적인 찻물로 해석할 수 있다. 6대 차류 중 가장 소비가 많고, 찻물에 민감한 녹차와 홍차를 우리는 물에 대해 살펴보자.

(1) 녹차

6대 차류 중 특히 녹차는 물의 경도에 민감한 음료로서, 녹차를 끓일 때는 좋은 연수를 사용해야 한다. 녹차에는 테아닌과 카테킨 성분이 다른 차들에 비해 높게 나타나는데, 특히 테아닌은 아미노산의 일종으로 단맛(甘味)을 내는 특징이 있다. 좋은 녹차일수록 테아닌과 카테킨 성분이 많기 때문에 쓴맛이 없다. 따라서 녹차의 부드러운 감칠맛을 느끼기 위해서는 연수로 우리는 것이 좋다.

(2) 홍차

홍차는 홍차와 어울리지 않는 물로 우려내면 색깔도 잘 우러나지 않고, 향도 달라진다. 만약, 칼슘이 많은 물로 홍차를 끓이면 홍차의 붉은 색깔보다는 갈색에 가까운 색으로 나타난다(82p 사진 참고). 떫은맛 성분인 카테킨은 칼슘과 결합하면 잘 녹지 않기 때문에 경수로 홍차를 우리면 색깔이 잘 나타나지 않는 것이다. 홍차 생산지에 따라 홍차의 맛을 최고로 하는 물이 따로 있다는 주장도 있는데, 각국의 유럽인이 선호하는 홍차의 생산지를 살펴보면 이해가 되는 부분이다. 예를 들어, 영국의 경우 중국에서 생산된 홍차를, 독일에서는 스리랑카에서 생산된 홍차를 선호하는데, 아마 영국과 독일의 물이 다르기 때문일 것이라고 추측할 수 있다.

경수인 에비앙(좌)과 연수인 백산수(우)로 우린 홍차의 탕색 비교 확실히 칼슘이 많은 경수로 우린 홍차의 탕색이 훨씬 탁하고 진한 갈색으로 나타났다.

수돗물(좌)과 백산수(우)로 홍차 3g을 3분 동안 우린 홍차의 탕색 비교 수돗물과 백산수로 우린 홍차의 탕색은 크게 차이가 없는 것으로 나타났다.

2) 커피

커피를 추출했을 때 물이 차지하는 비율은 94~98%로 물은 커피의 향미와 맛에 중요한 영향을 미친다. 유럽에서는 진한 커피를, 미국에서는 연한 커피를 많이 마시는데 이는 유럽은 경수, 미국은 연수이기 때문이다. 커피는 차보다는 맛과 향이 경도의 영향을 적게 받는 편이다 보니 물이 커피 향미에 미치는 영향에 대해서는 많은 의견 차이가 존재한다. 그러나 일반적인 의견을 종합해 볼 때, 커피를 추출하는 데 가장 적합한 물은 정수 혹은 연수라고 볼 수 있다.

1982년 설립된 세계 최대 커피 무역 협회인 미국 스페셜티 커피협회(SCAA: Specialty Coffee Association of America)에서는 다음과 같이 커피를 추출할 때 사용하는 물에 대한 기준을 제시하고 있으니 SCAA의 기준을 참고하는 것이 도움이 된다.

〈표 5-3〉 미국 스페셜티 커피협회에서 제시하는 커피추출물 가이드라인

특징	기준(Target)	허용범위(Acceptable Range)
냄새(Odor)	깨끗함/신선함(Clean/Fresh, Odor free)	
색(Color)	깨끗한 색(Clear color)	
염소 함유량(Total Chlorine)	0mg/L	
총용존고형물(TDS)	150mg/L	75~250mg/L
경도(Calcium Hardness)	68mg/L	17~85mg/L
총 알칼리도(Total Alkalinity)	40mg/L	At or near 40mg/L
pH	7.0	6.5~7.5
나트륨(Sodium)	10mg/L	At or near 10mg/L

출처: 미국 스페셜티 커피협회(SCAA).

- 냄새(Odor): 당연히 커피의 향에 영향을 줄 수 있는 냄새는 전혀 없어야 한다.
- 색(Color): 맑고 투명해야 한다. 흐리게 오염되었거나 이물질이 떠 있으면 안 되며, 만약 이물질이 있다면 반드시 제거해야 한다.
- 염소함유량(Total Chlorine): 염소 성분은 전혀 없어야 한다.
- 총용존고형물(TDS): 150mg/L가 가장 이상적이며, 허용범위는 75~250mg/L이다.
- 경도(Calcium Hardness): 68mg/L가 가장 이상적이며, 허용범위는 17~85mg/L이다.
- 총 알칼리도(Total Alkalinity): 알칼리도는 물속에 함유하는 수산화물, 탄산염, 탄산수소염 등의 알칼리성 성분의 농도를 표시하는 척도이다. 40mg/L가 가장 이상적이다.
- pH: 중성인 pH7이 가장 이상적이다.
- 나트륨(Sodium): 10mg/L 미만의 물을 사용해야 하며, 10mg/L가 가장 이상적이다.

SCAA에서는 커피를 추출할 때 사용하는 물에 대한 기준 중에서, 특히 염소는 전혀 없어야 한다고 제시하고 있다. 우리나라의 경우 수돗물에 번식할 수 있는 미생물을 살균하기 위한 목적으로 수돗물 처리과정 7단계에서 염소를 투입하고 있다. 따라서 수돗물을 받으면 약간 소독약 냄새가 나는데, 바로 염소 때문이다. 염소는 휘발성이 강해 끓이면 사라지는 성분이므로 수돗물을 받은 후 끓이면, 염소가 날아가 커피를 추출하는 데 적절한 물이라고 생각할 수 있다. 그러나 끓이면 물속에 있는 산소도 같이 사라지게 되어 커피의 맛과 향미에 좋지 않은 영향을 미친다. 따라서 커피를 추출하는 물은 처음부터 염소가 함유되어 있지 않은 물을 선택하는 것이 좋다.

또한, 미네랄의 경우도 미네랄 함량이 너무 높으면 커피 맛이 쓰고, 너무 낮으면 밋밋한 커피가 추출된다. 이는 커피가 추출되면서 커피 속의 수많은 향미 분자와 미네랄 성분들이 결합하면서 다양한 반응을 나타내기 때문이다. 따라서 카페 혹은 커피를 전문으로 취급하는 곳에서는 커피를 추출하는 데 필요한 적절한 정수기 혹은 연수기를 갖추는 것이 좋다.

3) 물과 알코올성 음료

(1) 맥주

맥주의 성분 중 물은 92%를 차지하고 있는데, 맥주 하면 떠오르는 나라가 바로 독일이다. 독일 남부 바이에른 공국의 빌헬름 4세(1493~1550)는 1516년에 맥주 양조에 관해 '맥주 순수령'이라는 법령을 발표하였다. '맥주 순수령'은 맥주의 원료를 보리, 홉, 물만으로 제한한 것으로 식품에 관한 법률로는 가장 오래된 법령 중 하나이다. 이처럼 지금까지도 독일의 맥주가 세계 최고의 품질과 맛을 유지하는 이유가 바로 이 법령 때문이라고 할 수 있다.

독일 남부 프라이부르크시에는 178년의 역사를 가지고 있으며, 4대째 맥주 명가의 맥을 잇고 있는 '발트하우스(Waldhaus)'라는 양조장이 있다. 발트하우스의 브라우어 마이스터(Brauer Meister; 맥주 양조의 대가)는 좋은 맥주는 좋은 원료에서 만들어지는데, 좋은 원료가 바로 좋은 원천수(源泉水)라고 설명한다. 맥주 양조 과정에서 물은 효모의 활동에 직접적인 영향을 주기 때문이다.

맥주를 만들 때, 연수를 사용하면 부드럽고 깔끔한 맛의 맥주가 만들어지는데, 체코의 필젠(Pilsen) 지역에서 생산되는 필스너(Pilsener)가 대표적이다. 경수를 사용하면 맥아 향기가 짙고 홉의 씁쌀한 맛이 강한 스타우트(Stout)가 만들어지는데, 아일랜드의 더블린에 있는 기네스 흑맥주가 대표적이다.

(2) 사케(Sake, さけ)

일본을 대표하는 술 중 청주(清酒)는 예전부터 술 성분의 80% 이상을 차지하는 물을 가장 중요하게 여겨 왔다. 사케를 만드는 양조용수(釀造用水)는 쌀 씻는 물, 쌀을 담가 불리는 물, 술을 빚는 물로 나누어 사용하였으며, 술을 빚는 물은 알코올 발효과정(효모가 쌀을 발효시키는 과정)에서 맛의 품질에 영향을 미치는 매우 중요한 요소로 작용하였다. 유명한 양조장일수록 전용 수원(水原)을 확보하고자 하였으며, 수원은 대부분 지하수나 우물을 사용하여 양조하였다. 사케를 양조할 때에도, 연수를 사용하여 만든 술은 부드럽고 단맛을 지니고, 경수를 사용하면 단맛이 없고 매운맛을 지닌 술이 만들어지는데 경수에 함유된 다량의 미네랄이 효모작용을 활발하게 만들어 알코올 발효가 활발하게 일어나기 때문이다.

아시카가시(足利市)에서 생산되는 사케와 생수이다.

(3) 막걸리

우리나라의 막걸리도 사케와 같이 쌀로 빚는 술이다. 또한, 막걸리의 90% 이상도 물로 되어 있기에 어떤 물로 막걸리를 양조하는지에 따라 맛이 달라진다. 우리나라에서 막걸리 하면 가장 먼저 떠오르는 지역은 '물의 도시', '계곡의 도시'라고 불리는 경기도 포천이다. 경기도 포천은 별칭만큼 수려한 산세와 맑은 물이 풍부한 지리적 특징으로 깨끗한 품질과 독특한 막걸리 맛이 일품으로 알려져 있다.

포천 지역의 유명 막걸리 양조장인 '이동주조'는 조선 시대에 술을 빚어 임금님에게 진상하던 양조장 터에 자리를 잡고, 심산유곡 백운동 계곡의 지하 200m에서 끌어올린 광천수로 막걸리를 빚고 있다. 이러한 물로 양조한 막걸리는 일반 막걸리와는 달리 5~6일이 지나도 잘 가라앉지 않으며, 맛이 훌륭하다.

(4) 소주

우리나라 사람들이 가장 많이 즐기는 소주는 80%의 물에 주정(酒精)인 알코올과 탄소, 당, 구연산, 아미노산류, 무기염류 등이 첨가물로 함유된 희석식(稀釋式) 소주이다. 따라서 소주도 다른 알코올성 음료와 마찬가지로 어떤 물을 사용하여 희석했느냐에 따라 맛의 차이가 나타난다.

(5) 위스키

위스키는 알코올이 높아 다른 알코올성 음료보다 수분 함량이 낮다. 미즈와리(水割り)는 위스키에 물을 넣어 1/2 이상의 농도로 희석시킨 메뉴를 말하는데, 국제적으로 통용되는 공식단어이다. 즉, 미즈와리로 위스키를 마실 때에는 위스키의 맛과 향이 손상되지 않도록 주의해서 물을 섞어야 한다. 주로 연수를 많이 사용하며, 숙성이 덜 된 위스키의 경우 연수를 섞어 풍미를 더하는 경우도 있다.

또한, 잔에 얼음을 넣어 마시는 온더록스(on the rocks)라는 메뉴의 경우, 어떤 물로 얼린 얼음이냐에 따라 위스키의 맛과 향에 영향을 미치게 된다.

우리나라뿐만 아니라 전 세계 양조자들에게 "맛있는 술의 조건은 무엇인가요?"라고 질문을 한다면, "맛있는 물!"이라고 답할 것이다.

〈표 5-4〉 물과 알코올성 음료

구분	연수	경수
맥주	• 부드럽고 깔끔한 맛 • 필스너(Pilsener)가 대표적	• 맥아 향기가 짙고 홉의 쌉쌀한 맛 • 스타우트(Stout)가 대표적
사케	부드럽고 단맛이 대표적	드라이하고 매운맛이 대표적
막걸리	우리나라의 물은 대부분 연수이므로 어느 지역에서 생산했는가에 따라 맛이 달라짐	
소주	희석식 소주인 경우 어느 지역의 물로 희석했는가에 따라 미묘한 맛의 차이가 있음	
위스키	물을 타서 알코올 농도를 희석해서 마시는 미즈와리(水割り), 잔에 얼음을 넣어 마시는 온더록스(on the rocks)의 메뉴를 즐기는 경우 사용하는 물과 얼음에 따라 맛과 향의 차이가 있음	

Water & Tea

06 CHAPTER

물산업과 상업화

1. 물산업의 정의 및 범위

물산업에 대한 정의는 1999년 OECD의 환경산업 정의에서 "일반적으로 일상생활과 산업에 필요한 용수를 생산하여 공급하고, 발생된 하수와 폐수를 이송 및 처리하는 사업"으로 정의되며, 상하수도, 폐수, 생수, 정수기 등이 물산업 부문으로 포함된다고 하였다.

물산업에 관한 정의는 기관별로 일정 부문 차이가 있으나 대부분 물을 취수하고 공급 및 처리하는 상하수도 사업과 이와 관련된 여러 산업을 공통으로 포함하고 있으며, 한국상하수도협회의 경우 먹는샘물이나 정수기 사업을 물산업의 범주에 포함시키고 있다.

〈표 6-1〉 국내외 주요기관 물산업의 정의

기관	정의
환경부	수자원을 공급하고(상수도), 배출하는(하수도) 것을 운영하는 사업과 이와 연관된 제조, 건설, 연구, 컨설팅 사업 등 일체를 의미함
한국상하수도협회	물을 생산 · 공급하거나 하수 및 폐수의 이송 · 처리를 하는 산업으로 상하수도 기반시설 건설과 이에 따른 운영, 폐수처리, 담수화, 정수기, 생수산업 등을 의미함
한국수자원공사	농업용수를 제외한 생활용수와 공업용수를 생산 및 공급하는 사업과 하수 및 폐수 이송처리를 하는 산업 서비스, 그리고 이들과 연관된 산업을 의미하는 협의의 개념으로 정의
미국수자원협회	양질의 물을 제공하는 것을 지원하는 모든 유형의 관련 산업
일본 수자원정책연구소	상수도, 공업용수, 농업용수 등의 물 공급, 조수(造水, 해수담수화 등), 하배수처리, 재생수뿐 아니라, 유역 · 수역 환경보전 등을 포함하며, 조사 · 계획, 수처리막 등의 소재공급, 플랜트 건설, 엔지니어링, 시설 유지관리 · 운영, 분석업무 등의 분야를 포함

출처: 한국수자원공사(2009).

위의 〈표 6-1〉의 내용에서도 알 수 있듯이, 광의의 물산업 범위는 물 순환체계 전 과정의 물 공급 · 처리 · 이용을 통해 인간 및 자연이 공유하는 물 관련 분야 전체를 포괄하고 있다.

전 세계 물산업 규모에 대한 추정은 미국 경제잡지 『포춘(*Fortune*)』에서 2002년에 최초로 이루어졌다. 2002년 'Water, Water Everywhere'에서 발표한 세계 물산업 규모를 연간 4,000억 달러로 추정한 이후, 지속적으로 물산업에 대한 규모를 추정하고 있다.

영국 Global Water Intelligence(GWI)에서 2011년 발표한 'Water Market 2011'의 보고서에서는 세계 물산업을 전체 4,828억 달러 규모라고 추정하였으며, 물 서비스산업 1,966억 달러(40.7%), 물 연관산업 2,273억 달러(47.1%), 생수시장(Bottled Water Market) 589억 달러(12.2%)로 구성되어 있다고 하였다. GWI의 2016년 보고서에서는 2013년에 5,560억 달러(한화 약 669조)였던 세계 물산업 규모가 2018년에는 약 7,050억 달러(한화 약 849조) 시장으로 연평균 4.0% 이상 성장할 것으로 전망하였으며, 2025년에는 시장 규모가 약 9,382억 달러(한화 약 1,130조 원)에 도달할 것으로 전망하였다.

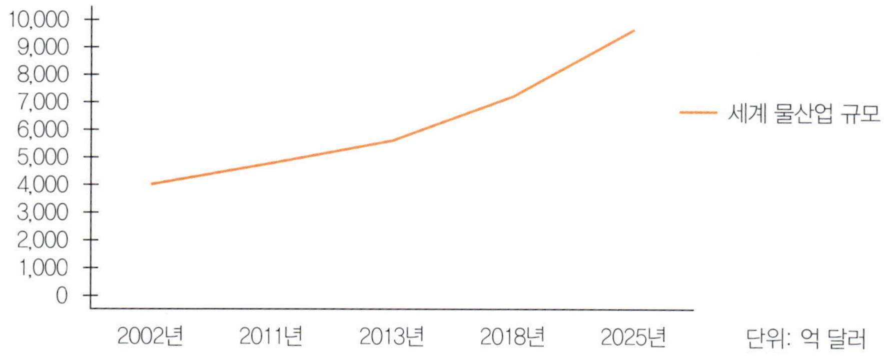

세계 물산업 추이

다음의 〈표 6-2〉는 협의의 물산업 범위별 내용을 정리한 것이다. 〈표 6-2〉의 내용 중 상품 구분의 주요 내용을 보면, 병입수(생수)와 해양심층수 등으로 GWI에서 구분한 생수시장이 포함되어 있다. 생수시장은 생수나 음용에 맞게 정수처리된 물을 병에 담아 판매하는 시장으로 물산업의 구분에서 서비스업 및 연관 산업과는 별도로 구분하고 있는데, 이는 생수시장이 물산업의 또 다른 영역으로 판단할 만큼 중요한 시장으로 성장하고 있기 때문이라 볼 수 있다.

생수, 병입수, Bottled water 모두 같은 의미로 사용

본 교재에서는 〈표 6-2〉의 내용 중 워터소믈리에 직무에 가장 필요한 내용인 병입수(생수), 해양심층수 등이 포함되어 있는 상품 구분에 대해서 중점적으로 설명하고자 한다.

〈표 6-2〉 협의의 물산업 범위

구분	주요 내용
서비스	수돗물을 생산, 공급하는 서비스
	하수, 폐수의 수집, 처리, 방류하는 서비스
상품	병입수(생수), 해양심층수 등
건설업	상 · 하수도시설 건설
설비 및 장비제조업	물 관련 설비 및 장비의 제조업
기타	교육/훈련/정보 서비스, 엔지니어링 서비스

2. 물의 상업화

1) 식수 관리의 역사

탄수화물, 지방, 단백질(3대 영양소: 에너지 공급원), 비타민, 무기질, 물(생리적 기능 조절작용)을 생명활동에 필수적인 6대 영양소라고 한다.

물은 생명을 유지하기 위해 반드시 필요한 6대 영양소 중 하나이다. 물이 없으면 식물은 시들고 말라비틀어져 죽게 되고, 바이러스조차도 물이 없으면 활동을 중지한다. 우리 몸에서도 탈수량이 5%만 부족해도 두통이나 체온상승의 증상이 나타나며, 15~20%의 수분이 빠져나가면 생명에 위협을 받는다. 이처럼 마시는 물이 인간의 생존에 결정적으로 중요하다는 점을 고려할 때, 식수원에 쉽게 접근할 수 있는 곳에서 문명이 발달하고 정착지가 형성되었음은 당연한 결과이다.

로마는 식수 관리에 의해 도시의 정체성이 규정된 최초의 대도시이며, 식수를 재화로 취급한 첫 번째 주요 도시이기도 하다. 로마의 여러 도시에 깨끗한 물을 실어 나르는 도수관은 고대 세계에서 가장 웅장한 구조물 가운데 하나였으며, 그 일부는 오늘날에도 보존되고 있다.

로마의 첫 번째 도수관인 아피아(Appia)는 B.C. 312년에 건설되었으며, 그 후 5세기에 걸쳐 10개의 도수관이 추가로 건설되었다. 도수관을 건설하는 일은 커다란 공학적 도전이었을 뿐만 아니라 수천 명의 인부, 석공, 측량사, 도공, 납 배관을 만드는 철근공, 그 밖의 여러 숙련공이 필요한 작업이었다. 로마의 세 번째 도수관인 마르시아(Marcia)는 특별한 목적에 의해 건설되었는데, 아주 높은 곳에 위치한 마르시아는 물의 중력에 의해 도시 전체로 분배되도록 하였으며, 주로 식수로 사용되었다. 이 마르시아 도수관 물의 거의 절반은 개인적 용도로 판매되었으며, 약 1/4은 '라쿠스(Lacus)'라고 불리는 공공 물탱크에 채워졌다. 라쿠스에 있는 물은 마음대로 가져갈 수 있었으나 모든 사람들이 이 공공 수원에서 물을 길어가지는 않았다. 실제로 로마에 공급된 물 총량의 약 40%는 개인 건물로 수송된 것으로 추정되며, 도수관에서 자신의 집이나 욕조로 연결된 파이프를 가지고 있는 사람들에게는 '벡티갈(Vectigal)'이라는 특별한 물세가 부과되었다. 파이프를 통해 개인 주거지로 물을 공급받는 것은 부자의 신분 상징이자 원로원 의원들의 공통된 사치였다.

로마의 라쿠스는 근대식 음수대의 효시가 됨.

프랑스 몽마르트 언덕의 음수대 1872년에 설치된 음수대로 물의 미네랄 성분도 표시되어 있다.

식수를 재화로 취급하기 시작한 로마 이후에 산업화가 되면서 1620년 초반 뉴욕에서도 적절한 식수를 확보하는 것이 가장 큰 문제였다. 뉴욕시는 많은 강에 둘러싸여 있지만, 바다와 연결되어 있어 짠맛이 강해 식수로 바로 마시기에는 부적절하였기에 맨해튼에 거주한 최초의 이주민인 네덜란드인들은 물탱크나 얕은 우물에 빗물을 모아서 사용하였다. 그러나 실제로 이 우물들은 사유재산이었으며, 대부분 땅속 깊은 샘과 연결된 담수성 연못에서 얻은 것으로 그다지 깨끗하지 않았고 위생적으로도 문제가 많았다.

이후에 영국인들이 뉴욕에 정착하면서 1667년 도시에 공공사업의 형태로 우물을 건설하기 시작하였지만, 공적 자금이 그리 많이 투입되지는 않았다. 그러다 마침내 1686년 우물을 이용하게 될 사람들이 낼 세금과 공적 자금을 합쳐 8개의 우물을 파는 작업이 시작되어, 1700년대에는 편리한 장소에 공공 우물을 건설하거나 펌프를 설치하면서 뉴욕 시민들은 식수를 자유롭게 얻을 수 있었다. 그러나 이 시기에는 도시화와 산업화가 활발하게 진행되면서 인구의 지속적인 증가를 멈출 수 없었고 뉴욕 역시 공중위생의 문제가 감당하기 어려울 만큼 심각해졌다. 이때 사업가들에게는 공공 우물의 형편없는 관리 상태 및 최악의 수질은 문제라기보다 새로운 사업의 기회로 다가왔다. 왜냐하면 돈 있는 사람들이 도시 외부의 샘이나 더 깊은 우물에서 퍼 온 물을 구매하기 시작했기 때문이다. 특히, 몇몇 우물물은 홍차나 그 밖의 주방용수를 위한 수원(水原)으로서 큰 인기를 끌었다.

하든브룩(Hardonbrook) 가문에서는 우물 주변을 멋지게 단장하였고, 우물에서 끌어올린 '찻물펌프(Tea Water Pump)'를 중심으로 가내공업이 발전하였는데, 정원과 찻물펌프가 있는 이 공장은 사람들이 즐겨 찾는 명소가 되었다. 하지만 '찻물펌프(Tea Water Pump)'의 진정한 변화는 '찻물(Tea Water)'라고 알려진 물의 유통에서 나타났다. '찻물장수(Tea Water Man)'들은 펌프 주인으로부터 직접 물을 구매해 양동이나 통에 담아 수레에 싣고 도시 곳곳을 돌아다니면서 판매하여 상당한 이윤을 남겼으며, 18세기 중엽에는 찻물 판매가 뉴욕에 식수를 공급하는 가장 훌륭하고 지배적인 원천이 되었다.

식수 관리는 단지 '깨끗한 물을 안전하게 마시고 싶다'는 욕구에서부터 시작된 것이라고 볼 수 있다. 물은 모든 생명체의 생존을 위해 반드시 섭취해야 하는 것이기에 '물'을 중심으로 인류의 역사가 시작되었고 '안전하게 마시고 싶다'는 욕구로 수도관 혹은 펌프를 설치하여 안전한 물을 공급하게 된 것이다. 즉, 펌프 설치는 생수마케팅의 등장을 알린 것이고 우물 주변을 가꾸면서 물산업이 관광산업으로까지 연결될 수 있는 가능성을 이미 19세기에 예견한 것이라고 볼 수 있다.

2) 병입생수(Bottled Water)의 등장

우리는 먹는샘물, 먹는염지하수, 먹는해양심층수의 개념을 모두 포함하여 통상적으로 '생수'라는 단어로 마시는 물을 지칭하고 있다. 앞서 식수 관리의 역사에서도 살펴보았듯이, 사람들은 '안전한 물'에 대한 욕구로 좀 더 깨끗하고, 좋은 물을 얻고자 하였다. 시장경제의 논리로 본다면, '안전한 물'을 원하는 수요자가 있으니 '찻물장수'와 같은 공급자가 생기는 것은 자연스러운 시장의 흐름이다. 이처럼 '안전한 물'이 어디 있는지 알지 못하고 '안전한 물'을 발견하였더라도 바가지든, 항아리든 간에 운반할 용기가 필요했을 것이다. 그러나 '찻물장수'도 용기에 담아서 판매한 것이 아니라 양동이에 받은 물을 돌아다니면서 팔았기에 우리가 생각하는 '병입생수'의 모습은 아니다. 그렇다면, 병입생수(Bottled Water)는 언제부터 시작되었을까?

고대인들에게는 바위를 뚫고 흘러나오는 샘물이나 우물물 등이 매우 성스럽고 신비한 것으로 신들의 축복, 신들의 존재로 설명되었을 것이며, 천연 수원지는 신비로운 치유의 힘과도 연관되어 있어 기적을 이루는 물로 '종교'처럼 믿고 따랐을 것이다. 그러나 원수원과 수원지에 따라 물에 함유되어 있는 미네랄, 경도, 맛 등 모든 성분이 다름을 알 수가 없었던 고대인들은 물을 마시고 병이 낫고, 부스럼에 고생하던 피부가 좋아지는 것을 보고 그들만의 방법으로 물에 대해 성스러운 해석을 했던 것이다.

이처럼 성스러운 물이 치유능력이 있는 것으로 소문나기 시작하면 사람들은 건강을 위해 본인도 성스러운 물을 경험하고 싶어 했다. 그러나 18세기 이전의 유럽에서는 오로지 '건강'을 위해 먼 곳까지 여행을 한다는 것은 매우 사치스럽고 위험한 일이었다. 그럼에도 사람들은 육신의 건강과 영혼의 건강을 위해 '성스러운 물'을 찾아 여행하기 시작하였고, 이러한 여행은 성지순례까지 이어졌다.

3~4세기경 가톨릭 성인으로 추앙받았던 세인트 메나스(St. Menas)의 탄생지로 알려진 마리우트(Mariout) 호수가 기적적인 치유의 물이라고 알려지면서, 메나스 성인이 순교한 후 마리우트 호수 주변이 성지순례 코스가 되었다. 그러나 사람들이 마리우트 호수를 순례하고 성스러운 물을 마시고 축복을 받는 것에서 그치는 것이 아니라 그 물을 가지고 가고 싶어 하는 사람들이 많았고, 심지어 성지순례를 하지 못한 사람들도 물을 얻고 싶어 하자, 상인들이 등장하여 성물 장사가 붐을 이루기 시작하였다. 그러나 상인들이 판매하는 물이 실제 성지의 물인지 증명해 보라는 의심을 받자, 성지 근처에서만 구할 수 있는 재료를 이용하여 특수 휴대용 물병을 제작하고, 용기에 문양을 새겨 넣어 생산하였다.

6~7세기 사이 이집트에서 도자기(Ceramic)로 만든 메나스 플라스크(Menas Flask) 현재 루브르 박물관에 소장되어 있다(위키피디아).

이것이 바로 병입생수(Bottled Water)의 시작이었으며, 페리에의 시그니처인 녹색병이 등장하기 1,500년 전에 만들어진 최초의 포장 물이며, 생수마케팅의 시작이 된 것이다.

3) 생수마케팅

광천수는 오랜 기간 지하에 머무르며, 칼슘, 마그네슘, 나트륨, 칼륨, 철 등의 광물질이 일정 수준 이상 함유된 미네랄워터이다. 로마의 학자이자 군인이었던 플리니우스(Gaius Plinius Secundus Major; 23~79)는 그의 저서인 『박물지(*Naturalis Historia*)』에서 이탈리아의 페라렐레(Ferrarelle)를 '기적의 물'이라고 소개했으며, 실제 소화기 질병 치료에 효과가 있는 것으로 알려져 있다. 그러나 이런 광천수의 특징을 몰랐던 과거에는 신비한 치유의 능력이 있는 신이 주신 축복의 물이라고 믿어 왔고, 18세기에 접어들자 유럽과 미국에서는 광천수가 나오는 수원지는 반드시 가야 하는 명소가 되었다. 이처럼 생수의 시작은 '성수 거래'에서 시작되었으나, 건강에 대한 관심, 치료효과에 대한 경험이 관광으로까지 연결되었다.

실제로 광천수는 치료효과가 있다.

프랑스의 비시(Vichy) 마을은 로마 시대부터 유명한 온천 휴양지였고, 로마의 율리우스 카이사르(Gaius Julius Caesar; B.C. 100~B.C. 44)는 비시를 'Vicus Calidus(온천 도시)'라고 칭송하였다.

영국의 바스(Bath)라는 도시는 고대 로마인이 건설한 온천 도시로, 목욕이라는 뜻의 영어 단어 'Bath'가 유래된 도시이기도 하다. 바스는 지하 화산층 때문에 뜨거운 광천수가 솟아나게 되었는데, 로마인들이 이곳의 수질을 알아보고 공중목욕탕과 미네르바(Minerva) 신전을 지으면서 온천 휴양도시로 발전하였고 18세기 귀족들에게 필수 휴양지로 자리 잡게 되었다. 이처럼 광천(鑛泉)이나 온천이 용출하는 곳을 중심으로 관광·휴양지가 발달된 '광천 취락(鑛泉聚落)', '온천 취락(溫泉聚落)'은 현재 생수시장의 발판이 되었고, 발전에까지 영향을 미친 것으로 볼 수 있다.

광천 취락에 대한 이야기는 다른 지역에서도 유래된다. 대표적인 도시가 프랑스의 콘트렉스빌(Contrexeville), 에비앙레뱅(Évian-les-Bain), 비텔(Vittel)이다. 프랑스 콘트렉스빌의 물은 신장결석을 없애고 비뇨기 질환의 치료에 효과가 있는 것으로 유명하고, 스위스 국경 부근의 에비앙레뱅(Évian-les-Bain)의 물은 피부병에 탁월한 것으로 알려져 있다. 광천수는 그밖에도 관절염, 정신질환 등 기타 여러 질병에 걸린 사람에게 권해졌다.

우리에게 잘 알려져 있는 에비앙(Evian)이다.

콘트렉스 광천 취락의 도시로 유명한 콘트렉스에서 생산되는 콘트렉스 생수는 칼슘 함유량이 월등히 높은 것으로 유명하다.

에비앙 유리병으로 출시된 '에비앙 pure'는 맑고 깨끗한 에비앙의 물을 더 돋보이기 위한 패키지로 제작되었다. 페트병의 플라스틱 검출이 걱정된다면 유리병으로 된 에비앙을 마시는 것도 좋은 방법이다.

광천 취락은 19세기에 전성기를 누리게 되는데, 그 이유가 바로 교통의 발달이다. 특히, 철도가 개통되면서 부유한 사람들이 돈에 구애받지 않고 쉽게 여행할 수 있게 되자, 기업인들은 광천 취락을 목적으로 리조트를 짓기 시작하였다. 성스러운 물을 마심으로써 치료의 기적을 경험한 사람들이 교통의 발달로 성스러운 물이 나오는 수원지에서 즐기고 휴양을 하다가 좋은 물을 집에도 가져가고 싶은 욕구가 생기는 것은 당연한 수순이다. 이처럼 좋은 물을 마시고 싶다는 것은 건강에 대한 욕구이며, 이러한 욕구는 소량 생산된 유리병에 담겨 상품화가 되고, 생수마케팅의 시작을 알리게 되었다.

미국에서 병에 담긴 물을 처음으로 수입한 사람은 벤저민 프랭클린(Benjamin Franklin; 1706~1790)이었다. 1784년 프랑스 대사였던 벤저민은 프랑스 광천수에 감명을 받아 귀국길에 프랑스 광천수와 와인을 싣고 돌아와 매 식사 때마다 즐겼다고 한다. 그 이후, 19세기 중반부터는 일반 소비자들도 병에 담은 물을 이용하기 시작하였다.

세계 최초로 물을 상품화한 브랜드는 바로 에비앙(Evian)이다. 에비앙은 천연 광천수로 프랑스와 스위스의 국경 지역 알프스에서 녹아내린 만년설이 두꺼운 빙하퇴적물을 통과하면서 다량의 미네랄 성분을 함유하게 되었고, 이러한 성분을 의학적으로 설명하면서 1826년부터는 병입하여 상품화하였다.

1845년에는 폴란드 스프링(Poland spring)이 11L의 토기에 물을 담아 판매하였고, 1855년에는 비텔(Vittel)이 병에 물을 담아 판매하였다. 1873년에는 디어 파크(Deer park), 1894년에는 애로우헤드(Arrow head)가 생수 판매를 시작하였다.

생수시장은 물을 담기 위한 병의 제조기술과 교통이 발달함에 따라 확대되었다. 즉, 소비자는 수원지에서 멀리 떨어진 곳에서도 안심하고 자신이 원하는 물을 마실 수 있게 되었고, 대량생산도 가능하게 되었다.

프랑스의 과학자 루이 파스퇴르(Louis Pasteur)는 바두와(Badoit)를 특히 사랑하여 매번 열 상자씩 주문하였으며, 독일의 아폴리나리스(Appollinaris) 생수는 영국뿐만 아니라 미국 서부 지역에서도 인기가 좋았다. 또한, 프랑스 식민지 지역에서는 특히 비시(Vichy) 생수를 선호했다고 한다.

페리에

프랑스를 대표하는 천연탄산수인 페리에(Perrier)는 '광천수계의 샴페인', '초록색 병의 디자인아이콘', '전 세계 1위' 등의 수식어를 자랑한다. 페리에는 1898년 내과의사였던 루이 페리에(Louis Perrier) 박사가 프랑스 남동부에 위치한 베르게제(Vergéze)의 광천 소유권을 확보하면서 그 역사가 시작되었다. 이미 베르게제 지역은 건강에 좋은 물로 나폴레옹 3세가 인정한 곳이었다. 페리에 박사 인수 후 온천을 위한 장소가 아닌 물을 병에 담아 팔면서 페리에를 '건강음료'라고 소개하였고, 특히 체조클럽이라고 불리는 곤봉 모양의 병 디자인으로 엄청난 성공을 거두어 영국 왕실의 공식 생수가 되었다.

물에 대한 관심의 증가는 곧 건강에 대한 관심의 증가였으며, 수원지에 가 본 적 없는 사람도 자신에게 필요한 물을 구매하고자 하는 욕구를 일으키게 하였고, 교통의 발달은 수원지에서 생산된 물을 대량으로 운송하여 생수시장의 양적 발전에 기여하게 되었다. 철도의 발달로 인해 온천을 즐기기 위한 사람이 늘어나면서, 기차 여행은 물론 온천 취락에 호화 호텔 등이 건설되면서 소비자는 수원지를 관광하고, 목욕을 하는 등 물을 직접 체험하게 되면서 생수시장의 연결고리인 관광시장에까지 영향을 미치는 질적 발전도 같이 이루었다고 볼 수 있다. 즉, 물과 건강에 대한 지식과 관심, 교통의 발달이 직접 수원지를 경험하지 못한 소비자를 위해서 수원지에서 취수하는 물에 대한 효능, 스토리텔링, 패키지디자인 등이 생수마케팅에 중요한 성공의 열쇠가 된 것이다.

일본 고베시(神戸市)의 고베타워

고베타워를 그대로 재현한 생수

4) 생수산업의 현황

우리나라에 수도시설이 보급되기 이전인 1900년 초반 이전까지는 물장수들이 새벽마다 물을 공급해 주었다고 한다. 특히, 서울 지역에 물을 대주는 물장수는 함경도 북청(北青) 출신들이 많아서 '북청물장수'라고 불리게 되었다. 이러한 북청물장수는 1906년 이후부터 대도시에 상수도가 보급되기 시작하면서 서서히 모습을 감추게 된다.

우리나라의 생수산업은 세계 3대 광천수로 유명한 초정광천수로부터 시작되었다. 초정광천수의 역사는 조선 시대 세종대왕으로 거슬러 올라간다. 세종26년 『조선왕조실록(朝鮮王朝實錄)』에는 다음과 같은 기록이 있다.

> "청주(淸州)에 물맛이 호초(胡椒) 맛과 같은 것이 있어 이름하기를 초수(椒水)라 하는데, 모든 질병을 고칠 수 있고, 목천현(木川縣)과 전의현(全義縣)에도 또한 이러한 물이 있습니다." 하니, 임금이 이를 듣고 장차 거동하여 안질(眼疾)을 치료하고자 하여 내섬시윤(內贍寺尹) 김흔지(金俒之)를 보내어 행궁(行宮)을 세우게 하고, 이 물을 얻어 가지고 와서 아뢴 자에게 목면(木緜) 10필을 하사하였다.
>
> -『조선왕조실록』 세종26년(1444년) 1월 27일

위 내용은 1444년 1월에 세종대왕이 궁궐에서 어떤 사람으로부터 '초수'라는 물에 대해 듣고 눈병을 치료하고자 신하를 청주에 보낸 사실을 기록한 것이다. 그 이후, 세종대왕은 청주에 121여 일간 머무르며 눈병을 치료하였다는 기록도 있다. 지금의 충청북도 청주시에 위치한 초정리는 한자로 '椒井里'인데, 바로 '초수가 나오는 우물이 있는 마을'이라는 뜻이다.

이처럼 조선 시대부터 초정광천수에 대한 효능이 입증되었는데, 1912년 일본인이 초정리에 생수 공장을 세우고 일본군 보급 및 일본 수출용으로 개발하면서 '구리스다루'라는 이름으로 상품화하여 천연사이다와 천연탄산수를 제작 판매한 것이 우리나라 생수시장의 시작이었다. 비록 일본인에 의해 시작되었으나, 1979년 (주)일화가 초정공장을 준공하고 1981년 일화생수(주)를 인수, 1986년 초정약수를 인수하여 지금까지 우리나라를 대표하는 천연광천수로 생산하고 있다.

크리스탈(Crystal)의 일본식 발음

해방 이후, 생수의 생산 및 판매는 금지되다가 1976년 '다이아몬드 정수'가 최초로 먹는샘물 제조 허가를 받아 주한미군 및 외국인 가족을 대상으로 한정적으로 판매할 수 있게 되었다. 1988년 서울올림픽 개최 당시, 외국인 참가 선수단과 관광객을 위해 일시적으로 생수 판매를 허가하였으나, 올림픽 폐막 이후 국민들의 위화감 조성을 이유로 생수 판매 법안이 폐지되었다.

그러나 1991년 경북 구미 공업단지에서 일어난 '낙동강 페놀 유출 사건'을 계기로 생수 판매제조업자들은 물론, 국민들까지 생수 판매 허용을 요구하며 지속적으로 대법원 헌법소원을 청구한 결과 1994년 "생수 판매 금지 조치는 깨끗한 물을 마실 권리를 침해한다."라는 판결을 받아 내어 생수 판매가 합법화되었으며, 1995년 1월 5일 「먹는물관리법」이 제정되면서 생수시장이 본격적으로 가동되기 시작했다.

국내 생수시장은 1995년 「먹는물관리법」이 제정 이후 매해 지속적으로 성장하였으며, 2010년 시장 규모 3,990억 원이었던 생수시장이 2017년에는 8,000억 원, 2020년에는 1조 1,000억 원을 초과하며 급성장하고 있다. 2019년 닐슨코리아에서 국내 음료 시장 조사 결과, 판매액 1위는 1조 3,193억 원으로 커피였고, 판매량 1위는 183만 5,823mL 생수로 조사되었다. 따라서 2021년에는 생수시장이 커피 음료 시장을 추월하고, 2023년에는 2조 원이 넘어설 것이라는 전망도 추가적으로 나오고 있다. 또한, 생수 전성시대 혹은 생수 춘추전국시대라고 할 만큼 삼다수, 아이시스 8.0, 평창수, 백산수 등의 생수 브랜드를 비롯하여 국내에는 약 300여 개가 넘는 생수가 판매되고 있어, 생수 브랜드 간 시장점유율을 향한 치열한 경쟁을 펼치고 있다.

국내 생수시장이 이렇게 빠르게 성장할 수 있던 요인으로는 건강 등 웰빙에 대한 관심 증가, 식생활의 변화, 해외 여행자의 증가로 생수문화에 대한 직접적 경험, SNS를 통한 다양한 정보 교류를 이유로 들 수 있다. 무엇보다도 1인 가구가 꾸준히 증가하고 있어 소비자의 구매 패턴도 변화하였는데, 1인 가구인 경우 정수기보다는 생수가 보관 및 관리가 편리하기 때문이다. 무엇보다도 삼다수, 아이시스 8.0, 백산수는 주문 · 배송 앱을 개발, 마트나 백화점의 배달 서비스, 새벽배송 등 소비자의 편의성도 증진되었다. 특히, 무거운 생수를 집 앞까지 배달해주기 때문에 소비자는 부담 없이 생수를 주문할 수 있게 되어 생수시장은 폭발적으로 성장하고 있는 추세이다.

세계 생수시장은 다논(Danone), 네슬레(Nestlé)와 같은 초대형 기업이 주도하고 있다. 프랑스 파리에 본사를 두고 있는 다국적 식음료 기업 다논(Danone)은 1919년 스페인 바르셀로나에서 요구르트를 생산하면서 시작되었다. 세계적으로 유명한 에비앙(Evian), 볼빅(Volvic)을 비롯하여 11개의 브랜드가 포함되어 있다.

네슬레(Nestlé)는 스위스에 본사를 두고 있는 세계 최대의 식품기업이다. 스위스와 독일어로 '작은 둥지'를 뜻하는 네슬레는 1865년 스위스 베베에서 앙리 네슬레(Henri Nestlé)가 최초의 모유 대용 분유식을 발명하여 상용화하면서 설립한 '네슬레 & 앙글로 스위스 콘덴스드 밀크(Nestle and Anglo Swiss Condensed Milk Co.)'라는 회사로 시작하였다. 네슬레가 소유하고 있는 포트폴리오에는 전 세계적으로 유명한 페리에(Perrier), 산펠레그리노(S.Pellegrino), 콘트렉스(Contrex), 비텔(Vittel) 등 5개 대륙의 48개 생수 브랜드가 이름을 올리고 있으며, 생수시장에서 지배적인 위치를 차지하고 있다.

특히, 이런 기업들은 생수를 판매하고, 소비하는 데 있어 가장 큰 환경 문제로 대두되고 있는 페트병에 대해 끊임없이 고민하고 있다. 특히, 100% 재활용 페트병 사용 및 대체 용기 개발에 많은 노력을 기울이고 있으며, 지구를 위해, 앞으로 우리의 후손을 위해 자연을 보존하고자 환경활동을 활발히 펼치고 있다.

생수 보관 방법 및 유통기한

생수에도 유통기한이 있을까? 정답은 '네'이다.

일반적으로 병입 생수의 유통기한은 제조일로부터 짧게는 6개월, 길게는 2년까지이다. 프랑스 에비앙의 경우 유통기한이 2년인 데 반해, 피지의 아쿠아퍼시픽은 6개월이다. 유통기한이 차이가 나는 이유는 각국의 기준을 적용한 것이기 때문인데, 가급적이면 생수를 구입할 때 제조일과 유통기한을 확인 후 구매하는 것이 좋다. 간혹, 생수를 엄청나게 할인하여 판매하는 경우가 있는데, 이는 유통기한이 얼마 남지 않아 재고를 처리하기 위함이라고 볼 수 있다.

그러나 유통기한보다 더 중요한 것이 구입한 생수의 보관과 개봉한 생수의 소비이다. 세계생수협회(IBWA, International Bottled Water Association)에서 제시하는 생수 보관법에 의하면, 실내온도보다는 낮은 온도를 유지하고, 직사광선을 피해야 하며, 냄새를 유발하는 가솔린, 페인트, 화학물질 등으로부터 분리되어야 한다. 다량으로 구입한 경우 햇볕이 들지 않는 서늘한 곳에 두는 것이 오래 보관할 수 있는 방법이다.

생수를 담는 용기로 가장 많이 사용하는 것이 플라스틱 페트병이다. 페트병은 가볍고 깨질 염려가 적어 폭넓게 이용된다. 유리병인지, 페트병인지의 재료에 따른 맛의 차이는 발견되지 않지만, 플라스틱이 햇빛에 장시간 과하게 노출될 경우, 포름알데하이드 혹은 아세트알데하이드와 같은 환경호르몬이 최고 6배까지 증가할 수 있다.

또한, 유통과정에서도 직사광선을 피하고 적정 보관 온도를 유지하여야 한다. 따라서 생수를 구입할 때에도 판매처에서 생수 보관을 어떻게 하였는지 살펴본 후 구매하는 것이 좋다. 만약, 다음의 왼쪽 사진과 같이 보관·판매하는 곳이라면 구매하지 않는 것이 바람직하다.

생수 보관 및 판매의 잘못된 예

생수를 유통 및 보관할 때는 직사광선을 최대한 피해야 한다. 그러기 위해서는 냉장차를 이용하는 것이 가장 바람직하다.

개봉한 생수는 공기나 미생물과 접촉한 상태이기 때문에 냉장보관하지 않는 경우에는 빠른 시간 안에 마시는 것이 좋다. 개봉하지 않은 생수는 세균 번식 가능성이 없지만, 개봉을 하면, 뚜껑을 열자마자 생수병의 세균을 측정하면 1mL당 세균 1마리였던 것이 한 모금 마신 후에는 900마리로 증가한다. 생수병에 입을 대는 순간부터 세균이 들어가 병 내부에 막을 생성해 세균의 양이 20분에 2배씩 불어나, 개봉 하루가 지난 후에는 기준치의 400배가 넘는 약 4만 마리의 세균이 검출된다. 따라서 2L 용량의 생수를 마실 때에는 가급적 컵에 따라 마시는 것이 좋고, 330mL 혹은 500mL의 휴대용 용량인 경우 빠른 시간 안에 마시는 것이 좋다.

가끔 차에서 물을 마시고 차에 두고 내리는 경우가 일어나곤 한다. 다시 차에 탔을 때, 그 물은 과감히 버리는 것이 좋다.

세계 3대 광천수란?

광천수는 오랜 시간 지하에 머무르며 다양한 광물질을 포함한 미네랄워터로 피부병, 신장결석, 소화 등 각종 치료에도 탁월한 효과가 있는 물이다.

우리나라의 대표적인 탄산수 제품인 일화의 '초정탄산수'에는 항상 수식어로 '세계 3대 광천수'라는 말이 붙는다. 세계 3대 광천수로는 영국의 나포리나스, 미국의 샤스턴, 한국의 초정광천수이다. 그러나 영국의 나포리나스라는 지명은 현재까지도 확인되지 않고, 독일의 아폴리나리스(Apollinaris)가 독일의 광천수로 위상을 가지고 있으며, 각종 문헌과 역사적 사질을 바탕으로 한 연구에서도 독일의 아폴리나리스인 것으로 밝혀졌다.

따라서 세계 3대 광천수는 우리나라의 초정광천수, 미국의 샤스턴, 독일의 아폴리나리스로 각 대륙을 대표하는 광천수이자 천연탄산수 제품이다.

출처: 1) 청주시 네이버 포스트-청주이야기(https://m.post.naver.com/my.nhn?memberNo=19750812)
2) 박구원(2016). 일제강점기에 있어서 초정광천수의 사회적 변화Ⅱ-「세계3대광천수」의 진실-, 한국일본근대학회, No.54, 455-484.

07 CHAPTER

워터소믈리에 (Water Sommelier)

21세기 라이프 스타일은 건강과 웰빙(Well-being)에 초점이 맞춰져 있다고 해도 과언이 아닐 만큼 건강을 지키는 방법이 다양해졌다. 건강을 지키는 방법 중 우리가 매일 마시는 물까지 연결되면서 자연스럽게 '어떤 물을 어떻게 마실 것인가'에 대한 관심까지 높아졌다. 단순히 갈증을 해소하기 위해 물을 마시는 것이 아니라 우리 몸의 70%를 차지하고 있는 수분을 보충하는 방법을 연구해야 건강에 도움이 된다는 사실을 인지하기 시작한 것이다.

이러한 건강에 대한 인식과 라이프 스타일의 변화로 인해 '워터소믈리에'라는 직종이 새롭게 등장하였다. 그럼, '워터소믈리에'라는 직업에 대해 알아보자.

1. 워터소믈리에(Water Sommelier)는 어떤 일을 하는가?

워터소믈리에(Water Sommelier)란 프랑스에서 포도 생산과 양조를 위해 국가 차원에서 탄생시킨 소믈리에(Sommelier)에서 파생된 직업이다. 워터소믈리에는 와인이 아닌 물을 전문적으로 평가하고 판별하는 사람으로 시각, 미각, 후각 등의 감각기관을 활용하여 물을 평가하고 판별하여 좋은 물을 선별하는 '물 전문가'라고 할 수 있다.

세계 유명 레스토랑 그룹인 Patina Restaurant Group에서 운영하는 Ray's & Stark Bar의 워터소믈리에를 담당하고 있으며, 최근 Ray's & Stark Bar에서는 45종의 워터리스트를 추가하여 고객에게 적절한 물을 추천 및 판매하고 있다.

즉, 물의 미네랄 함량, 원수원, 수원지, 경도 등에 관한 전문지식을 바탕으로 고객의 체질, 기호, 음식의 종류, 모임 및 성격에 따라 상황에 맞는 적절한 물을 추천하여 고객에게 새로운 즐거움을 선사하는 서비스 직종이다.

미국의 유명 워터소믈리에 마틴 리제(Martin Riese)는 "음식과 와인, 음식과 맥주처럼 음식과 음료에 대한 페어링(Pairing)이 매우 중요한데, 물도 어울리는 음식과 페어링 하는 것이 매우 중요하다."라고 말한다. 특히, 와인과 맥주는 알코올성 음료이지만, 물은 남녀노소 모두에게 중요한 음료이고 물이 전체 식사에서 매우 중요한 비중을 차지하고 있으므로 더욱 신중하게 선택해야 할 필요가 있다.

음식을 먹을 때 와인을 페어링 하는 것이 중요하듯이,
음식과 어울리는 물도 매우 중요하다.

아담(A.D.A.M.): 이탈리아에서 창설한 Mineral Water Tasters Association으로 교육을 통해 워터소믈리에를 인증하는 기관이다. 아담에서는 세 분야로 프로그램을 실시하는데, 1단계는 워터테이스팅을 전문적으로 교육하고, 2단계는 지속적인 교육프로그램을 제공하고, 3단계는 워터리스트 작성에 대해 교육한다.

워터소믈리에라는 명칭으로 규정되기 시작된 것은 2000년대 초 미국 로스앤젤레스의 소믈리에가 물 관련 교육을 받으면서부터 등장하였다.

2002년 이탈리아에서는 물에 대한 체계적인 교육을 실시하고자 워터 전문 교육기관을 설립하였다. 음식전문가, 의사, 영양사, 지질학자, 화학자, 물전문가로 구성되어 있는 아담(A.D.A.M.: Associazione Degustatori Acque Minerali)은 처음으로 워터소믈리에 인증 프로그램을 개발하였다.

워터소믈리에라는 직업은 소믈리에에서 파생되었기 때문에 소믈리에가 하는 와인 관련 업무를 워터소믈리에는 물과 관련된 업무로 한다고 생각하면 된다. 소믈리에 관련 업무 중 중요한 비중을 차지하는 부분도 고객 관리 및 매출 관리인

데, 워터소믈리에도 마찬가지로 물과 관련된 서비스를 제공하는 서비스맨이므로 고객관리는 물론 생수 판매에 대한 매출을 관리해야 한다.

생수 매출은 워터소믈리에의 유무, 생수에 대한 전문적인 지식, 추천 능력 등에 따라 상당한 차이를 보이게 된다. 따라서 유능한 능력을 가진 워터소믈리에의 채용은 호텔, 파인다이닝 레스토랑, 백화점 내의 워터바 등에서 생수 매출에 중요한 영향을 미치게 된다.

워터소믈리에는 다음과 같은 역할을 수행할 수 있어야 한다.

- 전 세계적으로 유통되는 다양한 생수에 대한 전문지식을 갖추고 있어야 한다.
- 소비자의 입맛을 대신하여 생수 테이스팅 능력을 갖추고, 객관적으로 평가해야 한다.
- 고객의 기호 및 건강 상태 등에 따라 적절한 생수를 추천할 수 있어야 한다.
- 생수에 대한 관심과 열정을 가지고 와인과 음료뿐만 아니라, 음식에 대한 해박한 지식을 갖추고 있어야 한다.
- 각 생수가 가지고 있는 개성을 충분히 살릴 수 있도록 생수별 보관 온도와 적정 서비스 온도를 숙지하고 서비스해야 한다.
- 소비자가 기능성 생수를 요구할 때에도 적합한 생수를 추천할 수 있는 능력을 갖추어야 한다.

기능성 생수란 원래부터 물에 있는 기능이 아닌, 인간이 자연의 원리를 이용하고 여러 가지 과학적 수단을 사용하여 기능을 부여한 물이다. 가장 대표적인 기능수는 알칼리이온수이고, 그밖에 자화수(磁化水), 전해수(電解水), 수소수(Hydrogen Water) 등이 있다.

각국에서 생산되는 다양한 생수

일본의 수소수

2. 워터테이스팅(Water tasting) 평가항목

워터소믈리에는 감각기관(시각, 후각, 미각)으로 좋은 물을 고르고 물맛을 전문적으로 평가해야 하는 매우 섬세하고 예민한 직업이다. 시각, 후각, 미각의 감각기관을 통해 물의 수원지, 물의 오염도, 냄새, 물의 경도, pH 밸런스, 탄산화 정도, TDS(Total Dissolved Solids) 등을 평가하여 물에 대한 가장 기초적인 정보를 제공하는 것이다. 이러한 물의 기초정보를 바탕으로 고객이 원하는 물을 추천할 수 있게 된다.

따라서 물을 평가하는 항목의 정의와 분류를 살펴보고, 워터테이스팅을 하는 방법에 대해 알아보도록 하자.

1) 물의 수원지(떼루와, Terrior)

와인을 설명할 때 가장 기본적으로 이해해야 하는 부분이 바로 '떼루아'이다. 와인에서 설명하는 떼루아는 '포도가 잘 자랄 수 있는 모든 자연환경'이라고 설명할 수 있지만, 포함하는 범위는 매우 광범위하다. 물을 평가할 때 수원지란 와인의 개념인 떼루아라고 이해하면 된다. 수원지에 따라 물속의 미네랄 함량, 경도 등이 달라지기 때문에 물맛에도 영향을 미치게 된다. 또한, 물맛이 다르면 요리법과 어울리는 음식 또한 달라지기 때문에 워터소믈리에는 현재 생산되는 생수 브랜드들의 '수원지'에 대한 정보를 함께 숙지하고 있어야 한다.

가장 중요한 점은 수원지가 잘 보호되고 관리되어야 한다. 공산품은 지속적으로 생산할 수 있지만, 우수한 천연자원 중 하나인 '물'은 유한하기 때문이다. 또한, 우리 자손들에게 '물'이라는 중요한 자원을 남겨 주기 위해서라도 수원지에 대한 이해 및 보호, 관심은 지속되어야 할 것이다.

2) 오염도

물이 얼마나 깨끗하게 보호되고 있는지 알아보는 오염도는 주로 질산염의 함유량으로 측정할 수 있다. 자연적인 물에는 1mg/L 이하의 질산염이 함유되어 있으며, 질산염이 높다는 것은 오염물질이 많다는 것을 의미한다.

질산염은 물이 흙을 통과하면서 쉽게 전달되고, 강수량이 많거나 관개수로인 경우에는 땅속 깊은 지하층까지 침투될 수 있다. 즉, 질산염은 직접 수원지에 흘러들어가 오염시킬 가능성이 있기 때문에 우리나라 '먹는물의 수질기준' 제2조 제1항에 관련되어 '건강상 유해영향 무기물질에 관한 기준'을 살펴보면, 질산염(질산성질소)의 기준은 10mg/L를 넘지 않도록 관리하고 있다.

각 생수마다 수원지가 표기되어 있으므로 생수를 구입하기 전 수원지를 확인 후 구매하는 것이 좋다.

아이시스 8.0은 충북 청주시 미원면에서만 취수를 하다가, 현재는 여러 수원지에서 취수하고 있다. 수원지가 다른 아이시스 8.0의 물맛을 비교해 보는 것도 수원지를 이해할 수 있는 좋은 방법이다.

아이시스와 아이시스 8.0은 생산자만 같을 뿐, 미네랄 함량, 제품 디자인, 수원지가 모두 다른 제품이다.

3) 냄새

와인은 떼루아, 포도 품종, 양조 방법 등에 따라 각자 가지고 있는 향이 다르고, 특히 와인이 숙성될수록 다양한 향을 갖게 된다. 그러나 물은 와인과 달리 아무 냄새도 나지 않는 무취의 상태가 가장 좋다. 만약, 비정상적인 냄새가 난다면, 수원지의 오염, 유통과정의 문제, 보관상의 문제 등을 의심해 봐야 한다.

4) 물의 경도(Hardness)

물의 경도란 앞서 3장에서 맛있는 물의 조건 중 하나로 설명하였다. 3장의 내용을 복습해 보자면, 물의 경도는 물의 세기의 정도를 나타내는 뜻으로 물속에 녹아 있는 칼슘과 마그네슘의 양을 합하여 탄산칼슘($CaCO_3$)의 양으로 환산한 값이다. 경도를 산출하는 공식은 다음과 같다.

$$\text{경도 } CaCO_3(mg/L) = (\text{칼슘} \times 2.50) + (\text{마그네슘} \times 4.12)$$

일반적으로 칼슘의 양이 마그네슘의 양보다 많을 때 물맛이 좋고, 반대로 마그네슘의 양이 너무 많으면 쓴맛이 강하다. 경도가 높은 물은 칼슘과 마그네슘을 모두 다량으로 함유하고 있어 뻣뻣한 느낌이 난다. 이런 물을 경수라고 한다. 반대로 경도가 낮은 물은 연수라고 하며, 담백하고 미끈미끈한 느낌이 난다.

3장에서는 WHO(세계보건기구)에서 제시한 경도의 가이드라인으로 연수, 중연수, 중경수, 경수 4가지로 설명하였다. 그러나 전문적으로 물을 테이스팅 하는 워터소믈리에는 물의 경도를 좀 더 구체적으로 세분화하여 구분해야 한다.

소비자와 미디어, F&B 전문가에게 물에 대한 교육을 전문적으로 실시하고 있는 'Fine Water Society'(www.finewaters.com)에서 제시하는 물의 경도에 따른 세분화는 다음의 〈표 7-1〉과 같다.

Fine Water Society는 마이클 마스카(Michael Mascha) 박사가 원수원에 대한 종류, 전 세계에서 생산되는 생수의 정보, 물과 음식의 궁합 및 워터소믈리에 양성을 위한 전문적인 워터교육 등을 목적으로 2008년 설립한 단체이다.

〈표 7-1〉 경도의 기준에 따른 구분

구분	경도(mg/L)
Soft(연수)	0~17.1mg/L
Slightly Hard(약경수)	17.1~60mg/L
Moderately Hard(중경수)	60~120mg/L
Hard(경수)	120~180mg/L
Very Hard(강경수)	180mg/L 이상

3) pH 밸런스

pH는 용액의 수소이온 농도를 나타내는 지수를 뜻한다. 수소이온 농도의 마이너스 로그값을 용액의 산성-알칼리성 지표로 사용하며, 이를 줄여서 'pH'로 표기한다. pH는 0부터 14까지 표기하며, pH 7을 중성, 7 이상은 알칼리성, 7 이하는 산성으로 분류한다.

건강한 사람의 경우 체온 36.5℃, 수분 65~70%, pH 7.3~7.45 정도를 유지한다. 체온의 변화나 수분의 결핍은 생체적 변화를 동반하므로 금방 자각할 수 있지만, 몸의 pH 변화는 스스로 느끼기 매우 어렵다. pH 밸런스가 깨져 불균형이 되면 과호흡증, 신장질환, 부정맥, 암 등이 발생될 수 있다.

우리 몸의 가장 이상적인 pH 밸런스는 pH 7.3~7.45이지만, 각 신체기관마다 pH 밸런스는 다르다. 혈액의 경우 pH 7.4, 입속의 경우 pH 6.8, 위의 경우 음식을 소화시키는 역할 때문에 pH 1~2로 강산성을 유지한다. 이처럼 신체의 모든 부분은 항상 각자 일정한 범위의 pH 값을 유지한다.

영양학에서는 식품을 알칼리성과 산성으로 나눈다. 여기서 중요한 점은 물의 산성-알칼리성과 음식물의 산성-알칼리성이 다르게 정의되는데, 식품의 영양소는 신체 대사를 통해 어떤 물질을 생산해 내는지에 따라 구분되는 것이다. 육류는 포화지방산이 풍부하고 신체 대사를 통해 산성을 만들어 내며, 신맛이 나는 과일의 경우 신체 대사에서는 알칼리성으로 만들어 낸다. 산성 음식을 먹었다고 해서 우리 몸이 곧바로 산성으로 변하는 것은 아니지만, 지속적으로 육식 위주의 식사를 반복하게 되면, 우리 몸의 pH 밸런스가 깨져 점차 산성화가 될 수 있음을 명심해야 한다.

신생아의 체액은 일반적으로 약알칼리성이고, 나이가 들어감에 따라 점차 산성으로 변하게 된다. 즉, '산성화'는 노화를 의미하며, 노화를 늦추고 싶다면 먹는 물을 통해 우리의 체액을 중성 혹은 알칼리성으로 유지할 수 있도록 해야 한다.

우리나라 생수 브랜드인 '아이시스 8.0'에서 8.0은 바로 pH 밸런스를 의미하는 숫자로, 먹는 물의 pH 밸런스가 중요함을 마케팅에 활용하고 있다.

pH 수치에 따른 구분은 다음의 〈표 7-2〉와 같다.

〈표 7-2〉 pH 수치에 따른 구분

구분	pH 수치
산성	pH 5~6.7
중성	pH 6.7~7.3
약 알칼리성	pH 7.3~7.8
알칼리성	pH 7.8~10

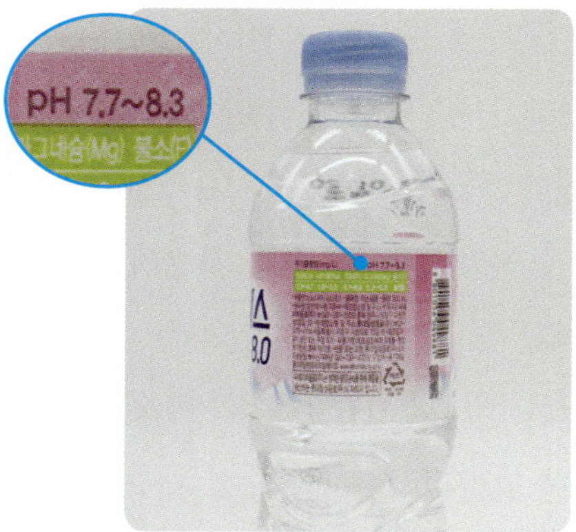

아이시스 8.0의 8.0이 pH 수치를
의미하는 숫자이다.

6) 탄산화

탄산화도 앞서 3장에서 학습했듯이, 경도와 함께 맛있는 물의 조건 중 하나이다. 이산화탄소가 물에 충분히 녹아 있으면 신선하고 상쾌한 맛이 더해지기 때문이다. 천연탄산화의 경우 자연스러운 수원지의 특성, 혹은 그 지역의 화산활동으로 인해 생길 수 있다. 천연탄산화로 인해 만들어진 천연탄산수는 물속에 녹아 있는 이산화탄소가 몸속에 미네랄을 잘 흡수하도록 도와준다.

탄산화에 따라 탄산이 전혀 없는 스틸워터(Still water), 탄산이 함유되어 있는 스파클링워터(Sparkling water)로 간단히 구분되지만, Fine Water Society에서는 탄산화를 5단계로 나누어 이산화탄소 함유량과 적절한 서비스 온도를 설명하고 있다. 추천 서비스 온도의 경우 권장사항은 아닌데, 그 이유는 물을 마시는 사람의 생리적인 상태, 어떤 상황에서 물을 마시는지(예를 들어, 운동 직후 혹은 아침에 일어난 직후, 잠자기 전) 혹은 어떤 음식과 물을 마시는지에 따라 달라질 수 있기 때문에 추천 서비스 온도는 참고사항으로 알고 있으면 된다.

Fine Water Society에서 제시한 탄산화의 등급기준은 다음의 〈표 7-3〉과 같다.

〈표 7-3〉 탄산화 등급기준

구분		탄산가스 함유량	추천 서비스 온도
명칭	설명		
Still (스틸)	기포가 없는 일반 생수 (no carbonation)	0mg/L	12℃
Effervescent (에퍼베센트)	기포가 매우 작은 탄산수 (smallest possible bubbles)	0~2.5mg/L	13℃
Light (라이트)	눈에 띄는 기포가 있는 탄산수 (noticeable small bubbles)	2.5~5mg/L	14℃
Classic (클래식)	탄산수 (sparkling water)	5~7.5mg/L	16℃
Bold (볼드)	기포가 매우 큰 탄산수 (big loud bubbles)	7.5mg/L 이상	17℃

출처: Fine Water Society(www.finewaters.com).

7) TDS(Total Dissolved Solids): 총용존고형물

TDS란 물속에 녹아 있는 고형물질의 총량을 의미한다. 일반적으로 물에는 칼슘, 마그네슘, 염소 등의 미네랄과 양이온, 음이온 등이 녹아 있다. 일반적으로 TDS 농도는 물속의 양이온과 음이온의 총합계이다. 측정원리는 측정기 끝에 있는 감응센서 2개 사이를 흐르는 전기의 양에 의해 TDS 수치가 나타나는데 물속에 이온물질이 많을수록 전기가 흐르는 양이 크기 때문이다. 즉, 이온물질이 많으면 전기가 잘 흐르고, 높은 수치를 나타낸다.

미국의 환경보호국(EPA: Environmental Protection Agency)에서는 적합한 TDS 수치를 500mg/L로 정하고 있다. TDS 수치가 1,000mg/L를 초과할 경우, 그 물은 인체에 부적합한 물로 정하고 있다.

순수한 물은 거의 거의 전기절연체이기 때문에 TDS가 0(Zero)에 가까운 수치로 나타나지만, 순수한 물과 산소 이외의 다른 물질들을 포함하고 있는 물은 TDS가 높게 나타난다. 따라서 먹는물에서 가장 많은 무기물질은 칼슘과 같은 미네랄로서 이러한 미네랄이 적당히 함유되어 있어야 물맛이 좋고 건강에도 도움을 주게 된다.

그러나 TDS 수치가 높다고 해서 나쁜 물은 아니며, 물속에 녹아 있는 물질이 무엇인지는 정확한 수질검사를 해야만 알 수 있다. 다만, TDS 수치가 높으면 맛의 변화를 일으켜 짠맛, 쓴맛, 금속의 맛이 많이 나게 된다. 물맛이 좋은 적당한 TDS값이 얼마인지는 정확히 제시되어 있지 않지만, 약 40~100mg/L 정도로 추정하고 있다. TDS 수치에 따른 구분은 다음의 〈표 7-4〉와 같다.

〈표 7-4〉 TDS 수치에 따른 구분

구분	TDS 수치
Super Low	0~50mg/L
Low	50~250mg/L
Medium	250~800mg/L
High	800~1,500mg/L
Very High	1,500mg/L

8) 맛

맛은 감각기관 중 가장 직접적인 오감 중 하나이며, 음식물이 입안에 들어갔을 때, 혀의 미뢰 수용기에 반응하여 발생하는 감각기관이다. 입안에서 느낄 수 있는 맛은 단맛, 짠맛, 쓴맛, 신맛, 감칠맛(우아미)의 5가지의 맛인데, 물에서는 수원지의 특징과 미네랄 함량에 따라 느껴지는 맛이 달라진다. 3장에서 설명하였듯이, 물맛을 맛있게 하는 미네랄은 칼슘, 칼륨, 규산이었고, 물맛을 맛없게 하는 미네랄은 마그네슘(쓴맛), 염소(짠맛), 황산이온(무거운 맛), 철(떫은맛)이었다. 따라서 수원지에 대한 정보가 물맛을 결정하는 매우 중요한 요인 중 하나라고 볼 수 있다.

〈표 7-5〉 물맛에 영향을 미치는 요인

종류		영향
냄새		모든 냄새
pH 밸런스	pH 8 이상(알칼리성)	미끄러움, 소다맛
	pH 6 이하(산성)	쓴맛, 신맛, 금속맛
TDS 1,000mg/L 이상		짠맛
탄산가스 함유량		충분히 녹아 있는 경우 상쾌한 맛(청량감)
황산염		유황맛
망간		쓴맛, 금속맛
아연		금속맛

3. 워터테이스팅

1) 워터테이스팅 방법

기본적으로 좋은 물은 무색, 무취, 무미이다. 그러나 물맛은 미네랄 함량 등에 따라 다르게 느껴질 수 있다. 워터테이스팅은 시각, 후각, 미각의 3단계로 시음을 하며, 워터소믈리에는 물을 구매하는 소비자보다 물의 특성을 먼저 숙지하고 있어야 하기 때문에 신규로 출시되는 물을 수시로 평가해야 하므로 항상 감각기관을 최상의 상태로 유지해야 한다.

주로 테이스팅을 할 때는 공복 상태와 오전 10~11시 사이에 실시하는데, 후각이 가장 예민해지는 시간이기 때문이다. 공복을 유지할 때는 껌, 사탕, 커피, 양치질도 금지하여 미각을 유지하도록 한다. 수온은 10℃~12℃ 정도를 유지하는 것이 좋은데, 그 이유는 10℃에서 냄새를 가장 잘 인지할 수 있기 때문이다. 글라스는 스템(Stem) 있는 글라스를 사용하는 것이 좋으며, 만약 없다면 직선의 유리글라스에 테이스팅 하도록 한다.

스틸워터와 스파클링워터를 함께 시음할 때에는 스틸워터를 먼저 시음하도록 한다. 그럼, 워터테이스팅의 시각, 후각, 미각의 3단계에 대해 알아보도록 하자.

시각	후각	미각

(1) 1단계: 시각

글라스에 물을 3분의 1 따르고 흰 종이에 45도 각도로 비추어 본다.

물의 종류(예를 들어, 알칼리수의 경우 노란 잿빛을 띤다)를 구별하고, 부유물의 유무를 판단할 수 있다. 탄산수인 경우 기포의 크기나 굵기 등을 관찰한다.

(2) 2단계: 후각

코 아래에 글라스를 놓고 깊이 있고 규칙적으로 여러 번 숨을 쉰다.

농도를 높이려면 눈을 감고 냄새를 맡으면 도움이 된다.

후각을 통해 이취미(異臭味, 비정상적인 냄새와 맛)와 화학적인 냄새가 있는지 판별한다.

(3) 3단계: 미각

물의 맛을 보는 데 가장 중요한 감각은 미각이다. 따라서 3단계인 미각에서는 천천히 조금씩 입안에 넣고 물을 충분히 음미하는 것이 중요하다.

물을 한 모금 마시기 전에 혀가 먼저 닿도록 한 후, 음식과 똑같이 물도 조금씩 삼키면서 씹도록 한다(전문용어; 시핑, Sipping). 시핑을 하면서 공기 중의 산소를 안쪽으로 빨아들이고 물을 입안에서 굴리며 마시면서 물의 특성을 확인한다.

미네랄 함량(광물, 광석, 무기물)의 경우, 물의 뒷맛이 오래갈수록 미네랄이 많이 함유된 것이다. 특히, 유럽에서 생산된 물의 경우 석회질이 많기 때문에 묵직하며, 미네랄 함량이 높다. 그러나 우리나라의 경우 점토나 바위, 암석이 많은 곳에서 생산되기 때문에 대부분 연수(칼슘 및 마그네슘과 같은 미네랄 함량이 낮은 물)로 뒷맛이 짧고 미네랄 함량이 낮아 가볍고 부드럽게 느껴질 수 있다.

2) 워터테이스팅 용어

워터테이스팅은 시각, 후각, 미각을 평가하고 분석하는 것인데, 물맛의 범위가 매우 방대하고 맛을 지각하는 감각기관이 개인차가 있어 적당한 어휘를 찾아 표현한다는 것은 매우 어려운 일이다. 네슬레(Nestlé)는 페리에(Perrier), 산펠레그리노(S.Pellegrino), 콘트렉스(Contrex), 비텔(Vittel) 등 세계 유명 생수 브랜드를 소유하고 있는 기업으로 세계적으로 유명한 와인, 차(tea), 요리 전문가 10명과 함께 테이스팅 용어를 개발하였다.

140개가 넘는 샘플의 워터테이스팅을 통해 전문가들과 함께 다음의 6개 카테고리로 워터테이스팅 용어를 정리하였다. 원문을 그대로 인용하였으며, *표시에 해당하는 용어는 워터테이스팅 시 자주 사용되는 용어로 추가 설명을 하였다.

〈표 7-6〉 네슬레 워터스(Nestlé Waters)에서 개발한 워터테이스팅 용어

구분	Pure & Light	Rich & Revitalizing	Bold & Distinctive
시음용어	Crisp Gentle Smooth Soft * Refreshing Well-balanced *	Round * Lively Rejuvenating Sweet * Savory Decisive	Intense Rich Expressive * Invigorating Structured * Consistent
구분	Soft & Elegant	Lively & Thirst quenching	Vivacious & Energizing
시음용어	Appetizing Subtle Lively Fresh * Tickling Prickling	Intense Fresh * Reviving Energizing Delicate Harmonious	Bold * Fleshy Voluptuous Explosive Peppery Prickling

출처: 네슬레 워터스(www.nestle-waters.com).

- Soft: 섬세하게 지각되는 맛으로, 마시고 삼키는 것이 매우 수월하고 조화롭다.
- Well-balanced: 다양한 감각과 미각(미네랄/쓴맛, 짠맛/단맛, 거품 등)의 특징이 조화를 이루고 적절한 비율을 유지하고 있다.
- Round: Soft와 같은 의미로 사용되며, 목 넘김이 수월하고 부드럽다.
- Sweet: 혀의 아래쪽 절반에 물을 삼킨 직후에는 달콤한 맛과 후 맛이 느껴진다. 보통 물의 부드러움을 표현한다.
- Expressive: 쉽게 구분할 수 있는 고유하고 독특한 미각(일반적으로 강한 맛). 특정 미네랄 성분이나 수원지의 특징으로 인해 쉽게 구분할 수 있다.
- Structured: 물의 전반적인 느낌 또는 질감. 광천수 혹은 미네랄워터는 일반적으로 정화된 물과 비교하여 구조가 더 복잡하고 풍부하다(무게감으로 느껴질 수도 있음).
- Fresh: 신선하고 상쾌한 느낌 또는 약간의 신맛이 난다.
- Bold: Expressive와 같은 의미로 사용되며, 강한 맛을 나타낸다(예를 들어, 페리에처럼 탄산감이 강하게 느껴질 때 표현).

워터테이스팅 노트

제품명		수원지 (생산국가)		원수원	
평가항목	평가				
투명도	매우 낮음	낮음	보통	높음	매우 높음
탄산 정도*	탄산 없는 Still	탄산 약간 Effervescent	가벼운 탄산 Light	탄산수 Classic	탄산 풍부 Bold
냄새	없음	거의 없음	보통	많음	매우 많음
신맛	낮음	부드러움	보통	높음	강함
풍미(짠맛)	짜지 않음	조금 짠	보통	짠	매우 짠
청량감	없음	거의 없음	보통	많음	매우 많음
구조감	단순함	가벼움	짜여진	다듬어진	농밀함
무게감	매우 가벼움	가벼움	보통	무거움	매우 무거움
부드러움	매우 거친	거친	보통	부드러움	매우 부드러움
균형감	불균형	보통	좋은	훌륭한	매우 훌륭한
지속성	3초 이내	5~7초	8~10초	11~15초	15초 이상

* 탄산 정도는 탄산수일 경우에만 표시

연습문제

1. 다음 중 국내 생수시장의 성장요인이 아닌 것은?
   ① 수돗물의 불신
   ② 노령화 사회
   ③ 1, 2인 가구 증가
   ④ 온라인 · 배달 서비스 확대

2. 다음 중 생리적 기능의 조절작용을 도와주는 영양소가 아닌 것은 무엇인가?
   ① 단백질 ② 물
   ③ 비타민 ④ 무기질

3. 다음에서 설명하는 생수는 무엇인가?

   - 영화 「카사블랑카」에도 등장한 생수
   - 로마의 율리우스 카이사르는 프랑스의 비시(Vichy) 마을을 '온천 도시'라고 칭송하였다. 특히, 프랑스의 식민지역에서 인기가 많은 생수이다.

   ① 에비앙 ② 비시
   ③ 페리에 ④ 콘트렉스

4. 다음에서 설명하는 생수는 무엇인가?

   - 최초로 상업적으로 사용되었다.
   - 1824년 사르비아 왕실의 개인 사유지로 온천욕을 시작하였다.
   - 1826년 생수 판매가 허락되고, 1829년 회사가 설립되었다.
   - 1950년 '수유 중인 산모와 유아에게 필요한 미네랄을 섭취하게 한다.'는 광고 문구로 생수시장에서 부동의 선두가 되었다.

   ① 에비앙 ② 산펠레그리노
   ③ 페리에 ④ 비텔

5. 맛있는 물의 지표라 하며, 일본어의 'Oishi' 발음을 사용한 지표는 무엇인가?
   ① K-index ② O-index
   ③ A-index ④ S-index

6. 빙하에서 떨어져 나와 해류를 떠다니는 얼음덩어리에서 만들어지는 물을 무엇이라 하는가?
   ① 자분정 ② 빙산
   ③ 용천수 ④ 빙하수

7. 지면을 수직으로 파 놓거나 관을 세로 방향으로 땅속에 세워 설비를 통해 올라오는 샘물을 무엇이라 하는가?
   ① 자분정 ② 빙하수
   ③ 우물물 ④ 광천수

8. 해양심층수는 수심 (　　)m 이하의 바다 깊은 곳의 물로, (　　)℃ 이하 차가운 온도와 깊은 수심 덕에 유기물이나 오염물질의 유입이 없어 매우 청정하며, 미네랄이 풍부하다. (　　) 안에 들어갈 숫자의 짝이 맞는 것은?
   ① 100, 2 ② 300, 2
   ③ 300, 1 ④ 200, 2

9. 미네랄 성분 중 근육에 과다 분비된 젖산을 중화시켜 근육통을 완화시켜 주는 역할을 하는 미네랄은 무엇인가?
   ① 마그네슘 ② 칼슘
   ③ 중탄산염 ④ 규산

10. 물과 건강에서 물을 적게 마셔야 하는 경우는 어떤 사람들인가?

① 통풍환자 ② 입원기간이 긴 환자
③ 고혈압 환자 ④ 심장병 환자

11. 다음 중 물맛을 맛있게 하는 미네랄 성분은 무엇인가?

① 마그네슘(Mg) ② 규산(SiO_2)
③ 철(Fe) ④ 염소(Cl)

12. 다음 중 음료와 물의 관계 중 틀린 것은?

① 차(茶)를 우리는 물은 주로 연수가 좋다.
② 영국은 스리랑카의 홍차를, 독일은 중국의 홍차를 선호하는 이유는 영국과 독일의 물맛이 다르기 때문이다.
③ 맥주의 경우 경수를 사용하면 홉과 원료의 쓴맛과 드라이한 맛을 끌어내는 데 좋다.
④ 커피에 적합한 물의 pH는 7이 가장 이상적이다.

13. 물을 건강하고 맛있게 마시는 방법 중 잘못된 방법은?

① 아침 식사 전 공복에 마신다.
② 식사 전에 마실 경우는 30분 전에 마신다.
③ 식사 후 바로 마시는 것보다 1시간 후 마시는 것이 좋다.
④ 취침 전에는 숙면을 방해할 수 있으므로 마시지 않는 것이 좋다.

14. 다음 중 생수 보관 방법 및 유통기한에 대한 설명 중 잘못된 것은?

① 생수를 보관할 때에는 반드시 직사광선을 피한다.
② 생수를 구입할 때는 제조일과 유통기한을 꼭 확인해야 한다.
③ 생수를 보관할 때에는 적정온도를 유지해야 한다.
④ 생수를 구입할 때는 할인을 가장 많이 하는 제품으로 구입하는 것이 좋다.

15. 물의 기원과 역사에 관한 설명 중 맞는 것은?

① 물은 지구가 탄생한 후 생명체가 발생하면서 생성되었다.
② 고대 그리스 철학자인 탈레스는 만물의 기원이 땅(地) · 물(水) · 공기(空氣) · 불(火)이라는 사원설(四元說)을 주장
③ 우리나라에 처음으로 생수를 판매한 계기는 2002년 월드컵 때이다.
④ 우리나라의 본격적인 생수시작은 1995년 「먹는물관리법」이 제정된 이후이다.

16. 다음에서 설명하는 생수는 무엇인가?

- 세계에서 가장 많은 판매를 하는 생수로 '끓는 물'을 뜻하는 'Les Bouillens'라고 한다.
- B.C. 218에 한니발 장군이 로마군을 물리친 후 이 물로 축배를 들었다.
- 1863년 나폴레옹 3세로부터 상업화에 대한 권리를 인정받아 회사를 설립하였다.

① 피지워터 ② 보스
③ 페리에 ④ 게롤슈타이너

17. 건강하고 좋은 생수가 되기 위한 설명이 아닌 것은?

① 그 지역의 개성이 담겨져 있어야 한다.
② 자연 그대로의 상태를 위해 정제과정을 거쳐서는 안 된다.
③ 자연적인 미네랄 성분을 함유하여야 한다.
④ 오염되지 않은 수원지에서 취수한 생수이어야 한다.

18. 물의 원천의 종류 중 지표 이상으로 분출하지 않더라도 수위가 우물 속 대수층의 상면보다 높으며 지하수가 지표 위로 분출한 물은?

① 자분정　　② 우물물
③ 용천수　　④ 광천수

19. 『동의보감』에서는 납설수라고 부르며 활성수소가 풍부하고 불순물이 거의 없으며 지구상에서 가장 큰 담수자원에 해당하는 것은?

① 자분정　　② 빙하수
③ 빙산　　④ 광천수

20. 해양심층수의 조건이 아닌 것은?

① 미네랄이 표층수보다 풍부해야 한다.
② 저온 유지로 미생물이 서식하지 않아 청정지역이다.
③ 코발트나 알루미늄이 많이 함유되어 있다.
④ 영양염류가 풍부하여 높은 영양성을 지녀야 한다.

21. 다음 중 인류 문명의 4대 탄생지가 아닌 곳은?

① 세느강　　② 나일강
③ 유프라테스강　　④ 황하강

22. 다음 중 물의 탄산화 등급에 따른 명칭이 아닌 것은?

① Still　　② Effervescent
③ Light　　④ Soft

23. 음식과 생수의 조화에 관한 설명 중 잘못된 것은?

① 물의 경도가 연수이면 국물요리가 적절하다.
② 연수는 칼슘과 마그네슘을 분해시키는 성질이 있다.
③ 경수는 단백질을 응축시키는 특징이 있어 물을 한 번 끓여 필요 없는 광물질을 제거한 후 사용하는 것이 좋다.
④ 지역에 따라 물의 미네랄, 경도, 특징이 다르기 때문에 음식 맛을 위해서는 조리법을 다르게 적용해야 한다.

24. 다음 중 커피 추출과 물의 관계 중 틀린 것은?

① 커피는 차보다는 맛과 향이 경도의 영향을 적게 받는 편이다.
② 미네랄 함량이 너무 높으면, 커피의 쓴맛이 강조된다.
③ 염소는 끓이면 날아가기 때문에 커피를 추출하는 물로 사용해도 무방하다.
④ pH는 7.0의 중성이 적합하다.

25. 경도가 높은 물은 물에 어떤 미네랄이 많이 함유되어 있기 때문인가?

① 나트륨과 칼슘
② 마그네슘과 규산
③ 칼슘과 황산이온
④ 칼슘과 마그네슘

26. 음식과 생수의 조화를 설명한 내용 중 잘못된 것은?

① 녹차는 경수를 사용해야 감칠맛이 잘 추출된다.
② 생수가 음식보다 지나치게 강하거나 음식이 생수보다 너무 자극적이지 않은 조화가 좋다.
③ 서양음식은 육류 위주의 식습관이기 때문에 탄산이 있는 클래식워터나 혹은 경수를 마시는 것이 좋다.
④ 한식은 주로 채소 위주이거나 발효식품의 알칼리성으로 일반생수인 스틸워터, 연수를 마셔야 좋다.

27. 다음에서 설명하는 생수는 무엇인가?

- 보주산맥에 위치한 콘트렉스(Contrex)는 1760년 폴란드 국왕 주치의 바르가르드(Bargard)가 피부와 건강에 좋은 치유의 물로 발표하였음
- 1774년 첫 스파(spa)를 건설하면서 먼 곳에서도 온천을 위해 찾게 됨
- 다른 생수에 비해 칼슘 함량이 468mg/L로 칼슘워터라고도 불림

① 바두아 ② 에비앙
③ 페리에 ④ 콘트렉스

28. 다음 중 해양심층수의 특성이 아닌 것은?

① 고온성 ② 청정성
③ 안정성 ④ 숙성성

29. 『동의보감』에서의 물의 구분에서 고요한 새벽에 처음 길은 우물물로 천기가 충만하고 눈 녹은 듯 달고 무독성인 물로 기도하거나 약을 달일 때 사용되는 것은?

① 납설수 ② 춘우수
③ 정화수 ④ 벽해수

30. 체액의 주요 전해질로 체내의 수분량을 조절하고, 산과 알칼리의 균형을 맞춰 주고 에너지 대사, 세포막의 운반 작용, 혈압을 낮춰 주며, 뇌에 산소를 보내는 역할, 몸속 노폐물 처리에 도움을 주며, 이탈리아에서 생산되는 생수 중 '페라렐레'에 많이 함유되어 있는 미네랄 성분은?

① 마그네슘 ② 칼슘
③ 중탄산염 ④ 칼륨

31. 물질 1g의 온도를 1℃ 올리거나 내리는 데 필요한 열량을 무엇이라고 하는가?

① 비열 ② 증발열
③ 부력 ④ 용해열

32. 워터소믈리에의 역할과 자질에 관한 설명 중 잘못된 것은?

① 생수에 관한 관심과 열정을 가지고 와인과 음료까지 해박한 지식을 갖추어야 한다.
② 생수는 무색, 무취하므로 블라인드 테이스팅은 필요하지 않다.
③ 워터소믈리에의 최종 목표는 고객만족과 동시에 매출에 기여하여 직업에 대한 자긍심을 갖는 것이다.
④ 음식과 생수의 조화 능력을 갖추어 차별화된 서비스를 수행해야 한다.

33. 세계 3대 광천수가 아닌 것은?

① 샤스턴 ② 나폴리나스
③ 초정리 ④ 히타

34. 물분자가 극성을 띠는 이유는 무엇인가?

① 수소의 전기음성도가 산소보다 크기 때문
② 수소가(+)의 전하, 산소는 (−)의 전하를 띠기 때문
③ 물체에 작용하는 부력 때문
④ 물의 표면장력 때문

35. 다음 중 물맛에 영향을 미치는 항목이 아닌 것은?

① 규산 ② 황산이온
③ 칼슘 ④ 지오스민

36. 다음 중 수소와 산소가 혼합된 기체가 폭발하면 물이 생성된다는 것은 발견한 학자는 누구인가?

① J. 프리스틀리 ② H. 캐번디시
③ W. 니콜슨 ④ 게이뤼삭

37. 다음 중 액체의 경우 몇 ℃에서 밀도가 가장 큰가?

① 3℃ ② 4℃
③ 5℃ ④ 6℃

38. 사람의 체온이 36.5℃로 일정하게 유지되는 이유는 물의 어떤 성질 때문인가?

① 비열 ② 증발열
③ 부력 ④ 용해열

39. 물의 존재 형태에 따른 분조구조 중 짝이 맞지 않는 것은?

① 고체 – 얼음, 육각결정구조
② 기체 – 수증기, 독립된 분자
③ 고체 – 얼음, 독립된 구조
④ 액체 – 강물, 공유결합

40. 식물이 영양분을 흡수할 수 있고, 인체의 혈액이 순활할 수 있는 이유는 물의 어떤 현상 때문인가?

① 부착력 현상 ② 응집력 현상
③ 표면장력 현상 ④ 모세관 현상

41. 어떠한 용액이 존재할 때 용질을 녹여 용액을 만드는 물질을 무엇이라고 하는가?

① 중력 ② 용매
③ 비열 ④ 용해

42. 국제인구행동(PAI: Population Action International)에서 제시한 '물 스트레스 분류 기준'에서 물 부족국가는 연간 국민 1인당 활용 가능량이 어느 정도인가?

① 매년 1,700m^3 미만
② 매년 1,000m^3 미만
③ 매년 1,500m^3 미만
④ 매년 2,000m^3 미만

43. 다음 중 가상수(Virtual Water)의 정의는 무엇인가?

① 국토면적에 떨어지는 연간 강수량 중 증발산 등의 손실을 제외한 유출량을 인구수로 나눈 값
② 생물이나 인간의 생활에 이용되는 지구상의 모든 물
③ 국가별 기본적인 수자원 여건을 판단할 수 있는 지표
④ 소비재를 생산하는 전 과정에서 소비되는 물의 총량

44. 우리 몸에서 수분 섭취가 과다할 때, 발생할 수 있는 증상 중 잘못된 것은?

① 저나트륨혈증이 발생될 수 있다.
② 근육량이 줄어든다.
③ 몸이 붓고, 두통과 피로에 정신이 혼미해질 수 있다.
④ 위액을 묽게 만들어 위에 부담을 주게 된다.

45. 통풍(痛風) 환자는 어떤 성분이 몸에 쌓여 질환을 일으킨 것이며, 이 성분은 물을 많이 마심으로 인해 소변으로 배출시키면 증상이 완화된다. 이 성분은 무엇인가?

① 수은 ② 염증
③ 요산 ④ 나트륨

46. 다음 중 물맛을 맛없게 하는 성분이 아닌 것은?

① 규산 ② 철
③ 황산이온 ④ 마그네슘

47. 다음 중 중탄산염(Bicarbonate)이 신체에서 하는 역할은 무엇인가?

① 심장질환의 위험을 줄이고, 조직의 재생을 돕는다.
② 칼슘, 인과 함께 뼈의 대사에 중요한 기능을 한다.
③ 체내의 수분량을 조절해 준다.
④ 근육에 과다 분비된 젖산을 중화시켜 준다.

48. 과다섭취 시 고혈압, 신장병, 심장병 등을 발생시키기 때문에 적정량 섭취가 중요한 미네랄이지만, 극심한 스트레스를 받았을 경우에는 2~3배 정도 더 많은 섭취가 필요한 미네랄은 무엇인가?

① 칼륨 ② 나트륨
③ 황산이온 ④ 마그네슘

49. 물맛을 맛없게 하는 성분 중 하나로 과다 섭취 시 탈수를 유발하지만, 간과 쓸개를 도와 소화를 촉진시켜 주는 미네랄은 무엇인가?

① 칼륨 ② 나트륨
③ 황산이온 ④ 마그네슘

50. 화산암으로 구성된 실리카층을 통과할 때 용출되고, 조직의 재생을 도와 노화방지 및 알츠하이머를 예방해 주는 미네랄은 무엇인가?

① 칼륨 ② 나트륨
③ 규산 ④ 황산이온

51. 다음은 경도를 구하는 공식이다. 빈칸에 들어갈 미네랄의 짝이 맞는 것은?

경도 = (a) x 2.5 + (b) x 4.12

① a: 마그네슘, b: 칼슘
② a: 칼슘, b: 마그네슘
③ a: 마그네슘, b: 칼륨
④ a: 칼륨, b: 마그네슘

52. 다음 중 맛있는 물의 조건이 아닌 것은 무엇인가?

① 온도 ② 산소
③ pH ④ 유리탄산

53. 하지모토 교수가 개발한 O-index의 공식에 포함되지 않는 미네랄은 다음 중 무엇인가?

① 칼슘 ② 규산
③ 중탄산염 ④ 황산이온

54. 『동의보감』의 「논수품」에 나오는 물로 누런 흙물을 말하는데, 양질의 황토 구덩이에 물을 붓고 골고루 저어 혼탁하게 만든 후 한참 있다가 뜬 맑은 윗물을 말한다. 독버섯, 중금속 등에 동족된 것을 풀어주는 데 도움을 주는 이 물은 무엇인가?

① 감란수 ② 지장수
③ 생숙탕 ④ 한천수

55. 『동의보감』의 「논수품」에 나오는 물로 누에고치를 삶은 물로 독이 없으며 회충을 없애는 데 사용하는 물은 무엇인가?

① 마비탕 ② 방제수
③ 조사탕 ④ 옥정수

56. 칼슘, 마그네슘, 나트륨, 철 등의 광물질을 일정 수준 이상 함유한 물로 땅속에서 솟아나는 샘물을 무엇이라고 하는가?

① 광천수 ② 천층수
③ 용천수 ④ 자분정

57. 다음 중 우리나라의 해양심층수 브랜드 이름은 무엇인가?

① 피지 ② 코나딥
③ 천년동안 ④ 삼다수

58. 우리나라의 「먹는물관리법」을 관리하는 기관은 어디인가?

① 한국수자원공사
② 식품의약품안전처
③ 환경부
④ 문화관광부

59. 우리나라의 수돗물 처리과정을 살펴보면, 염소를 투입하는 과정이 있다. 염소를 투입하는 이유는 무엇인가?

① 세균이나 박테리아를 소독하기 위해
② 약품과 물질이 잘 섞이게 하기 위해
③ 침전지를 통과한 물을 깨끗하기 보관하기 위해
④ 물속에 들어 있는 모래 등 입자가 큰 물질들을 가라앉혀 깨끗하게 만들기 위해

60. 우리 신체에서 어떤 무기질이 부족하면 미각장애가 유발되는가?

① 셀레늄 ② 아연
③ 요오드 ④ 코발트

61. 조선 시대 세종대왕이 이 지역의 물을 마시고, 눈병을 치료한 기록이 『조선왕조실록』에 기록되어 있다. 이 지역은 어디인가?

① 충북 청주시 미원면
② 경기도 연천시
③ 경기도 포천시
④ 충북 청주시 초정리

62. 물은 산소 원자에 2개의 수소 원자 결합으로 이루어져 있는 '(　　) 결합'으로 전자구름의 각도가 (　　)°일 때 가장 안정적이다. 다음의 빈칸에 들어갈 내용의 짝은?

① 분자, 104.5　　② 분자, 140.5
③ 공유, 140.5　　④ 공유, 104.5

63. 맛있는 물과 거리가 먼 것은?

① 이취미가 없을 것
② 시음온도는 10~12도가 적정
③ 청량감이 있을 것
④ 적절한 미네랄이 포함되어 있을 것

64. 워터테이스팅의 조건이 아닌 것은?

① 양치질한 직후도 상관없다.
② 피로한 상태에서는 테이스팅을 하지 않는다.
③ 술과 담배는 피한다.
④ 워터글라스를 잡을 때는 가급적 다리 부분을 잡는다.

65. 다음 중 이탈리아의 생수 브랜드가 아닌 것은 무엇인가?

① 게롤슈타이너　　② 산펠레그리노
③ 아쿠아파나　　④ 페라렐레

66. 다음 중 생수의 보관 방법이 잘못된 것은 무엇인가?

① 직사광선을 피해야 한다.
② 냄새를 유발하는 물질 등으로부터 분리해야 한다.
③ 다량으로 구입한 경우 햇볕에 노출되는 외부에 보관해도 무방하다.
④ 다량으로 구입한 경우 서늘한 곳에 보관해야 한다.

67. 다음 중 노화방지와 알츠하이머병을 예방할 수 있으며, 청량감을 느끼게 해 주는 미네랄은 무엇인가?

① 규산(SiO_2)　　② 칼슘(Ca)
③ 나트륨(Na)　　④ 황산이온(So_4^{2-})

68. 다음 중 생수의 표기방법 중 틀린 것은?

① 혼합음료는 정제수에 첨가물을 넣어 만든 생수이다.
② 내추럴 미네랄워터는 최소한의 여과과정만을 거친 샘물이다.
③ 내추럴 미네랄워터는 오존살균처리를 통해 대량생산이 가능하다.
④ 먹는샘물은 환경부의 「먹는물관리법」에 따라 관리되고 있다.

69. 다음 중 지구환경과 밀접한 연관성으로 인해 제한된 수량만 공급하는 원천수는 무엇인가?

① 우물물　　② 빙산
③ 빙하수　　④ 광천수

70. 다음 중 중탄산염이 풍부한 것이 특징인 독일에서 생산하는 생수의 이름은?

① 에비앙 ② 코나딥
③ 산펠레그리노 ④ 게롤슈타이너

71. 물을 마셨을 때 염도에서 오는 느낌과 맛을 무엇이라고 하는가?

① 청량감 ② 신맛
③ 풍미 ④ 구조감

72. 미네랄 성분 중 조직 사이를 구성하는 체내에 침투압을 유지하게 하며, 결핍 시보다 과다 섭취할 때 고혈압, 신장병 등을 일으키는 미네랄은 무엇인가?

① 마그네슘(Mg) ② 칼슘(Ca)
③ 나트륨(Na) ④ 칼륨(K)

73. 워터테이스팅의 기본 조건에 해당하지 않는 것은?

① 오전 11시경
② 한국의 표준협회에서 정한 글라스만 사용
③ 흰색 종이 혹은 흰색 클로스 필요
④ 조용하고 냄새가 없는 곳

74. 물을 마시는 방법에 대한 설명 중 올바른 것은?

① WHO에서는 일반 성인의 경우, 하루 2L(평균 8잔)를 마시는 것이 좋다고 하였다.
② 영유아도 반드시 하루 2L씩 수분을 섭취해야 한다.
③ 음료수를 많이 마셨다면, 물은 따로 섭취하지 않아도 된다.
④ 식사와 물을 함께 마신다면, 소화에 도움이 된다.

75. 미네랄 중 규산의 인체 내의 역할이 아닌 것은?

① 심장질환의 위험 최소화
② 골다공증 예방
③ 머리카락, 손톱에 튼튼한 영향
④ 혈전 방지

76. 고대 그리스 철학자 탈레스(Thales)는 만물의 근원을 일원설(一元說)로 주장하였는데 일원설에 해당되는 것은 ?

① 땅 ② 물
③ 구름 ④ 불

77. 좋은 생수의 조건에 대한 설명이 아닌 것은?

① 물속에 유해한 물질이 없어야 한다.
② 미네랄 성분을 많이 함유해야 한다.
③ 산소, 탄산가스가 충분하게 녹아 있어야 한다.
④ 물분자 집합이 작아야 한다.

78. 워터테이스팅 항목에서 오염도는 주로 질산염의 함유량으로 측정하고 있다. 우리나라 '먹는물의 수질기준' 제2조 1항에서는 질산염의 기준을 몇 이하로 관리하고 있는가?

① 10mg/L ② 20mg/L
③ 15mg/L ④ 5mg/L

79. 프랑스의 대표적 생수가 아닌 것은?

① 바두아 ② 샤테르돈
③ 산펠레그리노 ④ 콘트렉스

80. 다음 중 빙하수를 상품화한 먹는샘물은?

① 아쿠아파나 ② 이즈브레
③ 코나딥 ④ 삼다수

〈정답〉

1. ②	2. ①	3. ②	4. ①	5. ②	6. ②	7. ③	8. ④	9. ③	10. ④
11. ②	12. ②	13. ④	14. ④	15. ④	16. ③	17. ②	18. ①	19. ②	20. ③
21. ①	22. ④	23. ②	24. ③	25. ④	26. ①	27. ④	28. ①	29. ③	30. ④
31. ①	32. ②	33. ④	34. ②	35. ④	36. ①	37. ②	38. ①	39. ③	40. ④
41. ②	42. ①	43. ④	44. ②	45. ③	46. ①	47. ④	48. ②	49. ③	50. ③
51. ②	52. ①	53. ③	54. ②	55. ③	56. ①	57. ③	58. ③	59. ①	60. ②
61. ④	62. ④	63. ③	64. ①	65. ①	66. ③	67. ①	68. ③	69. ②	70. ④
71. ③	72. ③	73. ②	74. ①	75. ④	76. ②	77. ②	78. ①	79. ③	80. ②

PART

Ⅱ

Tea

Water & Tea

08 CHAPTER

차의 기본

1. 차(茶)란 무엇인가?

"차 한잔 하시겠어요?" 누군가 권하는 이 말에는 많은 의미를 포함하고 있는데, 우리가 가장 잘 알고 있는 녹차 혹은 홍차뿐만 아니라, 커피, 탄산음료, 과일주스 등 모든 마시는 것을 '차'로 표현하기도 한다. 또한, '차 한잔'에 누군가를 대접한다거나 대화를 나누기 위한 준비라는 의미도 포함되어 있다.

사회적 · 개인적 의미를 모두 포함하고 있는 '차'의 사전적 정의는 '차나무'의 준말이며, 차나무의 어린잎을 따서 만든 음료의 재료, 또는 그것을 우리거나 달인 물, 식물의 잎, 뿌리, 열매 따위를 우리거나 달인 음료의 일반적인 말을 의미한다. 차의 학문적 개념은 차(茶) 혹은 다(茶)라고 하며, 산다화과(山茶花科)에 속하는 상록관엽수인 차나무의 어린잎을 따서 가공하여 만든 것이다.

차의 종주국인 중국에서는 차의 정의를 찻잎과 성분으로 정의 내리고 있다.

첫째, 찻잎 끝부분이 톱니바퀴와 같은 모양을 가져야 하고, 잎맥이 뚜렷해야 한다.

둘째, 차에 포함되어 있는 500여 가지 이상의 성분이 화학성분으로 분해되는데, 대표 성분인 카페인, 카테킨, 테아닌이 함유되어 있어야 한다.

찻잎 찻잎의 모양은 끝부분이 톱니바퀴처럼 생겨야 하고 잎맥이 보여야 한다.

위의 두 가지 조건이 충족되어야 차로 정의 내리고 있다.

흔히 차를 마시면 기분이 차분해지고, 마음이 편안해진다고 얘기한다. 그 이유는 테아닌(L-Teanin)이라는 성분 때문이다. 테아닌은 차의 아미노산 성분 중 가장 많이 들어 있으며, 뇌수막에 알파(α)파를 분출시켜 심신을 안정시켜 주기 때문이다. 또한, 커피와 차는 모두 카페인을 함유하고 있으나, 테아닌 성분으로 차를 마셨을 때의 카페인 농도가 완만한 곡선을 그리기 때문이다. 반면, 커피를 마시면 카페인 농도가 급속하게 상승하여 각성효과가 나타난다.

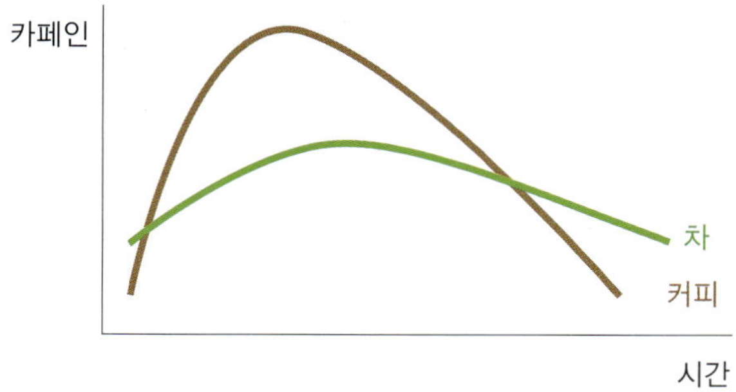

커피와 차를 마실 때 카페인 농도 변화 그래프

이처럼 차는 심신을 맑게 해 주는 음료로 인체에 각종 유익한 성분으로 인체에 도움을 주고, 차를 음미하며 가지는 시간적 여유와 일상생활에 지친 정신적 피로를 위로받을 수 있기 때문에 전 세계적으로 차를 생활화하는 사람이 점차 늘어나고 있다.

수천 년의 차(茶) 역사를 자랑하는 중국과 달리 유럽에 차문화가 전파되기 시작한 것은 16세기 말부터이다. 우리는 차(茶)로 발음을 하고 있지만, 영어로는 티(Tea)이다. 이와 같이 세계 각국에서 사용하고 있는 차의 발음이 다르다. 차의 발음이 다른 이유는 무역루트를 따라 전파되고 변화하였기 때문인데, 광동어(廣東語)가 어원인 'CHA'와 복건어(福建語)가 어원인 'TAY'가 있다.

첫 번째, 광동어의 'CHA'에 속한 발음은 우리나라와 일본의 차(茶), 러시아 · 아랍의 Chai, 터키의 Chay, 포르투갈의 Cha 등이 있다. 'CHA'의 전파는 육로를 통해 일본, 몽골, 인도, 서남아시아로 전해진 것이며, 포르투갈의 경우 육로의 전파보다는 광동성의 마카오를 통치하면서 전해졌다.

두 번째, 복건어 'TAY(Te)'의 어원은 복건성 남부 방언인 민남어에서 유래되어 영국에서는 Tea, 독일은 Tee, 프랑스는 Thé 등으로 발음하고 있다. 'TAY'의 전파는 복건성(福建省) 하문(厦門)과 직접 무역을 시작한 네덜란드의 영향을 많이 받았기 때문이다. 네덜란드를 통해 차가 유럽 및 서구 각국으로 전파되면서 복건어의 발음을 따라 하게 된 것이다.

〈표 8-1〉 어원에 따른 차(茶)의 발음 유래

어원	국가	발음	유래
CHA	한국, 중국, 일본	Cha	광동어(廣東語)
	러시아, 아랍	Chai	
	터키	Chay	
	포르투갈	Cha	복건어(福建語)
TAY(Te)	영국	Tea[ti:]	복건성(福建省) 민남어(閩南語)
	독일	Tee[te:]	
	프랑스	Thé[te]	
	이탈리아	Té[te]	

※ 민(閩) 자는 복건성을 뜻하는 글자이다.

2. 차의 학명

1) 차의 학명

차는 목본성 상록활엽식물로 학명은 '카멜리아 시넨시스 (L.). O. Kuntze' (Camellia Sinensis (L.). O. Kuntze)인데, 줄여서 카멜리아 시넨시스라고 한다. 학명에서 (L.)과 O. Kuntze는 모두 사람 이름으로, 린네와 쿤츠라는 식물학자이다. 이 두 학자에 의해 차나무의 학명이 명명되었다. 차나무의 속명(屬名)에 대해서는 많은 논란이 있었으나, 1905년 국제식물학회에서 동백나무과(Theaceae)

동백나무속(Camellia)으로 결론을 내렸다.

카멜리아 시넨시스는 다시 Camellia Sinensis var. Sinensis(시넨시스)와 Camellia Sinensis var. Assamica(아싸미카)로 나뉜다.

Camellia Sinensis var. Sinensis는 소엽종, 관목형으로 보통 1~6m(야생의 경우)까지 자라며, 찻잎은 8cm까지 자란다. 소엽종, 관목형은 아미노산이 풍부하여 녹차와 오룡차를 만들기에 적합하다. 내한성(耐寒性: 추위를 잘 견딤)이 강해 중국, 일본, 한국, 터키 등 척박한 고산지대에서 많이 재배한다.

Camellia Sinensis var. Assamica는 대엽종, 교목형으로 야생 상태에서는 30m까지 자라며, 찻잎은 20cm까지 자란다. 대엽종, 교목형은 폴리페놀과 카페인 성분이 풍부하여 홍차와 같은 발효차에 적합하다. 열대성 기후에 적합하며, 중국의 운남성, 인도, 스리랑카 등에서 많이 재배한다.

병충해에 강하고, 기후 악조건에서도 견딜 수 있는 이상적인 차품종을 개발하기 위해 현재까지 약 500종의 차나무 품종이 존재한다. 그러나 분명한 것은 '차'라고 이름 붙일 수 있는 음료는 모두 카멜리아 시넨시스에서 나온다는 사실이다.

〈표 8-2〉 차의 학명에 따른 분류

구분	Camellia Sinensis	
차의 학명	Camellia Sinensis var. Sinensis	Camellia Sinensis var. Assamica
찻잎형태	소엽종(小葉種)	대엽종(大葉種)
찻잎특징	– 찻잎은 8cm까지 자란다. – 차나무는 야생 상태에서 1~6m까지 자란다. – 녹차와 오룡차에 적합 – 아미노산 풍부	– 찻잎은 20cm까지 자란다. – 차나무는 야생 상태에서 30m까지 자란다. – 홍차와 흑차에 적합 – 폴리페놀과 카페인 풍부
재배형태	관목형	교목형
재배특징	내한성(耐寒性)이 강함 척박한 고산지대에서 많이 재배	열대성 기후에 적합
재배지역	중국, 일본, 한국, 터키 등	중국 운남성, 인도, 스리랑카 등

2) 차나무의 구분

차나무는 교목형(喬木型), 소교목형(小喬木型) 혹은 반교목형(半喬木型), 관목형(灌木型)으로 구분된다.

교목형과 관목형은 나무의 형태적 분류로서 주간(節間: 마디와 마디 사이)이 분지된 부분으로 나누는 분류 방법이다. 주간은 뿌리에서부터 이어지는 부분으로 주간의 어느 부분에서 가지가 갈라지기 시작했는가에 따라 교목형, 소교목형, 관목형으로 구분된다.

교목형은 더운 지역에서 주로 재배되며, 가장 원시적인 나무의 형태이다. 교목형의 찻잎은 대엽종으로 찻잎이 성인 손바닥만큼 크다.

소교목형은 주간의 길이가 교목형보다는 짧고 관목형보다는 긴 형태로 찻잎은 중엽종 소엽류라고 부른다(소교목형 소엽종은 정확한 명칭이 아님).

관목형은 재배식으로 나온 차나무로 소엽종이다(관목형 재배 덕분에 보이차의 생산량이 매우 증가하였음). 녹차 중 하나인 태평후괴는 관목형 소엽종인데, 잎이 매우 크다. 이런 경우에는 '대엽류'로 분류하고 있다. 그러나 서남차구에서 재배한 관목형은 '대엽종'이라고 한다. 녹차는 관목형에 매우 적합한데, 그 이유는 일조량을 적게 받아 아미노산이 풍부해지기 때문이다.

서남차구: 중국의 4대 차 산지 중 하나로 운남성, 귀주성, 사천성이 포함되어 있다.

교목형(喬木型)	관목형(灌木型)
줄기가 곧고 굵으며 주간이 매우 넓다. 키가 크다. 감나무처럼 나무의 외형이다.	키가 작고 주간이 거의 없다. 지면에서부터 줄기가 바로 나와 있다.
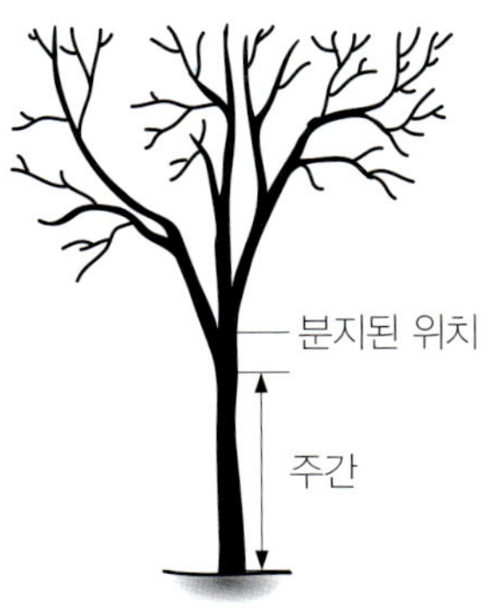	

교목형 차나무

관목형 차나무

(좌) 벽라춘 찻잎 (우) 태평후괴 찻잎 녹차인 벽라춘과 태평후괴의 찻잎을 비교해 보면, 태평후괴의 찻잎이 매우 큰 것을 확인할 수 있다. 잎이 매우 큰 태평후괴는 '소엽종 대엽류'로 분류된다.

3. 재배환경

차나무 재배면적의 세계 1위는 중국이다. 중국의 경우 북쪽으로 갈수록 추운 날씨 때문에 차나무가 작고, 남쪽으로 갈수록 더운 날씨로 차나무가 크다.

차나무는 짧게는 수십 년, 길게는 수백, 수천 년의 수령을 지닌 장수식물이다. 차나무의 경제적 수명은 차나무를 어떻게 관리하느냐에 따라 결정된다.

경제적 수명이란, 최대 생산이익을 창출할 수 있는 기간을 말한다.

차나무의 재배환경은 위도, 고도, 기후, 토양, 떼루아(Terrior) 등으로 나누어 설명할 수 있다.

1) 위도 및 고도

차나무는 아열대성 상록나무로 남위 30°와 북위 40° 지역에 가장 많이 분포되어 있다. 또한, 여러해살이 식물로 적도 부근에서는 연중 수확이 가능하다.

여러해살이 식물이란, 싹이 트고, 꽃이 핀 후 열매를 맺은 다음에도 죽지 않고, 이듬해 새순이 나와 다시 똑같은 과정(싹→꽃→열매)를 여러 해 반복하는 식물을 뜻한다.

고산지대에서는 척박한 환경 때문에 성장하는 데 장애를 겪지만, 해발고도 1,000~1,500m인 지역에서는 운무(雲霧)로 인해 새싹 잎의 성장에 필요한 수분을 유지할 수 있다. 이러한 자연조건에서 생산된 고산지대의 차는 내포성(耐泡性)이 뛰어난 좋은 차가 많이 생산된다.

차를 여러 번 우릴 수 있는 성질을 말한다.

2) 기후

차나무는 따뜻한 것을 좋아하고 추위에 약하다. 따라서 평균기온 18~20℃에서 가장 잘 자라며, 영하 5℃ 이하로 내려가면 동사(凍死)할 수 있다(일부 개량된 품종 제외).

일조시간은 하루에 최소 5시간 이상 되어야 한다. 고품질의 차를 생산하기 위해서는 토양의 수분 외에 대기의 습도도 중요한데, 대기 습도는 일조량 및 기온과 더불어 차의 품질에 영향을 끼친다. 따라서 상대습도는 70~90% 정도, 연평균 강수량은 최소 1,500mm 이상일 때 이상적이다. 열대 및 아열대 지역에서 잘 자라며, 건기가 3개월 이상 지속되지 않아야 한다.

3) 토양

차나무는 어떤 토양에서도 잘 자라는 적응력을 가지고 있으나 최적의 조건은 다음과 같다.

차나무는 산성토양에서 잘 자라며, pH 4.5~5.5가 가장 적당하다. 만약, 토양이 알칼리성인 경우 차나무의 성장에 악영향을 미치게 되는데, 이는 알칼리성토양에 함유되어 있는 칼슘 때문이다. 토양에 칼슘 성분이 0.5% 이상이 될 때는 차나무가 고사(枯死: 말라죽음)될 수도 있다.

또한, 석회토나 점토보다는 모래 함량이 많은 사질토가 제일 좋으며, 질소, 칼륨, 마그네슘 등의 미네랄이 풍부하고 부식층이 두꺼운 곳이 좋다. 즉, 차나무에 적합한 토양은 수분 함량이 높아야 하기에, 비가 많이 오는 지역에서는 토양이 수분을 잘 보관하고 배수가 잘 되어야 한다.

따라서 산악 지역이 차나무가 잘 자랄 수 있는 최적의 토양 조건이다.

4) 떼루아(Terrior)

떼루아는 와인에서 파생된 개념으로 와인의 경우 포도가 자라는 모든 자연조건임을 나타내며, 물의 경우 수원지(水源地)로 정의하고 있다. 그러나 차나무의 떼루와는 와인과 같은 개념으로 차나무가 자라는 모든 자연조건으로 이해하면 된다.

차의 품질에 영향을 주는 자연요인으로 앞서 설명한 위도 및 고도, 기후, 토양 외에도 품종, 재배 시기, 채엽 방식 등의 모든 내용을 포함한다. 즉, 동일한 차나무라도 떼루와에 따라 생성되는 함유 성분도 다르게 나타나며, 맛과 향에서도 차이가 나타난다.

〈표 8-3〉 차나무 재배환경

구분	재배환경 조건
위도 및 고도	위도: 남위 30° 와 북위 40° 고산지대: 향이 풍부함
기후	연평균기온: 18~20℃ 일조시간: 하루 최소 5시간 이상 연평균 강수량: 최소 1,500mm 이상 습도: 70~90%
토양	산성토양(pH 4.5~5.5) 사질토 미네랄(질소, 칼륨, 마그네슘 등)이 풍부 부식층이 두꺼운 곳
떼루와(Terrior)	차의 품질에 영향을 주는 모든 자연조건

4. 차의 유래

차의 정확한 기원은 알 수 없지만, 차의 발원지가 중국인 것은 틀림없다. 지금까지 차에 관련된 모든 기록을 종합하여 보면, 차를 가장 먼저 발견한 사람은 중국 농업과 의약의 창시자 신농씨(神農氏)이다. 신농씨가 차를 발견하게 된 내용은 다음의 전설로 전해져 내려오고 있다.

B.C. 약 2700년경 신농씨(神農氏)가 온갖 풀을 맛보다가 약초의 부작용이 생겨 나무 아래에서 물을 끓여 마시고 깊은 잠에 빠졌다. 잠에서 깨어났을 때 물속에 낯선 잎들이 들어 있었는데, 그 잎이 우러난 물을 마신 신농씨는 자신의 몸이 해독이 되고 활력이 생겼음을 느꼈다. 이 전설로 보아 적어도 최소 5000년 전부터 차가 약용으로 사용되었음을 알 수 있다.

학문적으로 최초의 기록은 『시경(時經)』(B.C. 1122)의 패풍(邶風) 편에 다음과 같은 내용으로 확인할 수 있다.

> 누가 차를 쓰다고 했나? 그 달기가 냉이 같은데(誰謂荼苦, 其甘如薺)
>
> -『시경(時經)』의 패풍(邶風) 中

기록을 살펴보면 차 맛이 처음에는 쓴듯하지만 음미하면 달다는 의미로 풀이되며, 찻잎 사용에 대한 최초 기록이라고 할 수 있다.

앞서 차의 발음에서도 설명하였듯이, 중국의 차가 유럽으로 전파된 것은 바로 무역루트 때문이다. 1560년경 중국을 방문한 최초의 포르투갈 선교사가 중국의 귀족 집안에 손님으로 방문하면서 차를 처음 맛보게 되었다. 포르투갈 선교사는 차를 "붉은빛의 쓴맛이 나는 일종의 음료"라고 설명하였다.

그 후 동양 항로를 최초로 개척한 포르투갈은 동양의 특산물인 비단, 향신료 등을 리스본으로 수입하기 시작하였다. 16세기에 스페인과 포르투갈이 신대륙 발견 및 신항로 개척에서 선두를 달렸다면, 17세기는 네덜란드의 동양 진출이 돋보였다. 17세기 전반에는 향신료가 네덜란드의 아시아 무역 중심이었다면, 17세기 중엽 이후에는 비단, 면, 동(銅), 차(茶)가 가장 중요한 수입품이 되었다.

이처럼 차는 중국에서 시작하여 한국, 일본 등 아시아 지역뿐만 아니라 무역루트를 통해 유럽 및 서구 전역에 차문화가 자리를 잡기 시작하였다. 그럼, 가장 오래된 역사를 가지고 있는 중국을 비롯하여, 한국, 일본 차의 역사에 대해 간략하게 살펴보기로 하자.

5. 차의 역사

일본 가나자와시(金沢市)에 위치한 공원 내에 옛날 다실(茶室)을 재현해 놓았다.

세계적으로 가장 오래된 차문화의 역사를 가지고 있는 나라는 중국을 비롯하여 한국과 일본이다. 중국으로부터 전파된 차문화는 자국의 문화와 국민적 정서의 영향을 받으며 중국은 차의 향기를, 한국은 차의 맛을, 일본의 차의 색을 중시하는 등 각기 다른 모습으로 발전하게 되었다. 또한, 중국은 다예(茶藝)라고 표현할 만큼 예술의 경지로 승화하였고, 한국은 다례(茶禮)로서 예의를 강조하였으며, 일본은 다도(茶道)로서 규격화된 법도로서 발전해 왔다.

1) 중국차의 역사

중국차의 역사는 태동기 → 발전기 → 번영기 → 중흥기 → 쇠퇴기로 나누어 살펴볼 수 있다. 특히, 중국차는 '당나라 때 흥하기 시작해 송나라 때 전성기를 맞았다'고 할 만큼 당과 송은 중국차 역사에서 가장 중요한 시기이다.

신농씨가 차를 발견하였고, 당나라 시대 758년경 육우(陸羽, 733~804)가 세계 최초로 차 전문서적인 『다경(茶經)』을 저술하면서 중국차 발전에 가장 큰 영향을 미쳤다. 저술 기간이 약 30년이라고 알려져 있는 『다경(茶經)』은 차에 관한 자료뿐만 아니라 차에 대한 실천적 경험을 모두 집대성한 것이라고 할 수 있다.

『다경(茶經)』이 편찬된 이후부터 차 생산은 보다 합리적이고 과학적인 이론 체계를 갖추었으며, 차의 생산 및 발전에 원동력이 되었다. 중국차는 기본 6대 차류(녹차, 백차, 황차, 오룡차, 홍차, 흑차)를 모두 생산하며, 품종 및 지역에 따라 수많은 종류의 차를 생산하고 있다. 기본 6대 차류에 대한 각각의 내용은 9장부터 자세히 배워 보기로 한다.

오룡차의 오룡은 품종을 뜻하기도 하고, 6대 차류 중 하나를 뜻하기도 한다. 청차와 혼용하여 사용되다가, 2014년 오룡차로 통일하여 사용하도록 중국정부에서 표준을 정하였다.

(1) 중국차의 태동기(3황5제시대)

농사와 의약(議藥)을 관할하는 신적 존재이며, 차의 시조인 신농씨(神農氏)가 최초로 찻잎을 발견한 이후, B.C.2737부터는 찻잎을 해독제로 사용하였고, 주대(周代, B.C.1046~B.C.256)에는 차를 약에서 음료, 기호식품으로 인정하기 시작하였다.

진한시대(秦漢時代, B.C.221~A.D.220)에는 주(周)의 제후국이던 진(秦)이 중국을 통일하고 한(漢)이 차를 생산하던 사천(四川), 운남(云南), 복건(福件) 지역을 통합하면서 서한 시대에 다구(茶具)가 처음으로 등장을 하였고, 차의 생산과 유통량이 증가하면서 차를 매매(買賣)하기 시작하였다. 특히, 진한시대의 도로건설은 차의 보급에도 큰 역할을 하게 되었다.

(2) 중국차의 발전기

유일하게 현재까지 잘 사용하고 있는 단어이다. 찻잔을 우아하게 표현할 때, 품명배(品茗杯)라고 하는데, 여기서 명(茗)의 의미는 잔이라는 의미이다.

'茶'라는 한자를 살펴보면, 艹(풀 초) + 人(사람 인) + 木(나무 목)으로 나무에 사람이 올라가 풀을 뜯는 형상이다. 이처럼 차(茶)라는 글자는 당나라 이전에 도(荼), 가(檟), 명(茗), 설(蔎), 천(荈) 등을 사용하다가, 당대(唐代, 618~906)에 육우(陸羽)가 『다경(茶經)』을 저술한 이후, 차에 대한 글자가 荼(도)에서 한 획을 지운 茶(차)라는 글자로 확정된 후 현재까지 '茶'로 사용하고 있다.

(좌) 문향배(聞香杯): 차의 향을 음미하는 잔
(우) 품명배(品茗杯): 차를 마시는 잔

문향배와 품명배는 주로 오룡차를 마실 때 사용하는 다구이다. 먼저 문향배에 차를 따른 뒤, 문향배 위에 품명배를 사진과 같이 올린다. 그 후, 전체적으로 뒤집으면 품명배로 차가 옮겨지고, 문향배를 천천히 들어 올려 문향배에 남아 있는 차의 향을 음미하면 된다.

제다법(製茶法)은 차를 만드는 방법을 말한다.

포다법(泡茶法)은 차를 우리는 방법을 말한다.

드디어 차는 현종황제(玄宗皇帝) 때 눈부신 발전을 하였고, 음료로 널리 인기를 얻어 다과 모임을 열고 찻집들이 등장하였다. 다성(茶聖)으로 추앙받는 육우의 『다경(茶經)』이 완성되면서 차의 재배법, 제다법(製茶法), 포다법(泡茶法) 등에 대한 자세한 설명과 차의 철학적 의미를 집대성하였다. 특히, 『다경(茶經)』에서는 차를 만드는 24가지의 조건 중 고급차는 좋은 수질의 물이 필수이며, 물을 끓이는 방법도 매우 중요하다고 강조하고 있다.

당나라 때의 차는 모두 증청녹차로 차법(茶法)은 자차법(煮茶法)으로 찻잎을 큰 솥에 넣고 끓여 찻잎과 물을 같이 마시는 방법이었다. 그 이후 차를 끓이는 방법을 더 연구하여 전차법(煎茶法)이 생겼다. 전차법이란 찻잎을 불에 구운 다음, 반드시 끓인 물로 마시는 방법이다.

(3) 중국차의 번영기

송대(宋代, 960~1279)에는 차문화의 번영기로 차가 쌀이나 소금같이 서민들에게도 폭넓게 보급되었다. 8대 휘종황제(徽宗皇帝)가 『대관다론(大觀茶論)』을 직접 저술하면서, '차의 황제'라 불릴 만큼 차의 발전에 많은 기여를 하였다. 특히, 고산지대에서 고급차가 생산됨을 알고 안개 낀 산 정상에 차농장을 많이 세웠으며, 음다(飮茶)풍습이 발전하는 데 큰 영향을 미쳤다.

송나라의 차도 증청녹차이지만 당나라때보다 어린잎(3월 초 채엽)으로 제다하였다. 차를 마시는 방법은 전차법에서 점차법(点茶法)으로 바뀌었다. 점차법은 화로에 차를 굽고, 찻잎을 간 다음, 채로 걸러낸 후, 다완에 넣은 뒤, 물을 붓고, 차선으로 풀은 뒤 마시는 방법으로 말차법(抹茶法)과 같다. 즉, 일본의 말차법이 송나라의 점차법에서 유래된 것이다.

송나라가 차의 전성기인 이유는 다음과 같다.

첫째, 백화품종이 처음 등장하였다.

둘째, 교잔(咬盞)이라 하여 '잔'을 만들기 시작하였다.

셋째, 수단청이라 하여 말차처럼 격불하고 거품 위에 그림을 그리기 시작했다.

넷째, 투차(鬪茶)라 하여 탕색으로 평가하는 차시합이 있었다.

다섯째, 소동파 등 문인들이 많이 등장하였다.

여섯째, 찻집이 생겼다.

일곱째, 휘종황제가 『대관다론(大觀茶論)』을 집필하였다.

> 잔에 말차를 넣고, 차선으로 잘 섞으면서 거품이 올라오도록 빠르게 젓는 것을 격불이라고 한다.

> 투차(鬪茶)란 '차 겨루기'란 뜻으로 차시합을 말한다.

이처럼 당송 시대는 중국차가 가장 부흥했던 시대이다. 당시송사(唐詩宋詞)라고 하여, 당나라와 송나라 때에는 문인들이 차와 관련된 많은 문학작품이 등장하였다.

七碗茶歌칠완다가

- 卢仝(노동)*

一碗喉吻润일완후문윤, 两碗破孤闷양완파고민。
三碗搜枯肠삼완수고장, 惟有文字五千卷유유문자오천권。
四碗发轻汗사완발경한, 平生不平事평생불평사 , 尽向毛孔散진향모공산。
五碗肌骨清오완기골청, 六碗通仙灵육완통선령。
七碗吃不得也칠완끽불득야, 唯觉两腋习习清风生유각양액습습청풍생。

〈해석〉

첫 번째 잔은 목구멍에 스며들어 갈증이 없어진다. 두 번째 잔은 고민을 없앤다.
세 번째 잔은 오장육부까지 내려가니, 오천 권의 문장을 스스로 읽기 시작한다.
네 번째 잔은 가벼운 땀이 나고, 평생의 불만, 일들이 모공을 통해 발산된다.
다섯 번째 잔은 뼈가 가벼워지고, 여섯 번째 반은 신선과도 통한다.
일곱 번째 잔은 더 이상 마실 수가 없어도, 겨드랑이에 살살 바람이 부는 느낌이 든다.

*노동(卢仝, 약 795~835). 호(号) : 옥천자(玉川子), 하남성 출신의 당나라 시인

긴압차의 제조를 금지시킨 이유에 대해서는 몇 가지 이유가 있으나 명쾌한 설명은 없다. 다만, 긴압차 제조 금지 후 중국의 차문화는 지역적으로 국한되었다고 한다.

긴압을 전혀 하지 않은 찻잎모양 그대로인 차

(4) 중국차의 중흥기

명대(明代, 1368~1644)에는 단단한 형태의 긴압차(緊壓茶)의 제조를 금지시키고 산차의 형태로만 제조하도록 황제가 칙령을 발표하였다. 차의 제조과정 중 찻잎을 살청하고 솥에 덖는 과정이 처음 개발되기 시작하였으며, 16세기 말 이후부터 중국의 6대 차류가 본격적으로 제조되었다. 주로 녹차 위주의 제조에서 1590~1600년경에는 완전발효차인 홍차가 처음 등장하기 시작했다.

(5) 중국차의 쇠퇴기

295p 부록 내용 참조

청대(淸代, 1616~1912)에는 1850년까지 차 제조법의 비밀을 유지하며 서양과의 무역에서 많은 이익을 취했으나, 영국과의 아편전쟁(1840~1842)과 태평천국운동(1851~1864)으로 침체기를 맞는다. 중국 대륙의 마지막 왕조인 청나라에 이어 모택동(毛澤東; 1893~1976)의 중화인민공화국이 들어서고 문화대혁명(1966~1976)을 거치며 차산업은 더욱 쇠퇴하였다.

(6) 중국차의 재건과 현재

등소평(鄧小平; 1904~1997)이 1981년에 정권을 장악한 후 실용주의 개혁을 실행하면서 경제성장과 함께 차문화도 부흥하게 되었다. 1984년 차 생산량은 1886년 이전의 양으로 회복되고 차 종주국의 위상을 되찾아가고 있다.

2) 한국차

(1) 한국차의 역사

한국차의 전래는 두 가지 설로 유래되고 있다. 가락국 시조인 수로왕비(首露王妃)인 허 씨(許氏)가 천축(天竺)에서 차의 종자를 가져와 백월산(白月山, 현재의 경남 의창시 동면 봉곡리)에 심어 죽로차(竹露茶)를 만들었다는 기록이 있는데, 이 기록으로 인해 인도로부터 차가 전래됐다는 첫 번째 설이 있다.

두 번째 설은 『삼국사기(三國史記)』에 "홍덕왕3년 겨울 12월 사신을 당나라에 보내 조공하니 당문종(唐文宗)은 인덕전에 불러서 등급을 가려 잔치를 베풀었다. 당나라에 갔던 사신 대렴(大廉)이 차종자를 가지고 돌아오니 왕은 지리산에 심게 하였다."라는 기록을 보아 그 이전부터(선덕여왕 때부터) 차를 마시기 시작하였으나, 홍덕왕(興德王) 때 차나무를 심고 재배하기 시작했다는 설이다.

이러한 두 가지 설에 의해 우리나라에 차가 전파되었는데, 삼국시대 때 공식적으로 불교가 전해지면서 차문화도 함께 전해진 것으로 알려져 있다.

백제는 4세기 후반에 불교가 전래된 후 왕권과 중앙집권체제가 강화되고 불교문화가 융성하면서 왕실과 승려, 귀족층을 중심으로 음다(飮茶)풍습이 성행하였다. 신라에서는 화랑들에 의해 차문화가 자리를 잡게 되었는데, 화랑들이 가는 곳마다 차를 마시고 덕목을 쌓으면서, 정행검덕(精行儉德)을 수행했다고 전해진다.

고려 시대는 한국차 역사상 차문화가 가장 번성했던 시기이다. 고려 시대 차문화는 왕실과 승려, 문인 계층이 주도를 하면서 국가의 중요한 행사를 실시할 때마다 다례가 함께 행해졌다. 차문화가 절정에 달했던 시기에는 중국의 당 · 송시기처럼 차문화를 담고 있는 다시(茶時)도 발전하게 되었다.

조선 시대에는 조선의 숭유억불(崇儒抑佛) 정책으로 인해 불교와 함께 차문화도 쇠퇴하였으나, 왕실에서는 여전히 다례가 이어지고 선비들의 음다풍습도 이어졌다. 그러나 임진왜란과 병자호란 등 국토 전체가 전쟁으로 피폐해지면서 조선 시대의 차문화는 급격히 쇠퇴기를 맞이하게 되었다. 그 후 왕실과 사찰을 중심으로 미약하게 명맥을 유지하다가 조선 후기에 새로운 부흥을 맞이하게 된다. 부흥의 중심에는 승려(혜장, 초의, 범해 등)와 문신 양반(정약용, 김정희)들이 있었다. 조선 후기 실학자인 정약용(1762～1836)은 스스로 다산(茶山)이라는 호를 사용하면서 자신만의 제다법을 만들어 차문화 부활에 기여하게 되었다. 조선 후기 문인이자 추사체를 만들어 낸 명필가 추사(秋史) 김정희(1786~1856)는 초의선사(草衣禪師; 1786~1866)와 40여 년 동안 우정을 이어갔는데, 추사가 제주도에서 유배할 당시, 초의선사는 추사에게 해마다 차를 선물로 보냈다고 한다. 초의선사는 당나라의 육우가 쓴 『다경(茶經)』에 견줄 만한 우리나라 최초의 차 관련 서적인 『동다송(東茶頌)』을 시의 형식으로 저술하였다. 『동다송(東茶頌)』에는 차나무의 생태와 재배법부터 제다법, 다도에 관한 방법까지 담아 우리나라 차의 우수성을 알리고 발전시키는 데 큰 기여를 하게 된다.

(2) 한국차의 종류

한국 차의 주요생산 재배지역은 경상남도 하동, 전라남도 보성, 제주도 등 대부분이 남쪽이다. 그 이유는 해풍으로 인한 유리한 기후조건을 갖추고 있기 때문이다. 생산되는 차의 종류는 녹차, 발효차(황차, 홍차 등)이지만, 특히 대부분 녹차를 생산하고 있다.

> 작설 혹은 잘 만든 녹차는 차를 모두 우려 마신 후, 찻잎에 간장과 참기름을 넣고 무쳐 먹으면 색다른 맛을 느낄 수 있다.

4월 중순에 가장 먼저 생산되는 우전(雨前), 5월 초에 생산되는 작설(雀舌) 등이 가장 유명하다. 특히, 작설은 한국차 특유의 호칭으로 곡우에서 입하 사이(4월 20일～5월 6일경)에 어린 새순만을 채엽하여 만든 녹차로 찻잎이 참새의 혀와 비슷한 모양이라 '작설'이라는 명칭이 붙은 차이다.

경상남도 하동의 차밭 하동은 주로 야생 차밭으로 차나무가 듬성듬성 재배되고 있다. 가파른 경사도 때문에 충분한 햇빛을 받을 수 있으며, 지리산과 함께 어우러져 있는 모습이 색다른 절경이다.

전라남도 보성의 차밭 대한다원의 차밭. 영화나 드라마 배경으로도 유명한 대한다원의 아름다운 차밭 풍경은 관광지로도 최고의 코스이다.

제주도 오설록 차밭 아모레퍼시픽에서 운영하는 오설록은 오설록 티뮤지엄을 함께 운영하며, 한국의 녹차를 알리기 위해 다양한 프로그램 및 제품을 개발하고 있다. 오설록의 차밭은 국내는 물론 해외 관광객들이 꼭 인증샷을 남기고 갈 만큼 정갈하고 아기자기하게 가꾸어져 있다.

3) 일본차

(1) 일본차의 역사

일본차의 전래 시기는 분명하지 않지만, 8세기경 중국에서 유학했던 승려들이 당시 당나라의 음다풍습과 음다법을 체험하면서 전파했다는 설이 있다.

일본차에 대한 최초의 기록은 『일본후기(日本後記)』에서 찾아볼 수 있는데, 815년경 사가천황(嵯峨天皇, 786~842)은 승려 에이추(永忠, 742~816)가 직접 달여 준 차를 마셨다는 기록이 있다.

승려 에이사이(榮西禪師; 1141~1215)는 송나라의 말차법을 전파하였고 차나무 씨앗을 들여와 재배를 시작하였다. 특히, 에이사이는 1214년에 건강과 관련된 다양한 효능을 비롯한 차의 모든 지식을 담은 『끽다양생기(喫茶養生記)』를 편찬하였으며, 끽다(喫茶) 풍습은 13세기 귀족층에서 본격적으로 성행하였고, 특히 선승과 교류가 있던 무사(武士) 사이에 유행하기 시작하였다.

끽다(喫茶)는 차 마시는 일이라는 뜻으로 '喫'은 '마신다'는 의미이다. 그러나 꿀꺽꿀꺽 들이키는 것이 아니라 혀끝에 닿은 찻물의 맑은 기운을 느끼면서 마셔야 한다.

무사들 사이에서 차를 마시는 모임의 형태로 발전하면서, 송나라에서 성행하였던 투차도 함께 유행하게 되었다. 그러나 송나라의 투차는 차를 우리는 방법(탕색을 평가)을 겨루었지만, 일본에서는 차를 마시고 어떤 차인지 차의 종류를 맞추는 방법(흔히, 와인에서 Blind Tasting과 같은 방법)을 겨루었다. 그러나 무사계급에서 투차의 방식이 점차 화려한 의상으로 치장하고 호화로운 식사와 함께 마신 차를 알아맞히는 형태로 변화되면서, 투차를 즐기는 무사들이 단순히 차를 알아맞히는 목적보다는 자신의 문사적(文士的) 소양도 지니고 있음을 과시하고자 하였다.

그 이후, 일본 다도(茶道)의 시조라 불리는 무라타 주코(村田珠光; 1423~1502)는 소박하고 간소한 차모임을 하도록 하며, '와비(侘)철학'을 다도로 이어와 와비차(侘び茶)를 완성하였다.

와비(侘)란 일본 다도의 극치로, 검소하고 한적하며, 차분한 멋을 말한다.

무라타 주코의 제자인 다케노 조오(武野紹鷗; 1502~1555)는 스승의 사상을 계승하여 한층 더 간소화하였고 소박하면서 자연스러운 일본의 대표적인 미학으로 발전시켰다. 다케노 조오의 와비차 정신을 계승한 센노 리큐(千利休; 1521~1591)는 선종불교사상을 바탕으로 화경청적(和敬淸寂)의 사상과 와비차와 차노유(茶の湯)를 완성하였다.

손님을 초대하여 차를 끓여 권하는 예의인 다도(茶道)와 차를 끓여 마시는 모임인 차회(茶會)의 의미를 모두 포함하는 뜻으로 일본의 다도(茶道)를 의미한다.

일본 교토 우시지 차밭 전경

차노유란 차를 다루고 대접하는 전 과정을 말하는데, 차를 대접하는 단순한 행위이지만 얼마만큼의 정성과 노력을 담느냐에 따라 상대방에게 전할 수 있는 감동의 깊이는 다르다고 센노 리큐는 말하고 있다. 센노 리큐의 제자 난보 소케이(南方宗啓)가 집필한 『남방록(南方錄)』에는 센노 리큐가 말하는 차노유에 대해 다음과 같이 설명하였다.

> 차는 마시기 쉽게, 숯은 물이 잘 끓을 수 있도록, 여름은 시원하고, 겨울은 따뜻하게, 시간은 조금 일찍 서두르며, 맑은 날에도 우산을 준비하고, 자리를 같이한 손님을 배려하는 마음가짐을 가지도록
>
> - 난보 소케이(南方宗啓) 『남방록(南方錄)』 中

(2) 일본차의 종류

일본에서는 거의 녹차를 주로 생산하며, 녹차의 종류로는 교쿠로(玉露), 센차(煎茶), 호지차(ほうじ茶), 말차(抹茶, 맛차, MATCHA) 등이 있다.

❶ 교쿠로(玉露)- 옥로

봄철 차나무의 새순이 2~3개 정도 나왔을 때, 20일 정도 햇볕을 차단하여 재배(차광재배, 遮光栽培)한 후 수확한 차이다. 차광재배를 통해 찻잎에 함유된 아미노산 성분이 카테킨으로 변화하는 것을 억제하여 떫은맛이 적고, 감칠맛이 풍부하다. 해조류와 비슷한 향이 특징이다.

263p 교토 우지시 차발의 차광재배사진 참고

❷ 센차(煎茶)- 전차

일본에서 가장 많이 생산되고 소비하는 대중적인 차이다. 찻잎을 채엽하여 바로 증기로 쪄내 산화효소의 작용을 억제하여 밝은 녹색을 띠며, 녹차 특유의 떫은맛과 신선한 향, 깔끔한 맛이 특징이다.

❸ 호지차(ほうじ茶)

녹차의 잎과 줄기 등을 황갈색이 나도록 센 불에 볶아 고소한 맛을 낸 볶음차이다. 볶는 과정에서 카페인 성분이 날아가 부담이 적고, 고소한 향과 가벼운 맛이 특징이다.

❹ 말차(抹茶, 맛차, MATCHA)

덴차(碾茶, 연차)란 찻잎을 찐 후, 유념과정 없이 말린 차이다.

말차는 '가루차'라는 뜻으로 교쿠로처럼 약 20일 정도 차광재배를 하여 생산한다. 채엽한 차를 찐 후 건조시켜 억센 줄기와 잎맥을 제거한 덴차(碾茶, 연차)를 맷돌로 곱게 갈아 가루로 만든 차이다. 좋은 말차일수록 깊은 향기와 단맛을 느낄 수 있다.

말차 다구 ① 다완, ② 차선, ③ 차통, ④ 차시

① 차완(茶碗): 차를 마실 때 사용하는 그릇으로 찻사발이다. 일본어로 ちゃわん(Chawan, 차완)이라고 한다.

② 차선(茶筅): 차완에 말차를 담은 후, 뜨거운 물을 붓고 차를 잘 섞는 도구이다. 차선은 말차에만 사용하며, 차선을 이용하여 고운 거품이 날 때까지 빠르게 저어 준다. 일본어로 ちゃせん(Chasen, 차센)이라고 한다.

③ 차통(棗): 말차가 담겨 있는 통으로, 일본어로 なつめ(Natsume, 나츠메)는 센노 리큐 때부터 사용한 도구라고 한다.

④ 차시(茶匙, Chashaku): 말차가루를 뜨는 수저이다. 일본어로 ちゃしゃく(Chashaku, 차샤쿠)라고 한다.

차선 차선은 대나무를 쪼개어 만드는데, 만약 100본입이라고 써 있다면 대나무를 100개의 가닥으로 쪼개서 만든 것이다. 차선의 품질과 차선을 다루는 기술에 따라 부드러운 거품의 말차를 만들 수 있다.

말차　말차는 쌉쌀한 쓴맛이 특징으로 항상 달콤한 디저트(양갱, 설탕과자 등)와 함께 즐긴다.

팥을 좋아하는 일본인들은 겨울철에는 말차에 단팥고명을 올려 말차를 즐긴다.

여름철에는 말차 아이스크림과 말차를 함께 곁들여 즐긴다.

6. 6대 차류의 구분

중국의 진연(陳椽) 교수가 1979년에 집필한 『다엽 분류이론 여실천(茶葉分類理論與實踐)』에서 6대 차류를 구분하였다. 진연 교수는 제다법과 발효도에 따라 녹차(綠茶), 백차(白茶), 황차(黃茶), 오룡차(烏龍茶), 홍차(紅茶), 흑차(黑茶)로 구분하며, 이를 '6대 차류'라고 한다. 그때 당시 청차(靑茶)와 오룡차(烏龍茶)는 둘 다 모두 사용하는 용어였다. 우리나라에서는 청차가 좀 더 포괄적인 개념이라 보고, 일반적으로 청차로 칭하였다.

그러나 2014년 10월 27일 중국에서 실시한 차에 관한 조례 〈중화인민공화국 국가표준(中华人民共和国 国家标准) GB/T30766-2014〉조례는 2014년 6월 22일 발표한 국가표준공고(国家标准公告)의 조례를 간소화하여 제정하였다. 조례 가운데 차의 분류 중 오룡차를 올바른 표기로 표준하였기에 본 교재에서도 오룡차로 사용하도록 한다.

이밖에 재가공차류라 하여, 말리화차, 재스민차, 대용차(국화차, 고정차 등)가 있다. 6대 차류 중 전 세계적으로 가장 사랑받는 차는 '홍차(紅茶, Black tea)'로 시장 점유율은 약 70%에 달한다. 홍차 다음으로 녹차, 오룡차 순으로 많이 소비되고 있다.

차의 발효도에 따라 차의 분류가 구분된다고 하니, 일반적으로 김치와 같은 식품의 발효를 기본적으로 떠올리지만 차에서 정의하는 발효의 개념은 식품의 발효 개념과 차이가 있다.

두산백과

식품의 발효란 '미생물이 자신이 가지고 있는 효소를 이용해 유기물을 분해시키는 과정'으로 정의하고 있다. 식품발효를 통해 우유가 치즈가 되고, 포도는 와인이 되며, 물과 보리 씨앗을 끓이면 맥주가 만들어지는 것이다.

효소는 높은 온도에서 죽는다.

차에 대한 발효의 개념은 중국에서 시작되었는데, 차의 성분 중 폴리페놀과 공기 중의 산소가 결합하여 일어나는 반응이 차에 대한 발효의 개념이다. 즉, 효소가 찻잎의 폴리페놀과 공기 중의 산소를 결합하게 하여 산화 갈변을 일으키고, 발효가 일어나게 된다. 이때 효소의 역할은 바로 촉매작용이다. 따라서 본 교재에서는 차의 발효에 대해서만 설명하고자 한다.

차의 발효는 크게 산화발효와 미생물발효로 구분되고, 이를 다시 세분화하면 4가지 종류로 나누어지는데, 발효의 종류에 따라 6대 차류가 구분된다.

첫 번째, 효소를 죽여 발효가 일어나지 않는 발효를 불발효라고 한다. 불발효로 제다되는 차는 녹차이다.

두 번째, 발효도가 낮아 효소가 아주 조금 활동하여 비촉매작용발효라고 한다. 비촉매작용발효로 제다되는 차류는 황차와 백차이다.

세 번째, 효소가 매우 활발히 작용한 촉매작용발효이다. 촉매작용발효로 제다되는 차류는 오룡차와 홍차이다.

네 번째, 미생물발효로 발효과정이 끝난 후 미생물에 의해 다시 발효되는 후발효가 일어난다. 미생물발효(후발효)로 제다되는 차류는 흑차이다.

중국은 차의 종주국으로서 전 세계의 차문화, 다도, 차산업에 많은 영향을 미치고 있다. 따라서 모든 제다과정의 기준은 차 생산의 발원지이며, 차의 종주국인 중국의 제다과정을 기본으로 하였다. 또한, 본 교재에 나오는 중국의 지명과 고유명사, 대명사, 중국차의 이름은 우리나라에서 한자음 표기가 익숙하게 사용되기 때문에 한자음 표기로 사용하였다. 한자는 2014년 중국의 국가표준에서 정한 한자로 표기하였다.

다음의 〈표 8-4〉는 6대 차류에 대한 분류기준이다.

〈표 8-4〉 6대 차류에 대한 분류기준

<table>
<tr><th>구분</th><th>녹차
(綠茶)</th><th>황차
(黃茶)</th><th>백차
(白茶)</th><th>오룡차
(烏龍茶)</th><th>홍차
(紅茶)</th><th>흑차
(黑茶)</th></tr>
<tr><td rowspan="2">발효종류</td><td rowspan="2">불발효</td><td>경발효</td><td>경발효</td><td>반발효
부분발효</td><td>전발효</td><td rowspan="2">후발효
(미생물발효)</td></tr>
<tr><td colspan="4">산화발효</td></tr>
<tr><td>효소작용</td><td>불발효</td><td>비촉매작용</td><td>비촉매작용</td><td>비촉매작용</td><td>비촉매작용</td><td>후발효</td></tr>
<tr><td>발효도</td><td>0%*</td><td>3~10%**</td><td>3~15%***</td><td>15~75%</td><td>98% 이상</td><td>발효도
따로 없음</td></tr>
<tr><td>주요공정****</td><td>살청</td><td>민황</td><td>위조</td><td>주청</td><td>발효</td><td>악퇴</td></tr>
</table>

* 녹차는 불발효차이므로 발효도 0%이지만, 중국에서는 따로 발효도를 표시하지 않는다.

** 황차는 제다방법에 따라 발효도의 차이가 있다.

*** 백차는 연도(햇차, 노백차)에 따라 발효도를 달리하여 제다한다.

**** 주요공정의 의미는 차를 만들 때 차의 종류별로 가장 중요한 공정과정이다. 만약, 차를 우렸는데 향이나 맛이 이상하다면 각 차의 종류별로 주요공정의 제다과정을 의심해 봐야 한다.

7. 중국의 차(茶)산지(재배지역)

중국의 차산지는 강북차구, 강남차구, 화남차구, 서남차구로 구분되는데, 이를 '4대 차구'라고 한다. 강북차구와 강남차구는 '양자강'을 기준으로 나뉘어 있다.

강북과 강남차구는 주로 관목형 차나무가 많고, 소엽종이기 때문에 녹차의 생산량이 많다.

화남차구의 경우 소교목 관목형의 차나무가 많다. 또한, 찻잎이 중엽종으로 무이암차, 철관음과 같은 오룡차를 주로 생산한다.

서남차구는 가장 서쪽에 위치하고 있으며, 산지가 높아서 운귀고원(雲貴高原)이라고도 한다. 서남차구에서 관목형도 재배되지만, 교목형 대엽종이 대부분이다. 대엽종의 경우 찻잎이 햇빛을 많이 받게 되는데, 그럼 폴리페놀의 함량이 높은 특징으로 발효도가 높은 흑차를 주로 생산한다.

〈표 8-5〉 중국의 4대 차구

구분	강북차구	강남차구	화남차구	서남차구
차나무의 형태	관목형	관목형	소교목 관목형	교목형 & 관목형
지역	산동성(山東省) 하남성(河南省) **강소성(江蘇省)*** **안휘성(安徽省)*** **호북성(湖北省)***	**강소성(江蘇省)*** **안휘성(安徽省)*** **호북성(湖北省)*** 절강성(浙江省) 강서성(江西省) 호남성(湖南省)	복건성(福建省) 광동성(廣東省) 광서성(廣西省) 대만	운남성(雲南省) 사천성(四川省) 귀주성(貴州省)
주요 생산차류	녹차, 홍차	녹차, 황차, 홍차	백차, 오룡차, 홍차	홍차, 흑차

* 양자강을 중심으로 강북 · 강남차구로 구분되다 보니, 강소성(江蘇省), 안휘성(安徽省), 호북성(湖北省)은 양자강을 따라 위치한 지역이라 두 차구에 모두 속해 있다.

** 홍차는 4대 차구에서 모두 생산된다.

중국의 차산지 중국차산지는 강남차구, 화남차구, 서남차구, 강북차구로 구분되어 있다.

Water & Tea

09 CHAPTER

차의 종류- 녹차(綠茶)

녹차(綠茶)는 중국의 차 역사에서 가장 먼저 생산된 차이며, 유구한 생산의 역사를 자랑하고 있다. 전 세계에서 가장 많은 소비량은 홍차이지만, 중국에서는 녹차의 생산량과 소비량이 70% 이상을 차지한다. 이제부터 녹차가 어떻게 만들어지고, 대표적인 명차(銘茶)에는 어떤 차가 있는지 알아보도록 하자.

1. 녹차의 특징

녹차는 불발효차로 중국 역사에서 가장 먼저 나타난 차의 종류이다. 즉, 채엽한 찻잎에 열을 가하여 산화효소(Oxidase)를 비활성화(살청: 殺靑)시켜 찻잎의 폴리페놀과 산소를 만나지 못하도록 만든 차이다.

녹차의 차나무는 관목형 소엽종으로서 소엽종은 아미노산 함유량이 높은 특징을 지니고 있다. 녹차를 우릴 때, 물의 온도는 80℃ 정도에서 우리는 것이 좋은데, 찻잎에 함유되어 있는 아미노산을 충분히 추출하기 위함이다. 녹차의 특징은 청탕녹엽(淸湯綠葉)이다. 즉, 차를 우린 탕색이 청색이고, 우린 엽저(葉底)의 색이 녹색이라는 뜻이다. 좋은 녹차에서는 감칠맛과 신선하고 상쾌한 맛을 느낄 수 있다. 녹차는 산소와 만나는 즉시 산화가 시작되므로 유통기한이 짧다. 따라서 녹차는 냉장고에 보관하는 것이 좋다.

일반적으로 엽저(葉底)는 차를 우리고 난 뒤의 젖은 찻잎을 말한다. 엽저를 눈과 시각으로 확인하면서 차의 품질을 평가하기도 한다.

일반적으로 발효도가 낮은 차는 모두 냉장 보관하는 것이 좋다.

녹차의 주요 생산 국가는 중국(약 75만 톤), 일본(약 10만 톤), 한국(약 4천 톤)이며, 전 세계 무역량의 80%를 중국이 차지하고 있다. 중국 4대 차구 중 강남차구의 녹차가 가장 좋은 것으로 알려져 있다.

중국의 유명 녹차는 용정차(龍井茶), 벽라춘(碧螺春), 신양모첨(信陽毛尖), 태평후괴(太平猴魁), 육안과편(六安瓜片), 황산모봉(黃山毛峰), 안길백차(安吉白茶) 등이 있다. 2000년 이후 등장한 안길백차는 나오자마자 인기를 끌었다. 백화품종으로 생산되는 안길백차는 일반 녹차보다 아미노산의 함유량이 2배 이상 높으며, 높은 아미노산으로 인해 차맛이 달고 부드러운 것이 특징이다.

2. 녹차의 제다과정

1) 채엽(採葉)

녹차를 만드는 찻잎은 이름 봄에 작고 어린 새순을 채엽하는데, 채엽시기는 날씨에 따라 매년 다르지만, 평균 3월 중순부터 시작하여 4월 상순까지 채엽을 하고 있다. 채엽은 단아(單芽), 1아(芽) 1엽(葉), 1아 2엽을 채엽하여, 채엽시기에 따라 명칭을 다르게 하고 있다.

159p 〈표 9-1〉 참고

단아는 찻잎의 모양이 연꽃봉우리 같다 하여, 연심(蓮心)이라고 하기도 한다. 1아 1엽은 용정차를 만들 때 채엽하는 기준으로, 특급 용정차의 경우 단아와 1아 1엽을 채엽하여 생산하고, 1급 용정차의 경우 1아 1엽과 1아 2엽을 채엽하여 생산한다. 1아 2엽만 채엽하는 경우는 작설차를 만들 때의 기준이다. 1아 3엽은 늙은 잎이라 좋지 않아 거의 채엽하지 않는다. 즉, '아'가 많을수록 좋은 차이다.

일반적으로 차는 봄차, 여름차, 가을차가 있지만 녹차의 경우 봄차와 명전차(明前茶)가 가장 좋다. 봄에 채엽한 찻잎으로 만든 차는 감칠맛이 좋고, 채엽시기가 늦어질수록 찻잎이 자라 커지기 때문에 폴리페놀 함량이 높아져 쓰고 떫은 맛이 나타난다. 그러나 중국과 한국은 위도가 다르기 때문에 채엽하는 시기가 조금 다른데, 위도 차이로 중국이 한국보다 조금 빨리 채엽하기 때문에 중국은 명

양력 4월 5일경을 청명(淸明)이라고 하는데, 명전차는 청명 이전에 만드는 차이다. 주로 절강성에서 생산된다.

전차가 가장 좋고, 한국은 우전차(雨前茶)가 가장 좋다. 채엽시기에 따른 차의 명칭은 다음의 〈표 9-1〉과 같다.

〈표 9-1〉 채엽시기에 다른 차의 명칭

구분	채엽시기
명전차(明前茶)	양력 4월 5일경인 청명(淸明) 전에 채엽
우전차(雨前茶)	양력 4월 20일경인 곡우(穀雨) 전에 채엽
곡우차(穀雨茶)	양력 4월20일경인 곡우(穀雨) 무렵에 채엽
입하차(立夏茶)	양력 5월 5일경인 입하(立夏) 무렵에 채엽

2) 살청(殺靑)

녹차의 제다과정 중에서는 살청과정이 제일 중요하다. 살청온도가 너무 낮으면 색이 탁하고 맛이 밋밋해지며, 살청온도가 높으면 찻잎이 솥에 달라붙어 살청하기가 어렵다. 녹차를 마실 때, 향이나 맛이 이상하다면 살청과정을 의심해야 한다.

살청은 산화효소를 비활성화하는 과정으로 찻잎의 단백질 성분인 산화효소가 열에 의해 변성되어 산화과정이 더 이상 진행되지 않도록 한 것이다. 즉, 효소를 죽이고 향(풀향)을 없애며 유념을 쉽게 하기 위한 단계이다. 살청을 할 때 솥의 온도는 약 280℃ 정도가 가장 좋고, 산화효소는 높은 온도에서 죽기 때문에 산화과정이 더 이상 일어나지 않는 불발효차가 되는 것이다.

살청을 하는 방법은 초청과 증청이 있는데, 초청은 가마솥에 덖는 방법으로 가장 일반적으로 사용하는 방법이다. 증청은 찻잎을 증기로 찌는 방법으로 중국의 당・송시기에 사용하는 방법이었으나, 현재 중국에서는 거의 사용하지 않는 방법이다. 그러나 대부분의 일본녹차는 증청방법을 사용하여 제다하고 있다. 증청방법으로 녹차를 제다할 경우 영양성분을 최대한 유지할 수 있다는 장점이 있으나, 향이 떨어지는 단점이 있다. 살청의 목적은 다음과 같다.

첫째, 효소를 죽임으로 발효를 억제하는 데 있다.

둘째, 풀냄새를 제거하고 차향을 최대한 끌어내는 데 있다.

셋째, 유념을 쉽게 하기 위해서이다.

3) 유념(揉捻)

유념은 살청된 찻잎을 비벼서 모양을 만드는 과정이다. 유념을 통해 찻잎의 세포벽이 파괴되어 찻잎에 함유된 성분들을 잘 우러나오게 하고, 찻잎의 모양을 잘 만들 수 있기 때문이다. 또한, 차즙이 나오기 때문에 유념을 하면 차가 잘 우러날 수 있다.

유념을 하는 방법에 따라 차의 모양이 다르게 나타난다.

차의 모양은 편형, 반구형, 전구형, 환형, 곡형, 침형, 조형, 주형 등 다양한 형태가 있다.

4) 건조(乾燥)

찻잎의 수분을 날려 찻잎의 부패와 변형을 방지하기 위해 건조과정을 거치는데, 건조하는 방법에 따라 초청녹차(炒青綠茶), 홍청녹차(烘青綠茶), 쇄청녹차(晒青綠茶), 증청녹차(蒸青綠茶)로 구분할 수 있다.

초청녹차는 초건(炒乾)이라 하여 살청과정처럼 솥에다 덖는 것처럼 건조하는 방법이다. 가장 대표적인 초청녹차는 용정차, 벽라춘, 신양모첨이다.

홍청녹차는 홍건(烘乾)이라 하여 숯불 위에서 건조하는 방법이다. 가장 대표적인 홍청녹차는 황산모봉, 태평후괴, 육안과편, 안길백차이다.

쇄청녹차는 햇빛에 널어 건조하는 방법으로 보이차(普洱茶)의 원료인 보이모차(普洱毛茶)를 만들 때 주로 사용하는 방법이다. 보이모차란 '미완성품'이란 뜻으로 '1차 가공된 반제품 잎차'를 뜻한다.

미완성품을 모차(毛茶)라고 하며, 종자나 접목을 위한 나무는 모수(母樹)라고 한다. '모'의 한자가 다르다.

증청녹차는 증청의 방법으로 살청한 후, 홍건으로 건조한 차를 말한다. 가장 대표적인 증청녹차는 호북성의 은시옥로(恩施玉露)와 일본의 전차(煎茶), 한국의 옥로차(玉露茶) 등이 있다.

건조과정까지 마친 차를 초제차(初制茶), 모차라고 한다. 초제차까지 만들면 차의 등급이 대부분 결정된다.

〈표 9-2〉 건조방법에 따른 차의 구분

살청방법	건조방법	차의 구분
초청	초건	초청녹차
	홍건	홍청녹차
	쇄건	쇄청녹차
증청	홍건	증청녹차

5) 선별(選別) 및 줄기 제거

전통적인 방법과 기계를 이용하는 방법 등을 사용하여 불필요한 줄기와 불순물 등을 제거한다.

6) 재건조

재건조는 복화(復火)라고도 하나, 복화는 과거 명칭이다.

함수량 6~7% 정도로 건조시키며, 수출할 때는 7.5%로 건조하는데, 아미노산 유지를 위해 함수량이 조금 높은 편이다. 참고로, 한국녹차는 4~5% 정도로 건조한다. 재건조까지 마치면, 정제차가 된다.

3. 대표적인 녹차

1) 서호용정(西湖龍井)

청나라 6대 황제 건륭(乾隆; 1736~1795)이 가장 좋아한 차로, 건륭황제가 강남(江南) 지역으로 순행(巡行)을 나왔다가 서호 근처에서 용정차를 맛보게 되면서 유명해졌다. 건륭황제 때문에 서호 지역에 18그루의 어차수(御茶樹: 황제의 차나무)가 지정되었다. 서호는 큰 호수의 이름으로 가장 좋은 용정차는 사봉용정(獅峰龙井), 두 번째로 좋은 용정은 매가오용정(梅家塢龍井), 나머지는 모두 서호용정으로 불린다.

차를 우릴 때는 그 지역의 물이 제일 좋다.

용정차는 특히 서호에 있는 천(川)인 호포천(虎砲泉)으로 우리면 그 맛이 일품이어서 중국인은 호포천과 용정차를 합하여 杭州双绝(항주쌍절)이라고 한다.

용정차는 '아'가 길고 잎이 작아야 좋은 차이며, 약간 노란색을 띠는 게 좋으며, 맑은 색과 은은한 향, 달콤한 맛이 일품이다.

〈표 9-3〉 서호용정차의 특징

생산지역		절강성(浙江省) 항주시(杭州市) 서호(西湖)
분류		(대표적인) 초청녹차
특징	채엽	1아 1엽
	건엽 & 엽저	(건엽) 편편형*, 비취색 / (엽저) 약간 노란색, 튼실
	탕색	황녹색
	향	은은한 향, 콩과 같은 두향, 판율향(삶은 밤에서 나는 향)
	맛	맑은 색(선상, 농욱)

* 편편형: 납작하고 편평한 형태

용정차 납작한 편형으로 비취색이 돋보인다.

2) 동정벽라춘(洞庭碧螺春)

육우(陸羽): 당나라 때의 인물로 차의 모든 것을 집대성한 『다경(茶經)』을 저술하였다.

동정산은 육우 때부터 차 재배지로 기록이 남아 있는데, 과일나무를 많이 심은 곳으로 차나무도 과일나무 사이에 있다. 동정산에서 생산된 차는 하살인향차(唬煞人香茶)라고 먼저 불렸다. 한자 그대로 해석하면, 사람을 죽일 만큼 깜짝 놀랄 정도로 향이 좋다는 뜻이다. 차나무와 과일나무가 함께 자라다 보니, 과일향과 꽃향이 풍부하며 맛도 훌륭해서 하살인향이라 붙여졌었다. 어느 날, 청나라 강희황제(건륭황제의 할아버지)에게 하살인향차를 드렸더니 차는 너무 맛있으나, 이름이 고상치 못하다 하여 '벽라춘(碧螺春)'으로 지어 주었다.

벽라춘은 백호(白毫: 하얀 솜털)가 많을수록 좋은 차이며, 백호로 인해 탕색이 뿌옇게 보인다.

용정차가 화려하다면, 백호는 부드러운 것이 특징이다.

〈표 9-4〉 동정벽라춘의 특징

생산지역		강소성(江蘇省) 소주시(苏州市) 오현(吳縣) 태호(太湖) 동정산(洞庭山)
분류		초청녹차
특징	채엽	1아 1엽
	건엽 & 엽저	(건엽) 권곡형*, 백호로 인해 은녹색 / (엽저) 여린 녹색, 균정
	탕색	연한 녹색이나 백호로 인해 탕색이 뿌옇게 보임
	향	맑은 청향
	맛	신선, 순후, 단맛

* 권곡형: 마치 소라처럼 구부러진 형태

벽라춘 소라와 같이 구부러진 권곡형으로 찻잎에 백호가 보인다.

벽라춘은 백호 때문에 탕색이 뿌옇고, 위에 백호가 떠있는 것이 보인다.

3) 신양모첨(信陽毛尖)

신양모첨은 역사가 가장 오래된 명차로 장수(長壽)의 의미가 있다. 중국 역사상 유일무이한 여성 황제인 측천무후(則天武后)가 황실공차로 올라온 신양모첨을 마시고 머리가 맑아지며 병세가 호전되었다는 얘기가 전해져 오고 있으며, 녹차 중에서도 피로회복과 면역력 강화에 도움이 되는 것으로 알려져 있다. 또한, 당나라의 육우와 송나라의 대문호인 소동파(蘇東坡)도 신양모첨을 녹차 중 최고라고 칭송하였다. 모첨(毛尖)이라는 이름에서도 알 수 있듯이, 신양모첨의 모양은 바늘처럼 뾰족하다. 신양모첨은 반드시 명전 전에 '아'를 채엽해야 하기 때문에 채엽이 어렵고, 가격이 비싸다.

중국 북송 시대의 시인이자 문장가, 학자, 정치가이다.

2007년부터 신양모첨을 연구 및 개발하여 '신양홍(信阳红)'이라는 홍차를 만들어 선보이고 있다. 4월 말 정도에 만들며, 신양모첨에 있는 백호가 홍차가 되면서 금호(金毫)로 바뀌어 단아(單芽)가 마치 금아(金芽)로 보여 매우 아름답다.

〈표 9-5〉 신양모첨의 특징

생산지역		하남성(河南省) 신양시(信陽市)
분류		초청녹차
특징	채엽	단아(반드시 명전 전에 채엽해야 함)
	건엽 & 엽저	(건엽) 침형*, 가늘고 곧으며 녹색 / (엽저) 여린 녹색, 균정
	탕색	연한 녹색
	향	달콤한 향
	맛	신선, 청량

* 침형: 바늘과 같은 모양

신양모첨 찻잎의 형태가 바늘처럼 생긴 침형이다.

신양홍 2007년부터 신양모첨을 연구 및 개발한 홍차

4) 황산모봉(黃山毛峰)

중국의 명산 황산에서 재배되며, 짙은 안개가 많이 끼는 황산의 기후적 특징으로 인해 '운무에 싸여 자란다' 하여 운무엽(雲霧葉)이라고도 불린다.

황산모봉은 어엽금황(魚葉金黃)이 특징인데, 여기서 어엽(魚葉)은 봄에 나오는 최초의 새싹을 뜻하고, 금황은 살청과정에서 찻잎을 고온으로 덖으면서 어엽이 노란색으로 변하여 마치 금색으로 보이게 된 것을 표현한 것이다. 즉, 어엽금황은 1아 1엽에서 제일 먼저 나온 찻잎을 함께 채엽하여 아주 작게 붙어 있는 잎이 제다과정에서 금색으로 변한 것이다.

황산모봉은 대표적인 홍청녹차로 홍건의 방법으로 건조하여 숯불향이 은은하게 나며, 길게 우려도 쓰거나 떫지 않다(초청녹차는 길게 우리면 쓰거나 떫을 수 있음).

〈표 9-6〉 황산모봉의 특징

생산지역		안휘성(安徽省) 황산시(黃山市)
분류		(대표적) 홍청녹차
특징	채엽	단아, 1아 1엽, 1아 2엽
	건엽 & 엽저	(건엽) 난화형, 작고 여리며 백호 많음 / (엽저) 황록색
	탕색	연한 녹색. 좋은 황산모봉은 백호로 인해 상아색으로 보임
	향	난초향, 꽃향
	맛	단맛, 신선하고 부드러움

황산모봉 백호로 인해 건엽에 상아색이 보인다.

황산모봉 탕색

5) 태평후괴(太平猴魁)

태평후괴는 황산시 황산의 해발 600~800m 지역에서 생산되며, 관목형이나 찻잎이 큰 대엽류로 분류된다. 해발이 높은 산간이다 보니, 예전부터 원숭이가 많이 서식하여 후갱(猴坑)이라고 불렀다고 한다. 태평후괴는 살청 후 정형의 과정을 거쳐 다시마와 같이 매우 큰 찻잎 형태가 된다. 찻잎을 한 장씩 모두 수작업으로 제다를 해야 하기 때문에 유념의 개념이라기보다 사람이 하나씩 모양을 정리하는 '성형(成形)'의 개념으로 보아야 한다. 또한, 기계로 태평후괴를 만든 경우 모양이 살아 있지 않다. 모양만으로도 차의 등급을 알 수 있다. 찻잎의 형태는 매우 곧고 편평한 형태이기 때문에 반드시 긴 유리잔에 우려서 마셔야 한다.

태평후괴의 가장 큰 효능은 목에 좋다는 것이다. 기침을 멎게 하고 가래를 없애 인후염 같은 질환의 증세를 완화해 준다. 1915년에 열린 파나마 만국 박람회에서 최고상인 금상을 받으면서 해외에까지 그 이름이 알려졌다.

〈표 9-7〉 태평후괴의 특징

생산지역		안휘성(安徽省) 황산시(黃山市) 태평현(太平縣) 후갱(猴坑)
분류		홍청녹차
특징	채엽	1아 2엽으로 줄기까지 채엽
	건엽 & 엽저	(건엽) 난화형 / (엽저) 황록색, 튼실
	탕색	연한 녹색
	향	난꽃향, 꽃향
	맛	단맛, 농후

(좌) 수작업으로 건조한 태평후괴 찻잎 (우) 기계로 건조한 태평후괴 찻잎 수작업과 기계작업의 차이를 쉽게 확인할 수 있다.

6) 육안과편(六安瓜片)

녹차 중 유일하게 '아'가 없는 차로 '잎'으로만 차를 만든다. 잎으로만 차를 만들다 보니, 형태는 곧고 긴결하며, 마치 해바라기씨같이 보인다. 또한, 명전차가 없는 것이 특징이다.

홍청녹차인 육안과편은 숯불에서 건조를 하는데, 바구니에 차를 넣고 숯불 위를 100번 정도 왔다 갔다 하며 건조하기 때문에 약간의 '탄내'가 느껴진다.

〈표 9-8〉 육안과편의 특징

생산지역		안휘성(安徽省) 육안시(六安市)
분류		홍청녹차
특징	채엽	단엽(엽만 채엽함)
	건엽 & 엽저	(건엽) 편형(긴결함)* / (엽저) 녹색의 약간 노란색
	탕색	녹황색
	향	홍청녹차에 느껴지는 약간의 '탄내', 꽃향이 풍부
	맛	신선, 상쾌, 깔끔

* 편형: 해바라기씨 혹은 참외씨와 비슷한 모양, 과편형이라고도 함

육안과편 육안과편은 잎으로만 차를 만들기 때문에 아(牙)는 보이지 않는다.

4. 녹차 즐기는 방법

① 녹차는 유리잔에 주로 우려서 마신다. 다른 차와는 달리 1인 1유리잔이라고 생각하면 되겠다.

② 녹차를 우리는 온도는 80℃ 정도로 아미노산이 잘 우러날 수 있도록 물을 끓인 후 한 김 식혀서 사용하는 것이 좋다.

③ 녹차를 우리는 방법은 크게 상투법, 중투법, 하투법으로 나눠진다.

〈표 9-9〉 녹차 우리는 방법

구분	우리는 방법	차의 종류
상투법	– 물을 부은 다음, 차를 넣는다.	벽라춘, 신양모첨
중투법	– 유리잔에 물을 1/3 정도 붓고 차를 풀어 준 뒤, 다시 물을 부어서 채워 준다. – 향기를 더 느끼고 싶을 때	용정차
하투법	– 차를 먼저 넣고 물을 부어 준다.	태평후괴, 육안과편

백호가 많은 차는 상투법이 적절한 방법이나, 만약 하투법으로 우리게 되면 백호로 인해 탕색이 뿌옇게 보일 수 있다. 맛에는 큰 차이가 없기 때문에 혼자 즐길 때에는 큰 문제가 없지만, 손님 혹은 고객에게 서비스를 할 때에는 반드시 상투법으로 우려서 드리도록 한다.

① 유리잔에 뜨거운 물을 붓는다.

② 잔을 돌리면서 유리잔을 데워 준다.

③ 유리잔에 찻잎을 넣고 물을 부어 준다.

하투법으로 녹차 우리는 방법

녹차는 유리잔에 우려서 1인 1잔으로 즐긴다.

Water & Tea

10 CHAPTER 차의 종류- 황차(黃茶)

1. 황차의 특징

황차는 명나라 때부터 등장한 차류 중 하나로, 오룡차나 홍차와 같이 찻잎이 가지고 있는 산화효소의 작용으로 산화된 것이 아니라 '민황(悶黃)'이라는 특별한 과정으로 인하여 만들어진 경발효차(3~10% 미만으로 발효)이다. 즉, 폴리페놀과 공기가 접촉하여 일어난 반응으로 산화가 된 것이 아니라, '열화'작용으로 산화된 것이다.

황차의 유래를 보면 처음엔 차의 색으로 분류한 것이 아니라 황제에게 진상하는 최고급의 녹차나 백차를 뜻하는 말이었다. 그러나 녹차를 만드는 과정에서 잘못 만들어서 황차가 탄생하게 되었다. 녹차와의 가장 큰 차이점은 민황이라는 제다과정이다. 민황이란 유념을 마친 차를 좋은 종이에 싸서 방치해 두는 과정을 말하며, 민황의 시간과 발효도에도 차이가 있는데, 이러한 차이에 따라 습배와 건배로 구분된다.

황차의 가장 큰 특징은 찻잎도 황색, 찻물도 황색, 우린 찻잎도 황색을 띠고 있어 삼황차(三黃茶)라고도 하며, 황탕황엽(黃湯黃葉)이라고도 한다. 황차는 단맛이 좋고 맑고 부드러운 맛과 향으로 자주 음용해도 위에 부담이 없는 차이다.

중국의 유명 황차는 군산은침(群山銀針), 곽산황아(霍山黃芽) 등이 있다.

2. 황차의 제다과정

1) 채엽

채엽시기는 보통 4월 중순을 기준으로 채엽한다.

황아차(黃芽茶)는 단아, 1아 1엽, 1아 2엽을 채엽하며, 녹차와 같은 기준으로 한다.

황소차(黃小茶)는 1아 3~4엽을 채엽하고, 황대차(黃大茶)는 1아 4~5엽을 채엽한다.

2) 살청

녹차와 같이 초청방식으로 살청하며, 산화효소를 비활성화시킨다.

3) 유념

찻잎을 부드럽게 비벼 찻잎을 성형하는데, 유념 후에는 '차즙'이 많이 나와 있는 상태이다. 단아로 채엽한 경우 유념을 거의 하지 않거나, 하더라도 매우 짧게 실시한다.

4) 민황(悶黃)

황차에서는 민황(悶黃)이 가장 중요한 제다과정이다. 민황(悶黃)의 '민(悶)' 자의 한자를 보면, 문 문(門)과 마음 심(心)의 조합으로 문이 닫혀 답답하다는 의미로 해석할 수 있다.

즉, 민황이란 유념까지 마친 차를 좋은 종이에 싸서 짧게는 하루(24시간), 길게는 3~4일(72~96시간)동안 방치해 두는 과정을 말한다. 종이에 싸인 차는 찻잎에 남아 있는 수분으로 호흡하면서 열이 발생하고, 열이 밖으로 나가지 못해 약한 발효과정을 거치면서 황색으로 변하게 되는 것이다. 민황을 거쳐야만 황차만의 특징(삼황, 三黃)을 지니게 된다.

민황을 할 때 사용하는 종이는 우피지, 크래프트지를 주로 사용하나 최근에는 대나무로 만든 종이도 사용하고 있다.

잘 만든 황차는 쓰지 않고 떫지 않은데, 그 이유는 '열'로 인해 '당' 성분이 나오기 때문이다.

민황의 정도에 따라 발효도에도 차이가 있으며, 습배와 건배로도 구분된다.

습배는 습하게 민황을 하는 것인데, 약 하루(24시간) 정도 두는 것이다. 이때 발효도는 약 10%이며, 습배민황을 하게 되면 홍차와 비슷한 느낌이 난다.

건배는 건조하게 민황을 하는 것인데, 약 3~4일(72~96시간) 정도 두는 것이다. 건배는 발효가 천천히 진행되며, 이때 발효도는 약 3% 정도이고 녹차와 비슷한 느낌이 난다. 황아차는 거의 대부분 건배민황으로 제다한다. 건배민황으로 제다된 황차의 건엽을 보면 오래된 녹차같이 보이는데, 이런 황차가 좋은 황차이다.

〈표 10-1〉 민황의 정도에 따른 황차의 구분

구분	습배민황	건배민황
발효도	약 10%	약 3%
발효기간	하루(24시간)	3~4일(72~96시간)
제다과정	채엽 → 살청 → 유념 → 민황 → 건조	채엽 → 살청 → 유념 → 건조 → 민황
특징	홍차와 비슷	녹차와 비슷

6) 건조

차의 저장성을 높이고 향미 변화를 최소화할 수 있도록 건조한다.

3. 대표적인 황차

1) 군산은침(群山銀針)

황차 중 가장 대표적이며, 품질이 뛰어난 명차 중 하나인 군산은침은 호남성(湖南省) 동정호(洞庭湖)에 위치한 군산(群山)이라는 섬에서 생산되는 차이다. 특히, '아'만 채엽하여 만든 바늘 모양(針)의 차로 외형은 황금색의 도톰한 모양으로 솜털이 많이 나있다. 군산은침의 기준은 '아'가 얼마나 직선 형태인지에 따라 판단한다.

탕색은 녹황색이고 향이 상쾌하며, 맛이 달고 개운하여 귀한 차로 전해지며, 생산량이 매우 적다. 군산에서는 원래 녹차를 생산하다가 후대로 가면서 황차로 바뀌어 황차의 대표적인 차로 '황차의 여왕'으로 불리며, 1959년에 중국 10대 명차(銘茶)로 선정되었다. 청나라 건륭황제는 군산은침을 무척 즐겼으며, 특히 모택동(毛澤東)이 가장 즐겼던 차이다.

'단아'로 채엽할 경우에는 다음의 조건을 만족해야 좋은 황차라고 할 수 있다. 첫째, 찻잎이 튼실해야 한다. 둘째, 차에서 윤기가 있어야 한다. 셋째, 차를 우리고 난 뒤 단맛이 나야 한다(옥수수차에서 느낄 수 있는 단맛).

군산은침은 '은침'이기 때문에 긴 유리잔에 우려야 제대로 맛을 즐길 수 있는데, 이때 찻잎이 3번 올라가고 3번 떨어진다고 하여 '삼기삼락(三起三落)'이라고 표현하며, 삼기삼락은 군산은침에서만 사용하는 표현용어이다.

〈표 10-2〉 군산은침의 특징

생산지역		호남성(湖南省) 악양시(岳阳市) 군산도(君山島)
분류		황차
특징	채엽	단아
	건엽 & 엽저	(건엽) 침형, 비취색 / (엽저) 약간 노란색, 튼실
	탕색	녹황색, 황량(황색이며 명량한 색)
	향	첨향(옥수수 같은 향), 단향
	맛	상쾌하고 깨끗한 향

2) 곽산황아(霍山黃芽)

안휘성(安徽省) 곽산현(霍山縣)에서 생산되는 황차이며, 황아차 중 생산량이 가장 많다. 군산은침보다 민황 정도가 짧아서 더 녹차와 같은 느낌이 난다.

〈표 10-3〉 곽산황아의 특징

생산지역		안휘성(安徽省) 곽산현(霍山縣)
분류		황차
특징	채엽	1아 2엽
	건엽 & 엽저	(건엽) 침형, 여린 녹색 / (엽저) 황록색, 균정
	탕색	황색
	향	두향, 판율향
	맛	단맛

2) 몽정황아(蒙頂黃芽)

중국 사천성(四川省) 서부 야안시(雅安市)에 위치한 몽산(蒙山)에서 생산되며, 당나라 문헌에 처음 등장한 이후로 명, 청대까지 황제에게 진상되었다.

몽정황아의 채엽 기준은 단아, 1아 1엽으로 맑은 향기가 오랫동안 지속되고 그 맛은 달고 신선하며 우려낸 차 빛은 황금색을 띤 녹색이며, 차의 외관은 잎 하나가 완전한 모양을 하고 있는데 고산차(高山茶)의 특징인 가는 바늘 모양의 찻잎이 백호에 둘러싸여 있다.

〈표 10-4〉 몽정황아의 특징

생산지역		사천성(四川省) 야안시(雅安市) 몽산(蒙山)
분류		황차
특징	채엽	단아, 1아 1엽
	건엽 & 엽저	(건엽) 침형, 여린 황색 / (엽저) 녹황색, 균정
	탕색	여린 황색
	향	은은하게 달콤한 향
	맛	순후, 상쾌, 단맛

3) 그 외 황차

(1) 황소차

1아 3~4엽으로 채엽하며, 호남성에서 생산하는 위산모첨, 북항모첨이 있으며, 절강성에서 생산하는 평양황탕, 온주황탕이 있다.

(2) 황대차

1아 4~5엽으로 채엽하며, 안휘성에서 생산하는 곽산황대차로 확산황아를 만든 뒤 더 큰 잎으로 만드는 차로 줄기가 많다. 광동성에서 생산하는 광동대엽청도 있다.

(3) 황차모첨

호남성에서 군산은침을 만들고 습배민황으로 황소차 정도로 만드는 차이다.

군산은침 침형으로 건엽에서는 비취색이 감돈다.

곽산황아 민황 정도가 짧은 곽산황아는 건엽에서 녹차와 비슷한 느낌이 난다.

몽정황아 1아 1엽의 침형으로 여린 황색을 띠고 있다.

곽산황대차 1아 4~5엽을 채엽하여 만들다 보니, 줄기가 많이 보인다.

4. 황차 즐기는 방법

① 황차는 녹차처럼 우리는 물의 온도를 따로 낮추지 않아도 되며, 끓인 물로 우리면 된다.

② 유리잔에 하투법으로 우려서 마신다. 완전히 어린 '아'가 아니기 때문에 하투법으로 우리면 된다.

Water & Tea

11 CHAPTER 차의 종류- 백차(白茶)

1. 백차의 일반적 특징

당 · 송시기에 등장한 백차(白茶)는 백화품종에서 채엽하여 제다한 차(茶)로 명나라 때부터 본격적으로 생산하기 시작하였다. 송대(宋代)의 휘종(徽宗)황제가 저술한 『대관다론(大觀茶論)』을 살펴보면 백화품종은 다른 차나무의 종류와 다르며, 절벽에서 자생하기 때문에 재배하기도 어렵고 제다하기도 어려워 백차를 귀한 차로 높이 평가했다.

명나라 때의 본초학자 이시진(李時珍; 1518~1593)이 집필한 약학서 『본초강목(本草綱目)』에 등장한 백차는 6대 차류 중 약효가 가장 좋으며, 소아홍역과 같이 열을 내릴 때 특히 효과가 탁월한 것으로 설명하였다.

백차는 쓰지 않고 떫지 않은 맛과 약효가 좋은 특징으로 인해 중국 6대 차 중 가장 큰 성장을 하고 있다. 그 이유로 2010년 베이징에부터 시작된 백차 소비 증가의 이유는 오래 숙성된 백차인 '진차(陳茶)'가 '1년 되면 차, 3년 되면 약 그리고 7년 되면 보물'이라는 풍조가 유행하면서부터 크게 늘어났다. 또한, '7년 되면 보물'이라는 유행으로 백차도 보이차와 같이 오래 보관, 유통할 수 있는 병차 형태로 생산하기도 하지만, 품종의 특징(소교목형 중엽종이기 때문)으로 인해 오랫동안 보관하여도 가치가 높아지지는 않는다.

> 찻잎을 원형 틀에 눌러 떡 모양으로 만들어서 굳힌 차의 형태

발효도는 3~15% 미만으로 경발효차이며, 햇차의 경우 3%, 노백차인 경우 10~15%로 햇차인지 노백차인지 연도에 따라 발효도를 달리하고 있다.

6대 차류 중 제다과정이 가장 간단한 백차(白茶)는 찻잎을 뒤덮은 흰 털(白毫, 백호)로 인해 미묘한 색과 맛, 향, 그리고 열을 식히는 차가운 성질을 가지고 있어 여름에 마시면 좋다.

중국의 유명 백차는 백호은침(白毫銀針), 백모단(白牡丹), 공미(宫眉), 수미(寿眉) 등이 있다.

2. 백차의 주요 산지 및 생산지역

백차의 대표적인 산지는 복건성(福建省), 운남성(雲南省), 안휘성(安徽省)이 있다.

복건성은 백차의 원산지로 복정(福鼎)과 정화(政和)지역에서 주로 생산된다. 복정 태모산(太姥山)에 백차 모수가 있으며, '녹설아(绿雪芽)'라는 차나무에서 생산된다. 녹설아는 원래 백차 이름이었지만 지금은 사용하지 않는다. '정화' 지역명은 송나라 휘종이 직접 지어 준 지역명이다. 따라서 정부 제한으로 시장에서 정화백차는 많이 볼 수 없는 단점 때문에 차시장에서 거의 대부분이 '복정백차'이다.

월광백 아는 흰색의 달빛과 같고, 엽은 검은색의 밤하늘과 같다 하여 붙여진 이름

운남성에서는 최근에 대엽종으로 백차를 만들기 시작하였다. 운남성에서 1아 1엽으로 만든 최초의 백차를 생산하였는데, 아는 흰색의 달빛과 같고, 엽은 검은색의 밤하늘과 같다 하여 '월광백(月光白)'으로 지어졌다. 그러나 현재는 잘 만들지 않는다.

안휘성에서도 백차를 생산하고 있으나, 가장 대표적인 녹차 생산지역이다 보니 백차도 녹차스럽게 생산하고 있다. 그러나 인정은 크게 받지 못하고 있다.

3. 백차품종

백차를 만드는 품종은 백화품종으로, 그중에서도 어떤 품종으로 만드느냐가 매우 중요한 요인이다. 백차나무는 소교목형으로 복정 지역의 경우 차나무의 외형은 비장(肥壯)해야 한다. 그러나 정화지역의 차나무는 조금 가늘고 길게 생긴 외형적 특징이 있다.

녹차는 생산지역이 가장 중요한 요인이다.

백차품종은 크게 대백품종(대백차), 소백품종(소백차), 수선백 등이 있다.

대백품종은 백차를 만드는 오리지널 품종으로 복정대백, 정화대백, 복안대백, 복운6호 등이 있다. 대백품종으로 생산하는 차는 백호은침, 백모단, 수미 등이 있다.

복안 지역은 복정과 정화 사이에 위치하고 있다.

복건성과 운남성 차나무가 접목된 품종이다.

소백품종은 야생차, 채차(야생종) 품종으로 생산하는데, 품종이 고르지 못하다. 소백품종으로 생산하는 차는 공미이다.

수선백은 수선품종으로 생산하는 백차를 말한다.

4. 백차의 제다과정

백차는 6대 차류 중 가장 간단한 제다과정을 거쳐서 생산되는데, 제다법이 간단할수록 카페인 함량도 높은 것으로 알려져 있다.

카페인은 찻잎이 클수록, 제다법이 간단할수록 높다.

1) 채엽

특급 백호은침은 초봄 처음 갓 올라온 아직 펴지 않은 새싹을 채엽하고, 상처 혹은 병충해로 손상이 없는 것만을 사용한다. 채엽방법에 따라 백아차와 백엽차로 구분되는데, 백아차는 '아'만을 채엽하는 것이 아니라, 엽을 채엽하고 '아'를 추출하는 것이다. 남은 찻잎으로 공미를 만든다. 이처럼 백차는 수확하는 것이 까다로워 수확량이 매우 적기 때문에 하루 채엽한 약 4,500개의 찻잎으로 약 500g을 생산할 수 있다.

백아차의 가장 대표적인 차가 백호은침(白毫银针)이며, 단아로만 생산한다.

백엽차의 대표적인 차가 백모단(白牡丹), 공미(宫眉), 수미(寿眉)이다. 백모단은 1아 1~2엽으로 채엽하고, 공미 혹은 수미는 1아 2~3엽으로 품질 면에서는 공미가 수미보다 좋다.

2) 위조(萎凋, 시들리기)

위조는 백차의 제다과정에서 가장 중요한 과정으로, 찻잎을 시들리는 방법이다. 시들린다는 것은 수분을 날리는 과정이라고 생각하면 된다. 또한, 산화효소에 의해 완만한 발효를 일으킨다.

위조 방법으로는 실외위조와 실내위조, 복식위조 등의 방법이 있는데, 온도와 습도에 주의해야 한다.

실외위조는 야외에서 햇빛(일광욕)으로 위조하는 방법이다. 실내위조는 기계(건조기) 혹은 실내에 있는 위조대에서 위조하는 방법이다.

복식위조는 실외와 실내를 번갈아가면서 위조하는 방법으로 위조는 날씨와 기후에 따라 실내에서 위조할지 실외에서 할지를 결정한 후, 방법에 따라 시간을 조절해야 한다.

찻잎에 수분이 너무 많으면 차맛이 없기 때문에 찻잎의 수분이 30% 정도 남았을 때 건조를 시작한다.

3) 건조

날씨가 좋다면 자연 상태에서 계속해서 건조시키지만 부적절한 경우에는 기계로 건조하여야 한다. 건조의 방법은 자연건조와 날씨로 인한 기계건조의 방법이 있다.

이처럼, 백차의 경우 채엽 → 위조 → 건조의 가장 단순한 방법으로 제다되는데, 요즘은 위조 후 유념을 가볍게 하는 백차도 생산하고 있다. 유념을 가볍게 실시한 백차의 경우 발효도가 조금 높고, 색깔도 조금 진한 것이 특징이다.

5. 대표적인 백차

1) 백호은침(白毫銀針)

백호은침의 역사는 확실하지 않으나 청나라 1796년에 복건성(福建省)에서 처음 만들었다고 한다. 특히, 복건성(福建省) 태모산(太姥山)에서 생산되는 것이 바로 백호은침(白毫銀針)이다.

백호은침이 유명한 지역은 복정(福鼎)과 정화(政和)이다. 복정현에서 만드는 백화은침을 북로은침(北路銀針)인 복정대백차(福鼎大白茶)라고 하였고, 정화현에서는 남로은침(南路銀針)인 정화대백차(政和大白茶)라 하였다. 정화대백차는 1889년부터 생산되고 있다.

백호은침의 특징은 바늘 침 모양의 싹으로 만드는 차로 차 모양이 바늘 침 같아서 붙여진 이름이다. 백차 중에서도 최고급품으로 봄에 나온 어린싹만 따서 만들기 때문에 찻잎 표면에 흰색 솜털이 붙어 있어 은백색을 나타낸다. 찻잔에 물을 부으면 찻잎이 하나씩 세워져 마치 꽃잎이 춤을 추는 듯 아래위로 오르내리는 모양이 매우 우아하다.

백호은침의 채엽방법은 세 가지가 있다.

가장 특급의 백호은침은 단아만 채엽하는데, 채엽한 찻잎에서 단아를 추출하는 방법은 추침(抽針)과 박침(剝針)이 있다.

추침은 1아 2엽으로 채엽한 후 '아'만 추출하는 경우이다. 아를 추출한 추 나머지 잎으로 수미를 주로 생산한다.

박침은 1아 2엽으로 채엽한 후 잎을 따로 벗기는 방법인데, 이런 경우 줄기가 길어지므로 특급 백호은침은 아니다.

이처럼 까다로운 백호은침은 채엽할 때 피해야 할 10가지라 하여 백호은침 10불채(不採)가 있는데, 다음의 〈표 11-1〉와 같다.

황색아인 경우 아미노산 함량이 높다.

〈표 11-1〉 백호은침의 '10불채(不採)'

	10불채(不採)	이유
1	비가 오는 날	수분 때문
2	이슬이 많은 날	
3	싹(芽, 아)이 마른 것	영양 불량
4	자색아(찻잎 색깔이 보라색)	폴리페놀 함량이 높아짐(색깔이 진하고, 쓴맛이 많아짐)
5	바람에 부딪힌 싹(芽, 아)	'아'가 상처나서 좋지 않음. 상처가 나게 되면, 자연발효가 일어나기 때문에 좋은 차를 만들 수 없다.
6	부딪힌 싹(芽, 아)	
7	벌레가 먹은 싹(芽, 아)	
8	속이 열린 싹(芽, 아)	채엽시기를 놓친 싹(芽, 아)
9	속인 빈 싹(芽, 아)	
10	병이 든 싹(芽, 아)	

〈표 11-2〉 백호은침의 특징

생산지역		복건성(福建省)의 복정(福鼎)과 정화(政和) 운남성(雲南省), 안휘성(安徽省)	
분류		백차	
특징	채엽	단아	
	건엽 & 엽저	(건엽) 침형, 백호로 뒤덮여 있어 은백색 또는 은회색 (엽저) 여리고 튼실, 색이 밝음	
	탕색	3년된 백차– 행황(杏黃), 행백(杏白) (옅은 살구색의 느낌)	
	향	백호향(솜털향이 뚜렷함)	
	맛	복정 지역 : 단맛, 부드러움	정화 : 깔끔, 산뜻, 청량감

백호은침 침형으로 제다된 백호은침은 백호로 뒤덮힌 건엽을 볼 수 있다.

2) 그 외 백차

(1) 백모단(白牡丹)

백모단은 1아 2엽으로 채엽하며, 새싹과 찻잎까지 백호로 덮여 있는 부드러운 찻잎만을 사용한다. '백모단(白牡丹)'은 초록 잎에 둘러싸인 하얀 싹을 모란에 비유하여 붙여진 이름으로 '아'가 많이 보인다면, 품질이 좋은 백모단으로 장기보관해도 무방하다.

(2) 공미(宮眉), 수미(寿眉)

공미와 수미를 크게 구분하여 판매하고 있지는 않다.

노백차는 특별히 정해진 기준이 있는 것은 아니나, 일반적으로 3년 이상된 백차(긴압차 포함)를 노백차라고 한다. 이러한 노백차는 대부분 수미로 생산된다.

수미는 우려서 마시는 것보다 끓여서 마시면 훨씬 더 맛있는 것이 특징이다.

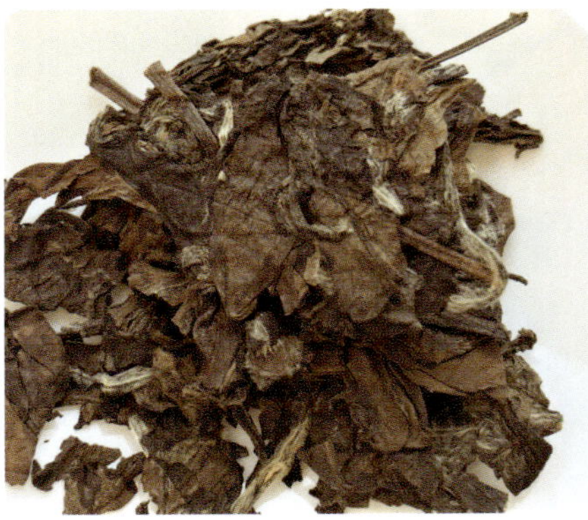

수미 마치 건엽이 낙엽처럼 보이지만, 우려서 마시면 부드러우면서 구수한 맛으로 편안하게 즐길 수 있다.

노백차 노백차는 3년 이상 된 백차를 말하며, 오래 보관하기 위해 병차 모양으로 만들었다. 백차는 1년이면 차, 3년이면 약, 7년이면 보물이라 할 만큼 건강에 좋다.

6. 백차 즐기는 방법

① 백차는 유리잔 혹은 개완을 이용한다.

② 유리잔을 이용할 경우는 1인 1잔으로 마시고, 개완을 이용할 경우에는 공도배와 찻잔을 이용하여 즐기면 된다.

③ 백차는 95℃ 정도의 뜨거운 물로 우려서 마신다.

개완(蓋碗)

개완(蓋碗)은 중국에서 주로 사용하는 다구(茶具) 중 하나이다. 개완은 대부분 도자기로 만들기 때문에 차의 맛과 향을 그대로 느낄 수 있으며(객관적인 평가도 가능), 찻잎을 잘 관찰할 수 있는 특징이 있다.

개완은 뚜껑(하늘을 뜻함), 찻잔(사람을 뜻함), 받침(땅을 뜻함)이 한 세트로 삼재완(三才碗)으로 불리기도 한다. 개완의 가장 큰 장점은 뚜껑에 차의 향이 모인다는 것이다. 개완은 받침이 있는 것과 없는 것이 있는데, 과거에는 받침이 있는 것은 마시는 용도, 받침이 없는 것은 우리는 용도로 사용되었다. 그러나 현재는 받침이 있는 개완도 우리는 용도로 사용하고 있다. 개완은 거의 모든 차에 사용할 수 있다.

※ 개완을 사용하여 차를 마시는 방법은 220p의 내용을 참고

개완의 종류 (좌) 받침이 있는 개완: 찻잔의 용도, (우) 받침이 없는 개완: 차를 우리는 용도

다양한 무늬의 개완 및 다구

Water & Tea

12 CHAPTER 차의 종류- 오룡차(烏龍茶)

1. 오룡차의 특징

오룡차는 발효도가 15~75%로 반발효, 혹은 부분발효차라고 할 수 있다. 발효도의 범위가 매우 큰만큼 생산되는 종류도 매우 다양하다. 생산지역, 차나무의 종류, 채엽시기, 산화과정, 살청시간과 방식, 유념하는 방식, 건조하는 방식 등에 따라 종류가 나뉜다. 이에 따라 부드럽고 꽃향[특히, 난향(蘭香)]이 나는 차부터 강하고 화공향(火功香)이 나는 차, 차를 우려낸 탕색 역시 옅은 녹색에서 암갈색에 이르기까지 매우 다양하다.

오룡차의 유래를 살펴보면, 명나라 말기에 등장하여 17세기 청나라 초기 복건성(福建城)의 한 농부에 의해 개발되었고, 1725년부터 본격적인 생산을 하여 유럽까지 수출하였다.

오룡차는 녹차와 홍차의 중간 정도의 차로 녹차와 홍차의 제다과정을 모두 겸비하고 있다. 이런 특성 때문에 '녹엽홍양변(綠葉紅鑲邊)', '삼홍칠록(三紅七綠)'이라고 하는데, 엽저를 펼쳐서 살펴보면 가운데 부분은 푸른색이고, 바깥쪽 가장자리는 붉은색으로 띠를 두른 것처럼 보이다. 푸른색이 보이는 이유는 발효가 덜 된 것이고, 붉은색이 보이는 이유는 발효가 된 것이다.

오룡차는 가장 유명한 4대 차구(四大茶區)로 구분되는데, 복건성(福建城)의 민남(閩南)과 민북(閩北), 광동성(廣東省), 대만이다. 민남과 민북의 민(閩)은 과거 복건성을 뜻하는 글자였다. 4대 차구별로 오룡차의 맛과 향, 차의 형태 등에 차이가 있으므로 제다과정을 먼저 살펴본 뒤 각 차구별 특징 및 대표적인 차에 대해 알아보도록 하자.

봉황단총(광동성 오룡차)의 엽저와 목책철관음(대만 오룡차)의 엽저 위 사진은 모두 오룡차로 생산지역은 서로 다르지만 오룡차의 특징인 녹엽홍양변과 삼홍칠록을 확인할 수 있다.

오룡차의 다양한 전설

1. 당시 소룡(蘇龍)이라는 유명한 장군이 차를 만들다가 잠시 사냥을 나갔는데, 사냥의 재미에 빠져 제다시기를 놓쳤다. 사냥에서 돌아와 제다를 하려고 보니, 생각지도 못한 아름다운 향기에 맛있는 차가 만들어져 소룡을 기념하기 위해 오룡차(烏龍茶)로 불렸는데, 특히 오(烏)는 까만색의 찻잎(건엽)에 뜨거운 물을 부으면 풀어지는 찻잎이 마치 용(龍)과 같다 하여 오룡차가 되었다는 전설이 있다.
2. 옛날 중국 복건성의 차밭에서 검은 뱀이 자주 나타나 사람들이 도망가곤 하였는데, 한 노인이 뱀을 보고, "이것은 뱀이 아니라 소룡(小龍)으로 사람을 해치기 위함이 아니라 차밭을 보호해 주려고 오는 것이다."라고 말해 그때부터 이곳의 차를 검을 흑(黑), 뱀 사(蛇)를 사용하여 흑사차(黑蛇茶)라고 불렀다. 그러나 향기와 맛에 비해 이름이 너무 볼품없다고 하여 흑(黑)과 의미가 같은 오(烏)를 사용해 오룡차(烏龍茶)라고 부르기 시작했다고 한다.

2. 오룡차의 제다과정

오룡차는 제다과정 중 병배(幷配: Blending)를 하는 경우가 많다. 채엽할 때 하는 경우도 있고, 홍배(烘焙)하기 전 혹은 홍배하고 난 후에 병배를 하기도 한다. 채엽할 때 실시하는 병배는 날씨에 따라 채엽하는 시기를 조절하는데, 채엽을 언제 했느냐에 따라 찻잎의 상태가 다르기 때문이다.

1) 채엽

오룡차의 차나무는 소교목형 중엽종 혹은 관목형 중엽류이다. 채엽은 너무 어린잎보다는 조금 자란 잎을 선호하는데, 너무 어린잎이면 제다과정에서 부서지기 때문이다.

채엽은 1아 3엽으로 품종에 따라 다르지만 대부분 4월 중하순(약 4월 20일 이후부터) 5월 초까지 실시한다. 또한, 채엽시기에 비가 오거나 날씨가 흐리면 찻잎의 수분함유량 때문에 채엽량을 조절한다.

1아 3엽

2) 위조

위조(시들리기)는 실외위조와 실내위조로 나누어 진행하며, 이 과정에서 서로 다른 효소가 순차적으로 작용하여 찻잎의 성분을 변화시킨다.

청(靑): 차에서 '청'자가 앞에 있으면, 색을 뜻한다. 그러나 뒤에 '청'자가 있으면(쇄청, 량청 등), 찻잎을 뜻한다.

실외위조는 쇄청(晒靑)이라 하여 햇볕에 위조를 시킨다. 날씨가 좋을 때 30분 정도 실시하며, 오랜 시간 두지 않는다.

실내위조는 량청(涼靑)이라 하여 서늘한 곳에서 위조를 시키는데, 쇄청 후 실내로 옮겨 량청을 하기도 하고, 날씨가 좋지 않을 때에는 실내위조만 실시하기도 한다.

실내위조대 보통은 실외에서 위조를 하지만, 날씨에 따라 실내에서 하기도 한다.

3) 주청(做靑)

주청은 오룡차에서 가장 중요한 제다과정이며, 산화의 정도를 조절하는 과정으로 다른 말로는 발효라고 설명할 수 있다.

주청은 요청(搖靑)과 정치(靜置)의 두 과정을 포함한다. 요청(搖靑)은 찻잎을 지름 1m가량의 대나무 채반에 고루 펴서 일정한 주기로 흔들어 찻잎을 마찰시켜 상처를 주어 산화를 촉진시키는 과정이며, 요청 후 가만히 두는 과정인 정치(靜置)를 통해 방향성 물질이 나오고 독특한 향미를 내게 된다.

이때 실내온도는 20~25℃, 습도는 60~85%를 유지하며, 1~4시간 간격으로 10시간에서 18시간 동안 진행한다. 찻잎 두께에 따라 주청의 강도를 조절해야 하며, 원하는 상태나 향이 나면 중단해야 하므로 작업자의 감각과 경험이 매우 중요한 비중을 차지한다.

주청을 통해 산화가 일어나면서 앞서 설명한 '녹엽홍양변(綠葉紅鑲邊)', '삼홍칠록(三紅七綠)'의 잎의 가장자리가 조금씩 붉은색으로 변하면서 중심부는 엷은 색을 띠게 된다. 이때 향의 성분이 최고조로 발생되고 찻잎도 연해진다.

주청

요청 넓은 바구니에 찻잎을 올려놓고 ∞(무한대) 모양으로 바구니를 흔든다.

요청하는 기계 요청을 수작업으로 하는 경우도 있지만, 기계로 하는 경우도 있다.

정치 요청을 멈추고 가만히 둔다.

주청(요청과 정치)을 통해 산화가 일어나 찻잎의 가장자리가 조금씩 붉게 바뀐 것을 볼 수 있다.

4) 살청

살청은 초청방식으로 온도는 220~280℃ 정도이나, 화력이 강한 솥에서 220℃로 시작하여 280℃까지 한 번에 살청을 마무리해야 한다. 한 번에 하지 않으면 풀냄새가 날 수 있다.

살청

5) 유념

찻잎의 모양을 성형하는 과정으로 조형(條形) 혹은 구형(球形)으로 찻잎의 형태가 완성된다.

일반적으로 유념을 했을 때는 조형(나뭇가지 같은 모양)으로 완성되며, 오룡차에서의 '용(龍)'은 바로 차의 형태를 표현한 단어이다. 살짝 말려 있는 경우 미권곡형이라고도 한다. 복건성의 민북에서 생산되는 무이암차, 광동성에서 생산되는 봉황단총 등이 조형이다.

구형은 거친 느낌의 동그란 공 모양인데, 포유(包揉, 천으로 싸서 유념)와 타산(打散, 차를 다시 풀어 줌)이라는 과정을 거쳐 만들어진 형태이다. 포유 정도에 따라 반구형 혹은 전구형으로 만든다. 복건성의 민남에서 생산되는 철관음은 반구형이고 대만에서 생산되는 고산차는 전구형이다.

유념 살청을 마친 찻잎을 밀가루 반죽하듯이 손안에 감싼 후, 누르고 비비는 과정이다. 유념은 찻잎을 성형하고 차즙이 잘 우러나도록 하는 역할을 한다.

유념과정의 찻잎 조금씩 산화되어 찻잎의 색깔이 변화되는 것을 볼 수 있다.

6) 건조

과거에는 숯불 위에 올려서 건조하였으나 현재는 홍건기계로 건조한다.

건조까지 마친 차는 초제차(初制茶) 혹은 모차(毛茶)라고 한다.

7) 줄기제거

제다 후 노란색으로 변한 찻잎(황편이라고 함)들을 제거한다. 늙은 잎들이 거의 황편으로 변하기 때문에 차의 품질을 위해 제거해야 한다.

8) 선별

품질을 위해 좋은 찻잎만 선별한다.

9) 재건조

재건조는 과거에 '복화(複火)'라는 용어로 사용되었다. 선별 후, 찻잎의 함수량을 위해 다시 건조시킨다.

홍배는 탄배(炭焙), 배화(焙火)라고도 하나, 홍배가 더 넓은 의미로 사용된다.

10) 홍배(烘焙)

재건조를 한 뒤에 다시 약한 불에서 오랜 시간 동안 불을 쬐는 과정을 홍배 혹은 탄배라고 하며, 중국 차농들은 배화라고 부른다.

홍배는 기계로도 가능하지만, 전통적인 방식으로 차를 만들 때와 좋은 차를 만들고자 할 때에는 반드시 숯불로 해야 한다. 좋은 차는 대략 3번의 홍배를 하게 되는데, 3번까지 홍배를 하려면 그만큼 시간이 오래 걸린다는 의미이며, 정성을 쏟아 만들게 된다.

무이암차는 반드시 홍배를 하며(암운의 특징 때문), 홍배를 3번 하는 시간까지 감안하여 봄차가 가장 좋다고 말한다.

만약, 차를 우렸는데 불향이 강하게 난다면 차를 완성한 지 어느 정도 된 것인지, 아니면 품질이 별로 좋지 않은 차인지 구분해야 한다. 홍배하는 차의 불향은 3~6개월 후면 거의 빠지므로 차맛도 3~6개월 후가 좋다.

홍배의 정도는 경화(輕火), 중화(中火), 족화(足火), 중화(重火)로 구분된다. 홍배 정도에 따라 오룡차는 청향과 농향으로 구분되는데, 경화와 중화로 홍배를 하면 청향, 족화와 중화로 홍배를 하면 농향이 된다. 즉, 청향은 홍배를 거의 하지 않거나 매우 약하게 실시한 차이고, 농향은 홍배를 강하게 실시한 차이며, 강한 홍배로 인해 오랫동안 보관이 가능하다. 기존에는 청향이라는 표현은 없다가, 1990년 이후 철관음(鐵觀音)의 향기를 강조하기 위해 등장한 표현이다.

철관음: 복건성 민남차구의 대표적인 오룡차

① 숯불로 불을 피운 후, 온도를 조절하기 위해 덮어 둔다. ② 홍배하는 중간에 찻잎을 아래위로 잘 섞어 준다. ③ 홍배 후 약한 불에서 서서히 건조시킨다. ④ 홍배를 마친 후 찻잎의 상태를 확인한다.

홍배하는 과정

합마배(蛤蟆背) 전통적인 방법으로 홍배를 하면 엽저에 두꺼비 등처럼 올록볼록한 부분이 나타난다. 이를 '합마배'라고 한다. 만약, 암차를 마셨다면 합마배를 한번 찾아보시라. 합마배가 보인다면 전통적인 방법으로 만든 암차이다.

3. 오룡차의 주요 산지 및 대표 오룡차

오룡차는 유래도 많고, 오래된 전설도 많은 차 중 하나로 발효도의 범위가 넓다 보니 차의 종류도 다양한 것이 특징이다.

운(韻)이란 차의 맛, 향, 마신 뒤의 여운 등 많은 의미를 함축하고 있다.

다음의 〈표 12-1〉은 오룡차의 4대 차구의 대표 지역, 특징, 찻잎의 형태 및 차를 마시고 느낄 수 있는 운(韻)과 향의 특징을 정리한 것이다. 지금부터 주요 산지별 특징과 대표적인 오룡차에 대해 알아보자.

〈표 12-1〉 주요 산지별 오룡차의 특징

	민남	민북	광동성	대만
대표 지역	복건성 안계현	복건성 무이산	봉황산	대만
대표 오룡차	철관음	무이암차	봉황단총	고산차, 문산포종, 백호오룡
찻잎 형태	반구형	조형	조형	전구형
특징	관음운(觀音韻) (두텁고 그윽한 느낌)	암운(岩韻) (바위의 느낌)	총운(叢韻) (나무의 맛과 향)	고산운(高山韻) (유향)

1) 복건성 민남차구(閩南茶區)

민남오룡차의 대표적 생산지역인 안계현(安溪縣)은 중국 명차인 철관음(鐵觀音)의 원산지이다. 민북오룡차에 비해 비교적 산화 정도가 가볍고 홍배(烘焙)를 약하게 하여 찻잎의 색이 밝은 색을 띠고 맛과 향이 산뜻하고 화사하다. 민남차구의 대표적인 오룡차는 철관음, 황금계가 있다.

철관음

(1) 철관음(鐵觀音)

청나라 때부터 등장한 철관음은 복건성 안계현 서평(西坪)이 주요 생산지역이다. 철관음(鐵觀音)의 한자에서도 알 수 있듯이 관음보살처럼 아름답고 철처럼 무겁다 하여 붙여진 이름이다.

철관음은 차 이름이기도 하면서 품종 이름이기도 한데, 홍심품종과 청심품종으로 나뉜다.

홍심품종은 전통품종으로 '아'가 자라면 붉은빛이 보이는 것이 특징이다. 청심품종은 향만 강조된 품종으로 대량으로 재배된다.

좋은 철관음은 '7포 유여향(七包 有餘香)'이라고 하여, 7번을 우려도 향이 남아 있다는 뜻이다. 그만큼 철관음은 맛과 향이 뛰어난 차이다.

철관음은 제다과정 중 유념할 때 타산(打散: 포유할 때, 포유한 차를 패대기치는 과정) 과정으로 인해 반구형(동그란 구슬 모양)으로 만들어지며, 이 과정을 통해 '청향'과 '난화향'이 강조된다. 봄과 가을에 생산된 철관음이 특히 향과 맛이 좋은데, 기분 좋은 단맛으로 인해 차를 마신 후에는 입안에 과일향이 맴돈다. 철관음은 다 자란 잎으로 만들며, 차의 가운데는 푸른빛이 나고 가장자리는 붉은빛이 돌며 탕색은 선명한 금황색이다.

(2) 황금계(黃金桂)

2010년 이후 철관음을 대체할 수 있는 차로 등장하였다. 황단(黃旦)이라는 품종으로 만들며, 철관음과 접붙이기에 성공하여 금관음, 황관음이라는 품종으로도 만든다. 금관음은 철관음의 특징이 두드러진 품종이고, 황관음은 황금계의 특징이 두드러진 품종이다. 그밖에 현대품종으로 황매괴(黃玫瑰)로도 만든다.

황금계는 계화(桂花)향이 나고 탕색은 황금색인 특징이 있는데, 수렴성이 있기 때문에 맛보다는 향을 즐기는 차이다.

매괴(玫瑰)는 장미라는 뜻이다.

계화향은 계수나무 꽃에서 나는 향을 말한다.

수렴성이란 차맛이 쓰고 떫을 때 사용하는 단어이다.

〈표 12-2〉 민남오룡차 특징

구분		철관음	황금계
품종		철관음(홍심오룡, 청심오룡)	황단, 금관음, 황관음, 황매괴
특징	형태	반구형	반구형
	탕색	금황색	황금색
	향	난화향	계화향
	맛	관음운	수렴성 높음

황금계

(3) 그 외 품종

민남차구에서 철관음과 황금계 외에는 불수(佛手), 매점(梅占), 모해(毛蟹), 본산(本山), 팔선(八仙), 색종(色種), 기란(奇蘭)이라는 품종이 있다.

- 불수는 다른 찻잎보다 잎이 큰 것이 특징이다.
- 매점은 매화향이 나는 것이 특징이다.
- 모해는 차보다 찻잎이 특징인데, 꽃게에 있는 털과 같은 모습이다.
- 본산은 철관음과 친척관계로 매우 유사한 특징을 가지고 있다.
- 팔선은 1980년대에 만든 새로운 품종 중 하나이다.
- 색종은 '각양각색'이란 뜻으로 야생종이다.
- 기란은 철관음의 병배차로도 사용되며, 차의 이름에서도 알 수 있듯이 '란'이 들어가면 난향이 풍부한 것이 특징이다.

병배차(幷配茶): 병배는 섞는다는 의미(Blending)라고 생각하면 된다. 찻잎, 채엽시기, 지역, 품종, 발효도 등 다양한 방법으로 병배를 한다.

2) 복건성 민북차구(閩北茶區)

민북차구 중 가장 대표적인 오룡차 산지이며, 오룡차와 홍차의 원산지이자 정화백차의 생산지인 무이산(武夷山)은 중국 남부를 대표하는 명산으로 경관이 수려한 것으로 명성을 떨치고 있다. 1천 년 전에 무이산은 중국의 불교, 도교, 유교의 발생지였으며, 특히 무이산에서 주자(朱子)가 완성시킨 성리학은 우리나라 조선 시대의 철학사상에까지 지대한 영향을 미쳤다.

무이산은 과거에는 바다였던 곳이 지각변동으로 인해 산이 된 곳으로 거대한 바위의 철(Fe) 성분이 기나긴 세월 동안 산화되어 노을과 같인 붉은빛을 띠게 되어 '단하지형(丹霞地形)' 혹은 '벽수단산(碧水丹山)'이라고도 한다. 중국 내에서도 명산으로 꼽히며, 구곡계(九曲溪), 수렴동(水濂洞), 천심암(天心岩) 등으로 대표되는 아름답기로 유명한 풍경으로 인하여 1982년 중국정부는 국가급 중점 풍경명승구로 '무이산풍경구'를 지정하였을 뿐만 아니라, 유네스코 세계문화유산에도 등록된 자연경관이 수려한 산이다.

'단하지형'은 붉은 빛을 띠는 산이라는 뜻이고, '벽수단산'은 이를 은유적으로 표현한 것이다.

무이산 전경 무이산은 바위 사이에 혹은 바위를 뚫고 차나무가 재배되는 특징이 있다. 이런 자연적 조건으로 민북암차에서는 암운(岩韻)을 느낄 수 있다.

구곡계 전경 무이산을 용의 꼬리로 휘감은 형상의 강. 사람의 발이 쉽게 닿지 않는 곳에도 차밭이 이다.

무이산의 기후는 사계절이 뚜렷하고, 서리가 내리는 날이 적으며, 연평균 기온은 18℃, 강우량 2,000mm로 비교적 풍부한 편이다. 특히, 무이산은 바위 절벽과 계곡으로 이루어져 있는데 암벽이 많은 바위산에 차밭이 이루어져 있고 거대한 바위와 수많은 나무에 둘러싸여 있는 차나무에서 채엽한 잎으로 차를 만들어 다른 지역의 차나무와는 차별화된 특징을 지니게 된다. 따라서 무이산에서 생산된 차를 '암차(岩茶) 혹은 '무이암차(武夷岩茶)'라고 한다. 이러한 지리적 특징의 영향으로 민북 무이암차는 바위의 운치, 즉 '암운(岩韻)'이 특징이며, 예리하고 진하며, 청아하고 그윽한 향이 감돈다.

민북오룡차의 외형적 특징은 조형이며, 건엽의 색상은 어두운 편이나 우려낸 엽저색은 가장자리 3할 정도만 산화로 변색되어 초록빛이 선명한 부위가 많다. 이는 산화로 인한 색이 아니고 건조과정 후에 진행되는 '홍배(烘焙)'로 인한 색이다. 민북오룡차는 홍배(烘焙)에서의 불의 강도, 시간, 횟수 등에 따라 차의 향, 맛, 색이 결정된다.

민북차구의 대표적인 오룡차는 무이암차, 대홍포, 명총 등이 있다.

(1) 무이암차(武夷岩茶)

무이산은 36봉(三十六峰), 72동(七十二洞), 99암(九十九岩), 3갱(三坑), 량간(兩澗), 량과(兩窠)로 이루어져 있다. 무이암차는 생산되는 지역이 매우 중요한데, 생산되는 지역에 따라 정암차(正岩茶), 반암차(半岩茶), 주차(洲茶), 외산차로 구분된다.

정암차는 풍경구 주변 72km에서 생산된 차만 정암차라고 할 수 있으며, 3갱(三坑), 량간(兩澗), 량과(兩窠) 지역이 정암에 속한다.

3갱*(三坑)	량간(兩澗)	량과(兩窠)
우란갱(牛欄坑) 혜원갱(慧苑坑) 도수강(倒水坑)**=대갱구(大坑口)	유향간(流香澗) 오원간(悟源澗)	죽과(竹窠) 구룡과(九龍窠)***

* 갱(坑)은 골짜기를 뜻하지만, 산과 산 사이의 평지도 '골짜기'로 표현
** 도수갱은 다른 명칭으로 대갱구라고도 함
*** 대홍포 생산지

회감(回甘): 차를 마신 후 입안에 남는 맛
회운(回韻): 차를 마신 후 입안에 남는 향기

정암 지역은 바위 때문에 넓은 땅이 부족하여 차밭이 계단 형태로 곳곳에 펴져 있어, 차를 재배하는 데 까다로워 생산량이 많지 않다. 따라서 정암차의 가격도 상대적으로 높은 편이다. 또한, 정암 지역의 무이암차는 암운(부드럽고, 깊고, 회감, 내포성, 수렴성이 모두 있음)과 암골화향(岩骨花香)이라 하여, 암석 느낌과 꽃향을 모두 느낄 수 있는 차이다.

반암차는 정암차 구역 주변의 녹지대에서 생산된 차이며, 정암차 구역보다 흙이 많고 차밭을 조성하기가 수월하여 차밭의 규모도 크고 생산량도 많다. 반암차는 정암차에 비해 암운은 조금 떨어진다.

주차는 정암차 구역과 반암차 구역을 벗어나 해발 200m 이하 무이산 주변 평지에 조성된 차밭이다. 대량생산이 가능하여 저렴한 가격에 판매되고 있다. 만약, 차시장에서 저렴하게 무이암차를 판매하고 있다면 반암차 혹은 주차일 가능성이 크다.

외산차는 무이산을 벗어난 지역에서 생산된 차라고 할 수 있다.

무이암차에서 정하는 국가표준 품종은 수선(水仙), 육계(肉桂), 대홍포(大红袍), 명총(名叢), 기종(奇種)과 그 외 소품종이다.

수선은 복건성 건양(建阳)이 원산지로 소교목형 중엽종의 품종이다. 꽃향과 부드러운 맛이 특징이다. 육계는 복건성 무이산이 원산지로 관목형 중소엽류이다. 품종향은 계피향, 꽃향, 화과향, 유향이 나며, 맛은 계피의 매콤한 맛이 날카롭게 느껴진다. 기종은 채차(菜茶)라고도 불리며, 야생차와 같은 뜻이다. 즉, 무이산에서 자생하던 오래된 품종을 말한다. 소품종에는 왜각오룡(矮脚烏龍), 불견천(不見天)과 같은 품종인데 생산량이 많지는 않다.

'차왕(茶王)'이라 불리는 대홍포와 무이암차의 상징으로 뛰어난 맛과 향을 지닌 명총은 별도로 설명하기로 한다.

우란갱(牛欄坑)의 육계로 만들면 우육(牛肉), 마두암(馬頭岩)의 육계로 만들면 마육(馬肉), 호두암(虎头岩)의 육계로 만들면 호육(虎肉)이라고 한다. 이중에서 우육이 가장 품질이 좋고, 생산량이 적어 가격도 비싸다.

불견천(不見天)을 한자대로 풀이하면 하늘을 못본다는 뜻인데, 깊은 골짜기에 차나무가 있어 찻잎이 하늘을 못보고 자랐다는 뜻이다.

응취암(鷹嘴巖) 전경 복건성 무이산에는 응취암과 같이 99암에서 암운을 뿜어낸다.

마육(馬肉) & 우육(牛肉) 마육, 우육이라는 글씨만 보면 말고기, 소고기같지만 사실은 암차 이름이다.

① 마육 ② 우육 → 마육보다는 우육이 탕색과 엽저의 색 모두 진하며, 생산량이 적어 가격도 더 비싸다.

(2) 대홍포(大紅袍)

무이암차의 최고봉이라고 할 수 있는 대홍포는 다음과 같은 일화가 있다.

대홍포에 얽힌 일화

1. 1972년 미국의 닉슨 대통령이 중국을 방문하였다. 이때 당시 중국의 국가수석 모택동(毛澤東)은 4량(200g)의 대홍포를 선물했다. 그러자 닉슨은 자신의 비서에게 모택동이 무척 인색하다고 푸념을 하자, 이를 전해 들은 중국의 주은래(周恩來) 수상은 그에게 대홍포는 1년에 8량(400g)만 생산된다고 설명하고, "모택동 주석은 이미 당신에게 천하의 절반을 드렸습니다."라고 말했다.
2. 2002년 홍콩에서 열린 차(茶) 경매시장에서 복건성 무이산의 대홍포 모수(母樹)에서 채엽하여 만든 차 20g이 한화 약 2,200만 원에 낙찰되었다.
3. 2004년에 열린 제7회 무이산 대홍포 차 문화제에서 20g의 모수 대홍포는 20.8만 위안(한화 약 3,700만 원)에 낙찰되었다.

이처럼 대홍포는 차왕이라고 불릴 만큼 맛과 향이 훌륭하며, 역사적 · 문화적 가치의 상징성까지 더해져 모든 사람들에게 사랑을 받는 차이다.

대홍포는 무이산의 복건성 무이산 천심암(天心岩) 구룡과(九龙窠)의 높은 바위 절벽 위에서 자생하며, 약 360년의 역사를 가지고 있는 대홍포는 생장환경이 독특하여 바위틈에서 자라나고 있을 뿐만 아니라 일조량이 짧고 반사광이 많으며 주야간 온도차가 크고 바위 정상으로부터 가느다란 물줄기가 흘러나와 영양분을 흡수하고 생장하여 특이한 품질을 나타내고 있다.

대홍포의 모수는 총 6그루로 3총 4과 6주(三叢 四窠 六株)라 하였다. 3총 4과 6주의 의미는 나무가 4그루가 보여 조사해 보니, 뿌리는 3개로, 3번과 4번의 뿌리가 같았으며, 1980년대에 2번 나무에서 무성번식을 하여 5번과 6번 나무 재배에 성공하면서, 5번과 6번의 뿌리가 같은 것으로 설명할 수 있다. 따라서 대홍포 모수 6그루는 3개의 뿌리, 4개의 그루, 6개의 나무로 이루어져 있다.

무이산 내에 있는 육계(肉桂) 차밭

무이산 내에 있는 수선(水仙) 차밭

대홍포 모수 약 360여 년의 역사를 가지고 있는 대홍포 모수는 무이산 풍경구 안에 위치하고 있다. 바위를 뚫고 자란 관목형의 모수는 6그루로 보기만 해도 암운화향(岩韻花香)이 느껴진다.

언뜻 보면, 모수가 어디에 있는지 잘 보이지 않지만 사진의 화살표시가 대홍포 모수 6그루이다.

이렇게 6그루의 대홍포 모수에서는 연간 약 400g 정도의 소량만 생산되었으나 모수의 나이가 많아 나무를 보호하기 위해 2006년 이후부터는 차를 만들지 않고 현재 관리만 하고 있다. 따라서 현재 마시는 대홍포는 1번 모수에서 무성번식한 북두(北斗), 2번 모수에서 무성번식한 기단(奇丹)으로 불리는 순종대홍포(純種大紅袍)와 병배한 대홍포이다.

대홍포는 계화향이 풍부하고 내포성이 좋은 차로도 유명한데, "대홍포의 진미는 9포를 우려도 맛을 잃지 않는다(九泡不失原有茶眞味)."라는 표현이 있을 정도로 맛이 좋다.

맛과 향, 가격에서 모두 최고임을 자랑하는 대홍포 모수는 2006년 이후부터 차를 생산하지 않고 관리만 하고 있기 때문에 더 이상 모수에서 채엽한 찻잎으로 생산된 차는 없다. 북두와 기단과 같은 순종 대홍포와 병배한 대홍포도 모두 '대홍포'로 불리면서, '대홍포'는 하나의 대명사로 자리 잡게 된 것이다.

따라서 '대홍포'에는 다음과 같은 의미가 있다.

대홍포(大紅袍)에 담긴 의미

1. 무이암차의 대명사
   - 무이암차 = 대홍포, 대홍포 = 무이암차라고 불린다.
   - 좋든, 좋지 않든 모두 '대홍포'라고 한다.
2. 모수의 개념
   - 2006년 이후부터는 차를 만들지 않고 관리만 하고 있다.
3. 순종대홍포
   - 2번 모수로 5, 6번을 무성번식에 성공하였다.
4. 병배: 제대로 병배한 대홍포가 가장 맛있다.
   - 순종대홍포 + (수선 혹은 육계 + 소품종)
   - 수선 혹은 육계 + 소품종 2개
   - 병배의 권위자인 진덕화(陳德華)는 '대홍포의 아버지'라고 불린다.

(3) 명총(名叢)

정암차 구역에서 생산되는 기종(奇種)을 따로 '정암기종(正岩奇種)'이라고 하며, 정암기종 중에서도 특별히 뛰어난 품종을 일컬어 '명총(名叢)'이라고 한다. 수백 가지 명총 중에서도 특히 대홍포(大紅袍), 철라한(鐵羅漢), 수금귀(水金龜), 백계관(白鷄冠)을 무이암차의 '사대 명총(四大名叢)'이라고 부른다. 그러나 앞서 설명한 바와 같이 대홍포는 대홍포로의 대명사가 되어 현대에는 철라한, 수금귀, 백계관, 반천요(半天腰)를 4대 명총으로 부른다. 그럼, 각각의 특징에 대해 살펴보자.

- 철라한(鐵羅漢): 사대 명총(四大名叢) 중 가장 먼저 유명해진 차이다. 당(唐)대부터 등장하여 송(宋), 원(元)대까지 황제에게 진상되었으며, 꽃같이 화려한 향을 풍기고 약효가 좋아 유럽으로 수출 당시 만병통치약으로 알려졌다. 철라한의 품종향은 약향(한약 냄새와 비슷)이다.
- 수금귀(水金龜): 한자의 뜻에서도 알 수 있듯이, 차나무 자체가 거북이 등처럼 생겼다. 나무의 특징도 있지만, 소송 때문에 유명해진 차이다. 맛이 순하고 부드러우며, 난꽃향과 맑은 과향(果香)이 깊고 그윽하며 달콤한 여운이 매력적인 차다.
- 백계관(白鷄冠): 차의 이름에 '백(白)' 자가 들어가면, 백화품종이라는 뜻을 가지고 있다. 백계관은 구부러진 새싹이 솜털에 둘러싸인 닭 벼슬과 같다 하여 붙여진 이름이다. 명(明)대에는 풍토병을 물리쳐 명성이 높아졌다. 맛이 맑고 바디감이 가볍지만, 회감이 오래간다.
- 반천요(半天腰): 삼화봉(三花峯)에서 발견된 품종으로 특징은 뚜렷하지 않으나 균형감이 좋은 차이다. 천(天)이라는 글자는 원래 '하늘'이라는 뜻이지만, 반천요의 '천'자는 '산'이라는 뜻이다.

원래 수금귀는 천심암 근처에서 자라 천심사(天心寺)의 소유였다. 그러던 어느 날, 큰 비가 내리는 바람에 차나무가 우란갱 부근 난곡암(蘭谷岩)으로 떠내려 오자 땅주인이 차나무 주변에 축대를 쌓고 뿌리에 흙을 덮어 새로이 심은 것이다. 이 떠내려 온 차나무 한그루의 소유권을 둘러싸고 1919년부터 몇 십년간 소송이 벌어져 수금귀의 명성이 알려지게 되었다.

〈표 12-3〉 민북오룡차 특징

구분		무이암차	대홍포	4대명총			
				철라한	수금귀	백계관	반천요
품종		수선, 육계, 대홍포, 명총, 기종, 소품종 등	블렌딩	철라한	수금귀	백화 품종	반천요
특징	형태	조형 혹은 미권곡형(아주 살짝만 말려져 있음)					
	탕색*	등황 혹은 등홍, 명량	등황 혹은 등홍	등황	등홍	등홍	등홍
	향	암운화향(岩韻花香)**	난꽃향, 계화향, 과향	한약향	난꽃향	난꽃향	과향
	맛	순후, 감상	순후, 암운, 회감	순후	유순, 순활	순후, 회감	유순

* 탄배 정도에 따라 다르게 나타남

** 무이암차는 바위의 무거움과 진하고 깊은 맛, 꽃향기로 암골화향(岩骨花香)이라고도 함

기명차엽에서 생산한 5대 명총 대홍포, 철라한, 백계관, 수금귀, 반천요

기명차엽 왕순명 선생님 수업

기명차엽과학연구소의 암차 테이스팅

기명차엽 홍배를 2번한 대홍포 차엽 기명차엽에서는 3번 홍배를 한다.

기명차엽차과학연구소(琪明茶葉茶科學研究所)의 암차 만드는 과정

채엽	• 1아 3엽, 4엽, 5엽 • 중개면이 제일 좋음 • 가급적 날씨 좋은 날 모두 채엽하고, 비 오는 날에는 채엽하는 양을 줄임 • 가볍게 채엽한다. 강하게 할 경우 폴리페놀이 나와 차의 맛이 쓰다. • 어떤 잎을 채엽하는가보다는 제다과정이 중요하다. • 채엽 후 1시간 이내에 제다를 시작해야 하는데, 1시간이 지나면 빨갛게 변한다. (잎이 빨갛게 변한 찻잎은 등급이 낮은 차로 분류)
위조	• 가온위조(실내위조: 위조대) • 일광위조 • 날씨에 따라 둘 중 하나만 실시한다. • 총 13~15%의 수분을 날리는데, 향을 위주로 해서 8% 정도 날린다.
반양 (返阳)*	• 위조 후 수분이 빠지면 잎이 시들어진다. 이때 물을 주면 다시 살아나게 되는데, 암차는 실외 → 실내 → 실외 →실내하는 과정을 '반양(返阳)'이라고 한다.
요청	• 다시 살아난 잎을 죽인다는 뜻 • 5~6시간 정도 반복하며, 암차에서 제일 중요한 과정이다. (책에서는 주청이라고 하지만, '요청'이 정확한 표현) • 요청과정에서 차 온도가 높아지는 과정인데, 30℃ 이상 올라가면 차가 혼탁해지고 품질이 떨어진다. 품종의 특징을 보고 요청을 실시한다. • 대홍포, 황단은 잎이 얇기 때문에 요청을 조심히 한다. • 육계, 수선은 잎이 두껍기 때문에 요청을 강하게 한다. • 암차에서는 '활(活)', '생동감' 있다는 단어를 사용한다.
살청	• 280℃로 살청하며, 살청온도가 중요하다. 단번에 살청을 완성해야 한다. 솥에서 나는 소리로 판단하여 살청한다. • 솥의 화력이 강해야 하며, 화력이 약하면 반청이 된다. • 반청이 된 차는 재홍배를 해도 맛이 없다.
유념	• 처음에는 가볍게 하고, 그 후부터 강도를 강하고 빠르게 진행해야 한다.
건조	• 유념과 건조를 빠르게 하지 않으면 모양이 흐트러진다(모양이 나오지 않는다). • 함수량은 15% 이하가 좋다.
전갱	• 줄기를 빼고 찻잎만 남긴다.

* 반양(返阳): '돌이킬 반', '볕 양'이라는 뜻으로 햇볕과 실내를 번갈아 돌려보낸다는 뜻이다.

** 기명차엽은 암차의 전수자 왕순명 선생님이 계신 곳으로 암차에 대한 열정으로 품질이 우수한 암차를 만드는 곳이다. 왕순명 선생님은 암차는 봄차가 가장 좋고 겨울에도 차를 만들 수 있지만 모양 성형이 잘 안 되며, 여름차는 떫은맛이 난다고 하였다. 또한, 차를 만들 때는 날씨보다 실내온도(23~28℃)가 중요하다고 하였다.

3) 광동차구(廣東茶區)

복건성에 무이산이 있다면 광동성 조주시(潮州)에는 봉황산(鳳凰山)이 있다. 광동차구에서 생산하는 오룡차 중 대표적인 차는 송나라 때부터 등장한 봉황단총(鳳凰單叢)이다.

봉황단총의 뜻을 살펴보면, 봉황은 지역의 이름이고, 단(單)은 '단독', '하나'라는 뜻이며, 총(叢)은 나무라는 뜻이다. 즉, 총은 그룹(group)의 의미로, 여러 그루의 차나무를 뜻하는데, 이들 차나무 중에서도 우수한 개체가 '단총'이 되는 것이다.

봉황산은 크고 작은 봉우리들로 이루어져 있는데, 가장 높은 봉우리가 봉조계(鳳鳥髻)이고, 두 번째로 높은 봉우리가 오동산(烏崬山)인데, 오동산에서 생산되는 봉황단총의 품질이 가장 훌륭한 것으로 알려져 있다.

봉황단총의 품종은 수선(水仙)으로, 수선품종 중 가장 우수한 차나무를 선발하여 한 그루씩 단주(單株)의 형태로 심어서 그룹으로 재배하게 되면 봉황단총이 되는 것이다. 봉황수선은 전체 품종에 대한 총칭이고, 가장 좋은 등급은 단총이며, 그다음으로 수선(水仙), 랑채(浪菜) 순이다.

봉황단총의 역사를 살펴보면, 송나라의 마지막 황제였던 조병(趙昺, 당시 6살)이 적에게 쫓겨 오동산(烏東山)으로 도피하였는데, 마실 물이 없어 갈증이 나던 때에 마침 차를 잘하는 신하가 새 부리처럼 생긴 모양의 찻잎을 황제에게 바쳤다. 황제가 이를 씹어 먹자 갈증이 사라지고 정신이 상쾌해졌다고 한다. 이후 황제가 먹었던 차나무를 송차(宋茶)라고 하였으며, 품종은 송종(宋種)이라고 불리게 되었다. 송종 모수는 고사(枯死)하였고, 현재는 무성번식으로 송종1호, 송종2호, 송종밀향단총, 송종지란향 등 4그루의 '송종'이라고 불리는 차나무가 있다.

> 찻잎의 형태를 보고 조취차(鳥嘴茶)라고 하였다.

봉황단총의 첫 번째 특징은 수렴성이 높다는 것이다. 봉황단총의 수렴성 때문에 차를 우리는 시간과 방법을 중요시하게 되면서 조산공부차(潮汕功夫茶)가 등장하였다. 조산이란 조주(潮州)와 산두(汕頭) 지역을 합한 이름이고, 공부차(功夫茶)란 오룡차를 우리는 과정으로 차를 우리는 방법, 차를 끓이는 기술, 음다(飮茶)방식, 품평 등 다양한 행위 등을 포함한 다법(茶法)이라고 볼 수 있다.

> 떫은맛을 뜻한다.

> 공부차(功夫茶): 오룡차를 우리는 방법
> 공부차(工夫茶): 정성들여 잘 만든 차

두 번째 특징은 차 중의 향수(香水)라 하여, 향기를 매우 중요하게 생각한다. 따라서 봉황단총은 차나무의 품종으로 구분하는 것이 아니라, 차의 향에 따라 구분한다. 향기에 따라 붙여지는 이름은 자연화향(自然花香), 천연과일향, 기타 청향 등 약 100여 종의 향이 있다.

세 번째 특징은 차나무가 재배되는 고도와 차나무의 수령에 따라 차맛이 달라지는데, 고도는 높을수록 좋다(해발 500m 이상). 차나무 수령의 경우, 50년 이상 된 차나무를 노총(老叢)이라 하는데, 노총으로 만든 봉황단총에는 목재미, 이끼미, 현미미라 하여 세 가지 총운(叢韻)이 있다. 햇차의 경우는 꽃과 벌꿀에서 느껴지는 화향밀운(花香蜜韻)을 느낄 수 있다.

네 번째 특징은 봉황단총을 부르는 다양한 명칭의 기준이다. 명칭을 부르는 기준은 여러 가지가 있으나, 전설, 나무의 형태, 찻잎의 형태, 향기 등으로 불린다. 나무의 형태 중 차나무의 형태가 마치 닭장 모양 같다고 하여 '계롱간(鷄籠刊)'이라고 이름이 붙여진 것도 있다.

봉황단총은 향기를 매우 중요시한다고 설명하였듯이, 봉황단총을 생산하는 차농, 차상인, 차애호가, 평차사가 끊임없이 토론하여 내린 종합적인 결론으로 봉황단총은 18개 향과 맛의 유형이 있으며, 그중 주된 십대향형(十大香型)이 있다. 봉황단총의 10대향은 다음과 같다.

10대향은 봉황전인민정부에서 편찬한 『중국봉황단총차도보(中国凤凰单丛茶图谱)』에 나온 내용을 정리한 것이다.

치(梔)는 치자의 뜻인데, 과거에는 지(枝)로도 사용하였다.
치(梔)는 '치'와 '지'의 음으로도 모두 발음하며, 황지향으로 읽는 것이 일반적이다.

(1) 황지향(黃梔香)

봉황단총에서 가장 중요한 향으로 향 중의 아버지라고 불린다. 향긋하지는 않지만 우아함을 느낄 수 있다. 치자나무 꽃의 향기와 비슷하여 붙여진 이름이다.

(2) 지란향(芝蘭香)

향 중의 어머니라 불리며, 매우 향긋하고 우아하다. 나무의 모양 형태로 이름을 정하면 '계롱간'이다. 지란꽃향기와 흡사하다.

(3) 밀란향(密蘭香)

생산량이 가장 많지만, 높은 지역에서는 별로 생산되지 않는다. 꿀향을 느낄 수 있다.

(4) 계화향(桂花香)

계수나무 꽃향이 난다.

(5) 모리향(茉莉香)

모리는 재스민(Jasmine)을 말한다. 차에서 재스민 향기를 느낄 수 있다.

(6) 행인향(杏仁香)

살구향을 느낄 수 있는 차인데, 찻잎 모양이 마치 톱니처럼 생겨서 찻잎의 모양으로 이름을 정했을 때의 다른 이름은 '거타자(锯剁仔)'이다.

(7) 야래향(夜來香)

야래꽃향이 난다.

(8) 강화향(薑花香)

강화향은 통천향이라고도 하며, 생강과 같은 느낌이 난다.

(9) 육계향(肉桂香)

무이암차 품종 중 '육계'와 비슷하며, 계피향이 난다.

(10) 옥란향(玉蘭香)

목란꽃향을 느낄 수 있다.

〈표 12-4〉 광동오룡차 특징

구분		봉황단총
품종		수선
특징	형태	조형(나뭇가지 같은 형태)
	탕색	등황
	향	화향밀운(꽃과 꿀향이 남), 총운(나무에서 오는 향) (노총으로 만든 봉황단총의 총운은 목재미, 이끼미, 현미미)
	맛	신선, 회감

압시향(鴨屎香)

10대향에는 포함되지 않지만, 압시향은 봉황단총 애호가들에게 많은 사랑을 받고 있다.

압시향의 한자를 풀이해 보면, 압(鴨)은 압각목(우리나라의 황칠나무)의 '압'을 사용한 것인데, 차나무의 형태가 마치 오리발처럼 생겨서 붙인 것이다. 시(屎)는 차 재배지 토양의 색이 오리똥색(토양색, 황토색)과 같다 하여 붙은 것이다. 즉, 압시향은 '오리똥색의 향' 정도로 해석할 수 있다.

압시향이 생긴 일화가 있는데, 한 차농이 차를 만들고 보니, 향기가 너무 좋아 아무에게도 알려 주지 않았다고 한다. 또한, 차나무의 형태도 못생겨서 눈에 띄지 않았는데, 어느 날 다른 차농이 "저 나무(叢)는 무엇인가?"라고 물었더니, 혹시라도 다른 사람이 훔쳐갈까 봐 '응, 오리똥(=압시)이야.'라고 대답했다고 한다.

그 후, 인기가 좋아진 압시향은 제대로 된 표현도 아니고, 예쁜 이름도 아니라서 은화향(银花香)으로 정정하였지만, 여전히 '압시향'으로 불린다. 압시향은 행인향 혹은 지란향이라고도 불리지만, 연구소마다 다르다.

또한, 일반적인 봉황단총은 청향과 농향의 개념이 없으나, 압시향은 '향' 때문에 청향과 농향을 구분하고 있다.

봉황단총은 향으로 구분이 되기 때문에 밀란향, 압시향, 황치향 세 종류의 봉황단총 건엽은 조형으로 보기에는 크게 차이가 없다.

왼쪽부터 밀란향, 압시향, 황치향의 엽저와 탕색이다. 건엽에서는 별로 차이가 없었지만, 탕색은 약간의 차이가 나타난다. 그러나 봉황단총은 향이 우선인 차이다.

4) 대만

대만에는 원래 차나무가 없었는데 1855년에 임봉지(林鳳池)라는 사람이 복건성 무이산에 가서 36그루의 차나무를 분양받았다. 분양받은 차나무를 '동정산(凍頂山)'에 심은 것이 오늘날 '동정오룡차(凍頂烏龍茶)'의 기원이다. 동정오룡의 모수는 무이산의 왜각오룡(矮脚烏龍)인데, 왜각오룡은 키가 작고(나무 크기 약 120cm), 크게 못 자라는 특징이 있다. 왜각오룡은 송 · 명 시기에 유명한 품종이었으나 갑자기 사라지게 되었다. 1980년대 이후 우연히 차밭에서 다시 발견되었으나, 청심오룡(靑心烏龍)으로 발전되었다. 그렇다고 해서 왜각오룡과 청심오룡이 같은 품종은 아니다. 현재 동정오룡은 청향과 농향으로 생산되고 있다.

대만 오룡차의 특징은 전구형으로 1아 3엽으로 줄기까지 채엽을 한다. 발효도는 12~75% 사이로 발효도가 가장 낮은 차는 문산포종(文山包種)이고 발효도가 가장 높은 차는 백호오룡(白毫烏龍)이다. 대만 오룡차의 차산지는 주로 고산지대에 분포되어 있다.

대만의 대표적인 오룡차에 대해 알아보자.

(1) 문산포종(文山包種)

북부 문산(文山)의 평림(坪林)이라는 마을에서 생산되는 특산품이다. 문산포종에서 '문산'은 지역명이고, 포(包)는 '포장하다'의 의미, 종(種)은 여러 가지 품종을 의미한다.

문산포종 대만 오룡차 중 가장 발효도가 낮은 문산포종의 건엽은 마치 녹차처럼 보이기도 한다.

청(淸)대에 황제에게 진상하였고 냄새가 나지 않는 목화로 만든 종이로 포장하여 '종이로 포장한 차'라는 의미로 포종차(包種茶, BAO ZHONG)라는 이름을 얻었다.

대만에서 생산되는 오룡차 중 발효도가 가장 낮은 차로, 가장 녹차스러운 특징을 보이며, 청향의 느낌이 많이 난다. 또한, 한 가지가 아닌 여러 가지 종을 단엽으로 제다한다. 문산포종차는 청향이라 보관이 어렵고 부피가 크기 때문에 요즘은 잘 만들지 않는다.

(2) 백호오룡(白毫烏龍)

백호오룡은 찻잎에 하얗게 덮여 있는 하얀 털(백호, 白毫)이 너무 아름다워 빅토리아 여왕의 재위 시절(1837~1901) 영국 왕실에서는 백호오룡을 즐겨 마셨다. 찻잔 속 찻잎의 하늘거리는 모습이 아름다운 동양미인(Oriental beauty)의 춤추는 모습과 비슷하다고 하여 '동방미인(東方美人)'이라는 별명이 붙었다. 대만에서는 팽풍차(膨風茶)라고도 하며, 샴페인오룡이라는 애칭이 붙을 만큼 많은 사랑을 받고 있는 차이다.

소록엽선(小綠葉蟬) 차나무에 붙어 있는 강충이류의 벌레. 이 벌레로 인해 백호오룡만의 독특한 향이 만들어진다.

소록엽선이 갉아먹은 찻잎

백호오룡(= 동방미인) 건엽에서 백색, 갈색, 홍색, 황색, 녹색 등 여러 가지 색이 보여서 '오색차'라고도 한다. 또한, 건엽에서 보이는 색이 선명할수록 좋은 차이다.

백호오룡 엽저 대만 오룡차 중 발효도가 제일 높은 백호오룡의 엽저는 홍차처럼 보이기도 한다. 백호오룡은 85℃에서 우리는 것이 가장 맛이 좋다.

(좌) 문산포종 (중) 목책철관음 (우) 백호오룡 대만 오룡차의 엽저와 탕색이다. 문산포종은 발효도가 가장 낮아 녹차와 같은 탕색이고, 백호오룡은 발효도가 가장 높아 홍차와 같은 탕색이다.

대만에서는 부진자(浮塵子)라고 한다.

백호오룡의 독특한 맛과 향의 비밀은 소록엽선(小綠葉蟬)이라고 하는 강충이류의 벌레에 있다. 소록엽선이 찻잎을 갉아먹어 그 부분에서 화학적 변화가 생기며, 그로 인해 본래의 향과 더불어 과일향과 목재 등의 다양한 향이 더해지게 된다. 또한, 오색차(五色茶)라고도 하는데, 소록엽선과의 화학적 변화 때문에 찻잎의 색이 백색, 갈색, 홍색, 황색, 녹색 등 여러 가지 색을 띠고 있기 때문이다.

백호오룡의 품종은 청심대유(青心大有)인데, 이 품종만 소록엽선과 반응한다. 주로 저지대와 더운 지역에서 재배되는데, 더운 지역에서 소록엽선이 많이 생기고 소록엽선이 많을수록 좋은 백호오룡이 생산되기 때문이다. 따라서 백호오룡은 소록엽선을 보호하기 위해 유기농차가 될 수밖에 없다. 또한, 소록엽선이 활동하는 시기인 6월 말~8월 말에만 채엽하고 60~85%까지 산화시켜 홍차에 가깝다.

(3) 고산차(高山茶)

대우령은 해발 약 1,200m로 전 세계 차산지 중 가장 높은 지역이다.

해발고도 1,000m 이상의 지역에서만 수확된 차를 일컫는 말로 아리산(阿里山), 리산(梨山), 대우령(大禹嶺), 삼림계(杉林溪)에서 주로 생산된다. 중국에는 "高山出好茶"라는 말이 있는데, 산이 높은 곳에서 좋은 차가 난다는 뜻이다. 고산차의 장점은 다음과 같다.

첫째, 일교차가 크고 날씨가 추워서 차가 자라는 기간이 매우 길다. 따라서 내포성이 좋다.

만사광의 반대말은 직사광이다. 직사광선을 받은 차는 쓰고 떫다.

둘째, 고산지대로 인해 안개가 매우 많이 낀다. 안개로 인해 만사광(漫射光)이 많다.

셋째, 병충해가 별로 없다.

넷째, 수제차가 많다. 대만에서는 주로 줄기까지 포유를 많이 하는데, 줄기에서 단맛이 많이 나기 때문이다. 만약, 차를 우린 후 엽저에서 줄기까지 보이면 수제차이고, 찻잎만 보인다면 기계차일 가능성이 크다.

이처럼 고산차를 생산하는 모든 품종은 청심오룡으로 내포성이 좋고, 고산운(은은한 유향)을 느낄 수 있다.

(4) 신품종(1980년대 등장)

1980년대에 등장한 신품종으로 금훤(金萱), 취옥(翠玉), 사계춘(四季春)과 같은 품종이 있다.

금훤은 우유향이 특징이고, 취옥은 금훤과 같은 시기에 개발되었으며, 일반적인 청향이다. 사계춘은 4계절 내내 채엽하는 차로 그리 좋은 등급의 차는 아니다.

동정오룡을 포함한 신품종들은 모두 해발 800m 정도의 중해발차이다.

(5) 민남품종

청나라 때 복건성의 철관음을 들여와 북부 목책(木柵) 지역에 이식하여 목책철관음(木柵鐵觀音)을 생산하기 시작했다. 목책철관음은 탄배한 농향 계열로 청향은 없다.

215p 탕색 사진 참고

그 외 농향으로 불수, 매점 등의 품종이 있으며, 모두 중해발차이다.

대만 리산의 차산지

대만 아리산의 차산지

비새차(比賽茶)란?

비새차란 대만에서 실시하는 시합차라는 의미로 매년 2회 정도 차농(茶農)들이 차를 출품하여 시(市), 정부에서 엄격한 심사를 통해 입상한 차를 말한다.

대만의 행정원농업위원회차업개량장에서 출품한 차에 대해 향 30%, 맛 40%, 외관 20%, 수색 10% 등의 기준으로 블라인드(Blind) 테스트와 공정한 평가를 거쳐 입상을 하게 되면, 등급을 분류하여 발표하고 있다.

비새 등급

명칭	순위
특등장(特等獎)	전체 1위
두등파이밍(頭等批名)*	전체 2~11위(두등장에서는 1~10위)
두등장(頭等裝)	상위 3~4%
이등장(貳等裝)	상위 10%
삼등장(參等裝)	18~20%
우량장(優良裝)**	30~40%
미입선	우량장 이하

* 특등장과 시합을 겨룬 차

** 우량장은 매화 3~1개로 표시하는데, 매화 3개(삼매, 參梅)를 받은 차가 가장 좋은 차이고 매화 2개(이매, 貳梅), 매화 1개(일매, 壹梅) 순이다. 동방미인과 동정오룡만 매화를 표시한다.

비새차의 종류와 지역

차의 종류	지역
동정오룡	녹곡향(鹿谷鄕, 최초로 비새가 시작된 곳)
동방미인	신죽현(新竹縣), 묘율현(苗栗縣)
목책철관음	목책(木柵)
문산포종	평림(坪林)
아리산고산차	자이시(嘉義市)
일월담홍차	어지향(魚池鄕)

팽풍차 대만에서는 백호오룡(= 동방미인)을 팽풍차라고 한다.

비새차 등급 사진 심사를 통해 입상을 하면 등급을 부여받는다. 왼쪽부터 우량장(매화 3개), 두등장, 삼등장을 받은 팽풍차(백호오룡, 동방미인)이다.

〈표 12-5〉 대만오룡차 특징

구분		문산포종	백호오룡 (동방미인)	고산차	신품종		
품종		왜각오룡	청심대유	청심오룡	금훤	취옥	사계춘
특징	형태	조형	화(花)형	전구형	조형	조형	조형
	탕색	밀록(蜜綠)	호박색	밀록	밀록	밀록	밀록
	향	난화향	밀향, 과향	유향, 판율향	유향	청향, 빈랑향	화향
	맛	순후, 상쾌	순후, 회감	순후, 회감	상쾌	신선, 상쾌	상쾌

4. 오룡차 즐기는 방법

① 오룡차는 개완 혹은 자사호(紫沙壺)를 이용한다. 자사호를 이용할 경우, 1차 1호(一茶 一壺)가 가장 좋은 방법이다.

한 가지 차를 한가지 호에만 우려서 마시는 것을 의미한다.

② 오룡차는 100℃의 끓인 물로 바로 우려서 마셔도 된다.

① 다구(개완, 공도배, 거름망, 찻잔 등)를 뜨거운 물로 데운다.

② 차를 계량한다.

③ 뜨거워진 개완에 차를 넣고 흔들어 건엽의 향(요향이라고 함)을 맡는다.

④ 개완에 끓인 물(100℃)을 넣고 차를 우린다.

⑤ 개완에 우려진 차를 공도배로 거른다.

⑥ 찻잔에 따라 마신다.

개완을 이용하여 오룡차를 우리는 방법

자사호(紫沙壺)

중국 강소성 의홍(宜興)에서 생산되는 도자기로 자사(紫沙)는 '자줏빛 모래'라는 뜻이다.

당나라에는 자사라는 흙은 있었으나 다구로 발전되어 호(壺)로 만든 시대는 명나라이다. 명나라에서 최초로 자사호를 만든 사람이자, 자사의 장인이라 불리는 사람은 공춘(供春, 1506~1566)이다.

자사호의 재료인 자사 흙은 원래는 돌이었다. 돌을 갈아서 반죽한 뒤, 일정 기간 동안 숙성시킨 후 재료로 사용하는데, 이를 니(泥)라고 한다. 자사호는 니료(泥料) 색깔에 따라 크게 자니(紫泥), 홍니(紅泥), 녹니(綠泥)로 구분된다.

자사호는 어떤 화학적 처리를 하지 않고, 오로지 사람의 손을 거쳐 아름다운 색과 형태로 만들어지기 때문에 예술적 가치가 매우 높다. 또한, 자사호는 오랜 시간 사용하다 보면, 호가 찻물에 길들여지면서 호의 표면에 광택을 만들어 내는데, 이를 양호(養壺)라고 한다.

자사는 각종 광물질을 포함하고 있는데, 1,100~1,200℃의 높은 온도에서 구워지면서 도자기가 될 때 수많은 기공(氣孔, 숨구멍)이 형성된다. 이러한 기공들로 인해 자사호는 통기성과 보온성이 높아지며, 자사호에 차를 우리면 차향을 품으면서 좋은 차의 맛과 향을 만들어 낸다. 새로 구입한 자사호는 이물질, 화기(火氣), 조기(澡氣) 등을 제거하고, 기공을 열어 주기 위해 반드시 개호(開壺)를 해 주어야 한다. 개호 방법은 끓인 물로 자사호를 씻어 준 뒤, 냄비에 물과 찻잎을 넉넉히 넣고 끓여 주면 된다(끓여 준다기보다 삶는다는 개념으로 이해하면 좋을 것 같다).

자사호를 이용하여 즐기는 차는 오룡차와 보이차이다. 오룡차는 생산지역 및 차에 따라 고유의 향기가 특징인 차이기 때문에 발효도에 따라 차의 향미가 달라진다. 따라서 이러한 오룡차의 특징을 극대화하여 차를 즐기기 위해서는 자사호로 우려서 마시는 것이 이상적인 궁합이며, 발효도에 따른 자사호의 선택도 필요하다. 후발효차에 속하는 보이차는 비교적 보관기간이 길기 때문에 자사호를 사용하여 차를 우리면, 묵은 냄새 혹은 보관 중 발생하는 냄새 등을 완화시켜 줄 수 있다.자사호는 차의 향과 맛을 극대화시켜줄 뿐만 아니라, 차의 향을 자사호가 흡수하기 때문에 1차 1호(一茶 一壺, 한 개의 호에 한 가지 차만 우려서 마심)로 사용하는 것이 좋다.

자사호 다양한 형태와 니료의 색으로 인해 차를 마시면서 눈도 함께 예술을 느낄 수 있는 것이 자사호이다.

(좌) 석표호(石瓢壺) (우) 군덕호(君德壺)

※ 자사호를 사용하여 차를 마시는 방법은 256p의 내용을 참고

Water & Tea

13 CHAPTER 차의 종류- 홍차(紅茶)

1. 홍차의 특징

홍차는 98% 이상 발효된 전발효차로 찻잎의 폴리페놀 성분들이 산화효소의 영향을 받아 화학반응이 가속되면서 차황소(데아플라빈, Theaflavin), 차홍소(데아루비긴, Thearubigin), 차갈소(데아브로우닌, Theabrownine) 성분이 순서대로 변하게 된다. 이때 독특한 향과 맛을 형성하여 생엽에서 약 80가지의 향미물질이 400여 가지로 증가하고, 카페인을 일부 함유하게 되면서 카테킨(Catechin)과 차황소인 데아플라빈의 결합으로 홍차만의 찻잎 색과 탕색, 맛을 지니게 된다.

따라서 홍차의 특징을 홍탕홍엽(紅湯紅葉)이라고 한다. 즉, 홍차의 명칭이 한자로는 엽저의 색과 탕색 때문에 '紅茶'로 부르지만 서양에서는 완전히 산화된 건엽(우리기 전의 찻잎)이 검은색으로 보여 'Black Tea'라고 한다. 참고로 'Red Tea'는 루이보스티를 뜻한다.

홍차의 제다과정에서는 '발효'가 가장 중요한데, 차홍소가 충분히 나올 때까지 기다려야 한다. 만약, 너무 지나치게 발효하면 홍차에서 '신맛'이 나게 되고, 발효가 제대로 진행되지 못하면 차가 '노란색'이 될 수 있다.

홍차의 시작은 명나라 말기쯤 시작되었다. 청나라 1717년 복건성 송안현의 현령이었던 육정찬(陸廷燦)이 저술한 『속다경(續茶經)』에는 다음과 같은 내용이 기술되어 있다.

> 산에서 채집한 찻잎으로 만든 무이차는 암차(岩茶)라고 하며,
> 계곡 주변에서 채취한 무이차는 주차(洲茶)라고 하며,
> 품질이 좋은 차를 공부차(工夫茶)라고 하며,
> 공부차보다 품질이 좋은 것을 소종(小種)이라 하는데,
> 이는 차나무에서 이름을 따서 지은 것으로 한 그루에 몇 량(兩)을 초과하지 못한다.

정산소종의 발원지 동목관 전경산지

그러나 『속다경(續茶經)』의 내용이 현재의 소종이나 기문홍차인지는 확실하지 않다. 그 이유는 1781년부터 소종홍차(小種紅茶)를 제조하였고 1784년부터 수출하였기 때문이다.

홍차는 중국, 영국, 인도, 스리랑카 등 여러 나라에서 생산하다 보니, 원산지가 어디인지 잘 모르는 경우가 많다. 특히, 보편화된 영국산 티백 제품들로 인해 영국을 홍차 원산지로 알고 있는 소비자가 대부분이다. 그러나 실제 홍차는 중국의 복건성 무이산 동목관(桐木關)이 원산지이며, 여기서 생산된 정산소종(正山小種)이 홍차의 원조이다.

백송(白松): 소나무과에 속하는 상록침엽교목

정산소종은 백송(白松)으로 송연(松煙)을 하는 과정이 있다. 이러한 역사는 청나라 초에 차농(茶農)들이 찻잎을 채엽하고 차를 제다하려고 할 때, 군인들이 무이산의 동목관을 점령하자 차농들이 피신하느라 미처 차를 만들지 못하고, 찻잎을 방치하게 되었다. 그 후 군인들이 철수한 후에 찻잎을 보니 발효가 이미 진행되어 좋지 않은 냄새가 나기 시작하였다. 냄새를 없애기 위해 백송나무로 불을 피워 찻잎을 말렸는데 이러한 과정을 송연이라고 한다. 송연과정을 통해 찻잎에는 소나무 향이 은은하게 배면서 과일과 같은 단맛이 나는 정산소종만의 특징을 가지게 되었다.

홍차가 유럽으로 전파된 것은 1598년 네덜란드의 동인도회사에 의해서이다. 이탈리아의 작가 지오반니 라무지오(Giovanni Ramusio; 1485~1557)가 저술한 『항해기집성(航海記集成)』에는 "중국 사천 지역 사람들은 차를 약으로 사용한다."라는 내용이 기술되어 있다. 포르투갈의 선교사 가스팔 다 쿠루스(Gaspar Da Cruz; 1520~1570)가 저술한 『중국에 관한 연구(*Tratado das cousas da China*)』에는 "사대부 집안에서는 손님이 오면 차를 대접한다."라고 설명하였다. 이처럼 차를 처음 접한 유럽인들은 차(茶)란 손님을 대접하는 음료 혹은 약(藥)이라는 인상을 받았을 것이다.

결정적으로 홍차가 유럽으로 전파된 계기는 1662년 포르투갈의 캐서린 공주가 영국의 찰스2세와 결혼하면서이다. 캐서린 공주는 결혼지참금으로 인도의 봄베이(뭄바이의 옛 이름)와 동양식 가구, 대량의 설탕, 차(tea)를 배 7척에 싣고 영국에 도착하였다. 행복하지 않은 결혼생활을 보낸 캐서린 공주는 매일 수십 잔씩 차를 마시며, 자신을 찾아오는 귀족부인들에게 차를 대접하였다. 귀족부인들 사이에서 하루 한 번씩 아름다운 중국 찻잔으로 차를 우아하게 마시고 싶은 욕망이 유행처럼 번지면서, 영국의 차문화가 꽃피우게 된다.

세계 3대 홍차 중 하나인 안휘성의 기문공부홍차(祁門工夫紅茶)는 '여간신'이라는 사람에 의해 탄생되었다. 1875년 안휘성 황산시에 '여간신'이라는 사람이 복건성에 살다가 안휘성으로 돌아오게 되었는데, 기문(祁門) 일대는 원래 녹차 생산의 중심이었다. 그러나 여간신은 복건성에서 민홍(閩紅: 복건성에서 생산하는 홍차)이 많은 인기를 얻는 것을 보고, 직접 가공공장을 세워 홍차 생산을 시도였다. 수많은 시행착오 끝에 1883년 완성된 차가 바로 '기문공부홍차'이다. 기문홍차는 영국을 통해 유럽으로 퍼지면서 현재까지 국제시장에서 큰 명성을 떨치고 있다.

세계 3대 홍차는 중국의 기문홍차, 인도의 다즐링, 스리랑카의 우바로 알려져 있다.

공부홍차(工夫紅茶)에서 공부(工夫)란 제다과정에서 정성들여 잘 만들어진 차를 말한다. 같은 발음이지만 다른 한자인 공부(功夫)는 오룡차(청차)를 우리는 과정을 뜻하는 말이다.

2. 홍차 제다과정

1) 채엽

금빛을 띠는 눈썹이라는 뜻으로 중국 내에서 생산되는 홍차 중 가장 귀하다.

채엽은 1아 2엽이 기본이다. 단아(혹은 '아')와 1아 1엽도 채엽하는데, 1아 1엽으로 많이 채엽하고 있다. '아'가 많으면 폴리페놀 함량이 낮다. 금준미(金骏眉) 유행 이후에 점점 더 어린잎을 채엽하기 시작하였다. 채엽시기는 4월 중하순 정도부터 시작하는데, 잎이 어느 정도 클 때까지 기다렸다가 채엽한다.

참고로, 홍차의 종류 중 정산소종은 전개면(全開面)인 찻잎을, 대적감은 중개면(中開面) 혹은 반개면(半開面)인 찻잎을 채엽한다. 전개면은 찻잎이 모두 펴진 상태를 말하고, 중개면은 반만 펴진 상태를 말한다.

2) 위조

거의 실내위조를 실시하고 있다.

실내위조대 실내위조를 할 때 밑에서 바람이 나와 찻잎을 시들게 한다.

실내위조

3) 유념(비비기)

홍차는 발효도가 높은 차이므로 유념을 좀 강하게 한다. 손으로 유념을 하는 경우도 있고, 기계로 유념을 하는 경우도 있다. 유념을 하면, 차즙이 나와서 발효가 잘 진행되는데 좋은 찻잎일수록 차즙이 많이 나온다.

손으로 유념하는 방법

유념하는 기계

4) 발효

홍차의 경우 유념과 발효 사이에는 해괴(解块: 덩어리를 풀어 준다)라는 과정으로 잎을 풀어 주는 과정을 거친다. 덩어리 상태로 발효를 시키면 안 되기 때문에 반드시 찻잎을 풀어 주어야 한다. 발효가 너무 지나치면 신맛이, 발효가 모자라면 색깔이 제대로 나오지 않게 된다.

해괴(解块)는 홍차에서 사용하는 용어이고, 오룡차에서는 타산(打散)이라고 한다.

홍차의 찻잎 발효 찻잎을 바구니에 넣고 젖은 수건으로 덮어 두면 발효가 된다. 가장 오른쪽의 사진은 6시간 발효된 찻잎이다. 찻잎이 색깔이 점점 변화되는 것을 볼 수 있다.

5) 건조

발효를 모두 마친 찻잎은 고온에서 건조시킨다. 녹차를 제다할 때만 건조방법이 초건, 쇄건, 홍건이 있고, 나머지 차들은 모두 홍건으로 건조한다.

홍차의 역사에서 설명한 송연(松煙) 과정

전통적인 방법의 홍차는 백송으로 건조시키기 때문에 차에서 훈연향을 느낄 수 있다. 그러나 현대식 방법은 송연과정을 하지 않고, 80~100℃ 사이의 건조실에서 실시한다. 만약, 홍차에서 훈연향이 난다면, 전통방법으로 제다한 것이다.

건조까지 마치면 초제차가 완성된다.

(좌) 송연을 하기 위한 소나무 (우) 전통방법의 건조실 창고처럼 생긴 곳에서 바구니를 위에 올려놓고 백송으로 불을 피워 건조시킨다.

(좌) 건조시키는 기계 (우) 기계 내부 기계 내부를 보면, 바구니를 칸칸이 넣을 수 있게 되어 있다.

6) 절쇄(切碎)

건조 이후 실시하는 과정으로 '선별'이라는 뜻을 가진다. 절쇄과정부터 정제차가 만들어지는 것이며, 매우 정성스럽게 만든다.

7) 줄기제거

불필요한 줄기와 불순물 등을 제거한다.

8) 선별

품질을 위해 좋은 찻잎만 선별한다.

9) 재건조

재건조는 과거에 '복화(複火)'라는 용어로 사용되었다. 선별 후, 찻잎의 함수량을 위해 다시 건조시킨다.

10) 재선별

재선별까지 마치면, 정제차가 완성되는 것이며, 정성스럽게 만든 차라 하여 '공부차(工夫茶)'라고 한다.

3. 홍차의 종류

홍차는 앞에서도 설명하였지만, 전 세계적으로 소비량이 가장 많은 차류이다. 홍차의 원조인 중국을 비롯하여, 대만, 영국, 인도, 스리랑카, 케냐 등 다양한 나라에서 홍차를 생산하고 있다. 이번 장에서는 우선 중국 홍차의 종류에 대해 살펴보도록 하자.

중국에서는 홍차의 종류를 제다과정과 차의 특성에 따라 소종홍차(小種紅茶), 공부홍차(工夫紅茶), 홍쇄차(紅碎茶)로 구분하고 있다. 홍차의 종류 및 특징은 다음과 같다.

1) 소종홍차(小種紅茶, Souchong, Lapsang souchong)

소종홍차에는 정산소종, 금준미, 은준미, 동준미(= 소적감), 대적감 등이 있다.

(1) 정산소종(正山小種)

홍차의 원조인 정산소종은 복건성 무이산시 성촌진 동목관을 포함한 일부 지역에서만 생산된다. 정산(正山)은 오리지널 산지라는 뜻이다. 특히, 동목관은 자연환경이 매우 아름답고 역사적 · 문화적 중요성으로 인해 유네스코 세계문화유산으로 지정되어 있으며, 중국에서도 보호지역으로 특별 관리하는 곳이다. 소종(小種)은 다음과 같은 의미를 포함하고 있다.

첫째, 소엽종이다.
둘째, 생산량이 적다.
셋째, 지역이 작고 소기후(미세기후)의 뜻이다.

채엽은 1아 2엽으로 하며, 탕색은 홍량(紅亮: 붉고 맑다)하고, 향기가 높고 상쾌하며 찻잎에 소나무 가지를 태워 향을 입히는 송연(松煙)이라는 작업을 거치므로 진한 송연향(松煙香)을 가지고 있다. 송연향의 지속시간이 다른 소종홍차에 비해 오래 유지되고, 잡맛 없이 진한 맛이 나며, 단맛이 오래 느껴진다. 은은하고 달콤한 배향이 흡사 용안을 우린 느낌이다.

만약, 송연을 하는 과정에서 안 좋은 향이 입히게 되는 경우에는 송연이라고 하지 않고, 훈연(熏煙)이라고 표현한다. 즉, 품질이 떨어지는 정산소종에 '훈연향'이라고 표현하고, 훈소종(熏小種), 연소종(煙小種)이라는 명칭으로 판매된다. 정산소종 바깥 지역에서 생산된 홍차는 외산소종(外山小種), 가소종(假小種, 가짜 소종이라는 뜻)이라고 한다.

정산소종의 가공법을 기초로 해서 기문홍차, 전홍, 민홍과 각종 홍차류의 독특한 제다법이 탄생하게 된다. 그러나 송연향을 입히는 정산소종의 전통적인 방법보다 현대적인 방법으로 송연향을 입히지 않은 정산소종도 많이 생산되고 있다. 송연과정을 거치지 않은 홍차는 무연정산소종이라고 불리는데, 차를 즐기는 사람들이 점차 무거운 느낌의 차보다는 가볍게 마실 수 있는 차를 더 선호하게 되다 보니, 제다방법에도 변화가 생긴 것이라고 볼 수 있다.

소적감, 대적감이 무연정산소종이다.

준덕차창 정산소종

정산당 정산소종

랍상소종, 랍상소우총, Lapsang Souchong

'랍상'은 복주(福州) 지역의 방언으로 정산(正山)이다. '소우총'은 현지 언어를 영어식으로 발음한 것이다. 즉, 랍상소종은 정산소종과 같은 이름이다.

(2) 금준미(金駿眉)

금준미는 '아'로만 만드는 고급홍차로 세 곳의 차창(茶廠), 정산당(正山堂)과 준덕차창(駿德茶廠), 산이당(山尔堂)에서 수많은 연구 끝에 의해 2005년 탄생된 차이다. 금준미는 한자에서 알 수 있듯이, '금빛을 띠는 눈썹'이라는 뜻을 가지고 있다. 찻잎에서 금색이 보인다는 뜻이지만, 금색이 유난히 많이 보이는 것은 품질이 떨어지는 것이며, 검은색 중 금색이 희끗희끗 보이는 것이 품질이 뛰어난 금준미이다.

차창(茶廠)이란 차를 만들고 보관하는 곳이라는 포괄적인 개념을 포함하는 뜻이다.

금준미를 만드는 제일 큰 기업이다.

금준미는 찻잎의 색깔도 매력적이지만, 무엇보다도 맛과 향이 가장 뛰어나다.

정산소종처럼 전통적인 송연과정을 없애고 발효도를 낮추었고, '아'로만 제다하여 과일향과 꽃향이 매우 자연스럽고 풍부하게 느낄 수 있는 홍차이다. 금준미의 향은 리치 혹은 찐고구마향이 나다가 7~8번 우리면, 난향(蘭香)이 풍부하게 올라오는 우아한 차라고 할 수 있다. 금준미에서 조금 품질이 떨어지는 차를 은준미(銀駿眉)라고 한다.

금준미 등장 이후로 중국의 홍차 시장이 변화하여 점점 더 '아'로 제다하는 홍차들이 많아졌고 송연향도 부드러워지고 있다.

금준미 발원지인 정산당

금준미 차엽

금준미 찻잎

정산당에서 생산하는 금준미의 등급별 품평 과정

정산당 금준미

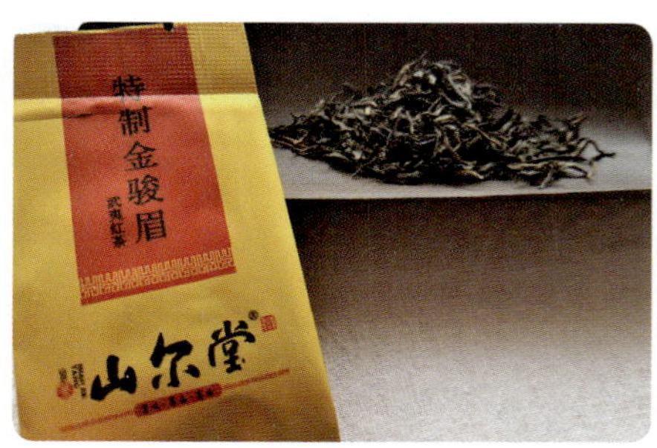

산이당 금준미

(3) 그 외

소적감(= 동준미)과 대적감(1아 3엽으로 채엽)은 새로 나온 홍차로 송연향을 입히지 않는다. 판매할 때에는 '무연정산소종'으로 판매하고 있다.

무연으로 생산하는 홍차에는 소적감, 대적감 외에 노총홍차, 야생홍차 등이 있다.

주씨차창 소적감

주씨차창 대적감

2) 공부홍차(工夫紅茶)

공부홍차는 제다과정을 정성스럽게 생산한 홍차로 산지에 따라 이름을 다르게 부른다.

안휘(安徽) 지역은 기문공부(祁門工夫), 운남(雲南) 지역은 전홍공부(滇紅工夫), 강서(江西) 지역은 녕홍공부(寧紅工夫), 복건(福建) 지역은 민홍공부(閩紅工夫)라 부른다. 가장 유명한 홍차는 안휘 지역의 기문공부홍차(祁門工夫紅茶)인데, 공부홍차 중에서도 '공부'가 붙으면 더 정성스럽게 만든 차라고 보면 된다.

지역별 공부홍차에 대해 알아보자.

(1) 안휘성- 기문공부홍차(祁門工夫紅茶)

가장 유명한 홍차인 기문공부홍차(祁門工夫紅茶)는 검은색의 광택이 있는데, 이를 오흑색(烏黑色), 보광(寶光; 윤기가 난다)이라고 한다. 맛에는 꿀향, 과일향, 꽃향이 조화롭게 어우러져 국제시장에서 인기를 얻고 있다.

1915년 파나마에서 열린 만국박람회에서 금상을 수상하며 국제시장에 화려하게 등장한 기문홍차는 1987년 세계우수품질식품박람회에서 금상을 차지하면서 전 세계적인 인기를 얻게 되었으며, 1992년 홍콩에서 열린 식품박람회에서도 금상을 차지하였다. 기문홍차는 '저엽종'으로 만들어지는데, 나무의 종류가 아니라 품종의 이름이 '저엽종'이다.

기문홍차의 향은 '기문향'이라고 하는데, 어떤 향인지 떠오르지 않는다면, 다양한 향을 모두 포함하고 있다고 생각하면 된다. 향과 맛에서 꿀향, 과일향, 꽃향이 조화롭게 어우러져 있다.

가장 유명한 홍차인 기문공부홍차(祁門工夫紅茶)는 검은색의 광택이 있는데, 이를 오흑색(烏黑色), 보광(寶光; 윤기가 난다)이라고 한다.

전통적인 기문홍차는 파쇄형으로 화려하고 바디감이 좋은 것이 특징이며, 현대적인 기문홍차는 온전한 잎으로 생산하고 있으며, 탕색은 등황색으로 차맛이 조금 밋밋하다.

전통적인 방법으로 제다된 기문홍차

영국의 대표 차브랜드인 포트넘 앤 메이슨에서 생산된 기문홍차

(2) 운남성- 전홍공부(滇紅工夫)

운남성의 대표 글자가 전(滇)이다. 전홍은 1936년부터 생산되었으며, 운남성 봉경(凤庆)이 원산지이다. 찻잎이 길쭉하고 두툼하며, 튼튼한 싹이 금황색 솜털로 덮여 있고, 풍부한 과일향과 난향이 진하고, 서향(고구마향)이 특징이다. 전홍은 내포성이 좋으며, 농후하여 오랫동안 여운을 남긴다. 조금 질이 떨어지는 전홍은 '운남홍차'라고 한다.

(3) 산동성(山東省)- 노산홍차(崂山紅茶)

노산(崂山)은 산동성 칭다오 지역에서 있는 명산이다. 노산 지역에서 생산된 홍차이다.

(4) 절강성(浙江省)- 월홍공부홍차(越紅工夫紅茶)

절강성의 대표글자가 월(越)이다. 절강성에서는 구곡홍매(九曲紅梅)도 생산하고 있다. 구곡홍매는 용정차 원료로 홍차를 만든 것이다. 역사적으로 복건성에 있던 차농이 절강성으로 이주를 갔는데, 딱히 할 일이 없어 녹차 원료(용정차)로 홍차를 만들기 시작하였다.

(5) 호북성(湖北省)- 의홍공부홍차(宜紅工夫紅茶)

'의(宜)'는 의창(宜昌)이라는 지역으로 청나라 시대에 유명한 곳이었다. 의홍공부홍차는 지역적 · 역사적으로 유명한 홍차이다.

(6) 강서성(江西省)- 녕홍공부홍차(寧紅工夫紅茶)

'녕(寧)'은 녕주(寧州)를 뜻하며, 현재는 '수수'라고 한다.

(7) 호남성(湖南省)- 상홍공부홍차(湘红工夫紅茶)

호남성의 대표 글자가 '상(湘)'이다.

(8) 사천성(四川省)- 천홍공부홍차(川紅工夫紅茶)

천홍공부는 품종을 크게 따지지 않는다.

(9) 강소성(江蘇省)- 의흥홍차(宜興紅茶)

강소성은 자사호(紫沙壺) 생산지역이다.

(10) 귀주성(貴州省)- 검홍공부홍차(黔红工夫紅茶)

귀주성에서 생산되는 홍차를 '검홍'이라고 부르며, 검홍 중에서도 품질이 우수한 홍차는 '준의홍(遵義紅)'이라고 한다.

(11) 광동성(廣東省)- 영덕공부홍차(英德工夫紅茶)

영덕공부홍차의 다른 이름은 영덕九호이다. 영덕九호는 수렴성이 강한 운남 대엽종과 봉황단총을 접목하여 만든 홍차이다.

(12) 복건성(福建省)- 민홍공부홍차(閩红工夫紅茶)

민홍공부홍차는 정화 지역의 정화공부(政和工夫), 복정 지역의 백림공부(白琳工夫), 복안 지역의 탄양공부(坦洋工夫)의 총칭이다. 세 개의 공부 홍차 중 탄양공부는 채차(採茶, 야생종)로 제다하여 등급이 가장 낮았으나, 현재는 대백품종으로 생산하여 품질이 좋아졌다.

정산당 계열 홍차

금준미 제다기술로 다른 지역에서 만든 홍차

1. 하남성(河南省) 신양홍(信陽紅): 금준미를 개발한 다음 해인 2006년부터 생산하였으며, 제다기술은 금준미와 같다.
2. 귀주성(貴州省) 보안홍(普安紅): 귀주성 보안현(普安縣)에서 생산하는 '고차수'인 대엽종으로 생산하였다.

신양홍

보안홍

3) 홍쇄차(紅碎茶)

홍쇄차는 위조 후 유념할 때 파쇄기를 이용하여 찻잎을 파쇄한 홍차를 통칭하는 것으로 농(濃), 강(强), 선(仙)이 특징이다. 원래는 운남성에서만 생산하였으나, 현재는 전국의 차산지에서 모두 생산하고 있다.

홍쇄차는 크기에 따라 등급이 나뉘는데 엽차, 쇄차, 편차, 말차(가루 형태)로 구분된다. CTC의 경우 기계로 작업하며, 가향차나 밀크티를 만들 때 사용한다. 홍쇄차는 진하기 때문에 그냥 마시지 않고 우유에 타서 마시거나(밀크티), 티백, 캔 제품을 생산할 때 사용한다.

CTC는 Crush(파쇄하고), Tear(찢고), Curl(말아서 비트는)로 만드는 차이다.

4. 그 외 지역의 홍차

전 세계적으로 가장 소비량이 많은 홍차는 중국 외에도 대만, 영국, 스리랑카, 인도, 케냐 등 다양한 국가에서 생산하고 있다. 그러나 본 교재에서는 대만홍차와 서양홍차로 분류하여 기본적인 내용만 살펴보고자 한다. 대만홍차는 종류에 대해 간단하게 알아보고, 서양홍차는 제다방법 및 서양홍차의 등급에 대해서 알아보도록 한다.

1) 대만홍차

중국 외에 아시아에서 홍차를 생산하는 나라로 대만이 있다. 대만홍차는 일월담홍차(日月潭紅茶)으로 불리는데, 남투현(南投縣) 어지향(魚池鄉)의 일월담(日月潭) 일대에서 생산된다. 대만의 경우 처음에는 소엽종의 찻잎으로 홍차를 만들다가 향기가 높지 않자 1925년에 인도에서 가져온 대엽종 차나무를 재배하여 차를 만들기 시작했다.

(1) 홍옥(紅玉, 대차 18호)

대만의 토종 품종과 대엽종인 미얀마 품종을 접붙이기하여 생산한 홍차이다. 홍옥은 민트향, 박하향이 특징이다.

(2) 홍운(紅雲 , 대차 21호)

소엽종인 기문종과 인도 아쌈을 접붙이기하여 생산한 홍차이다. 일반적인 홍차로, 부드럽고 열대과일향과 꿀밀향이 특징이다. 홍옥보다는 홍운이 품질이나 가격 면에서 조금 높다.

(3) 아쌀모(대차 8호)

인도 아쌈에서 단주(單株)를 선발하여 생산한 품종으로 고구마향, 베리향(딸기, 라즈베리 등)이 특징이다.

대만홍차 (좌) 아쌀모 (중) 홍운 (우) 홍옥

2) 서양홍차

중국에서는 홍차보다 녹차를 선호하지만, 서양에서 가장 많이 마시는 보편적인 차는 홍차이다. 사실 서양에서도 처음에는 녹차를 선호하였다.

영국에 커피하우스가 1650년대에 최초로 생긴 이후 급속도로 증가하여 1683년에는 런던 시내에만 커피하우스가 3,000여 개에 이르렀다. 그 당시 영국이 수입하는 차는 녹차가 전체의 2/3를 차지하였고, 홍차가 1/3로 녹차에 대한 수요가 압도적이었다. 그러나 영국의 물은 주로 경수로 녹차를 우리면, 녹차의 특징인 부드러움과 향이 많이 나타나지 않았다. 이러한 물의 영향으로 녹차에 대한 수요가 점차 홍차로 옮겨 오게 되었다.

지금까지도 많은 사랑을 받고 있는 서양홍차는 생산지역, 차의 종류 등 방대한 내용이므로 본 교내에서는 서양홍차를 제다하는 방법과 등급, 서양홍차의 유명 브랜드에 대해서만 살펴보기로 한다.

(1) 서양홍차의 제다방법

❶ 전통적인 방식 - 유럽(영국)의 방법

영국은 19세기부터 인도에서 차나무를 재배하면서 차를 제조하기 시작했다. 처음에는 생산 노하우가 없었기 때문에 중국인 기술자들을 데리고 와서 만들었으나, 곧 중국인들의 차 만드는 방법을 모방하여 대량생산을 위한 기계 설비를 제작하였다.

자동화 설비를 이용하긴 하지만 중국의 전통적인 방식으로 생산하는 방법을 '전통방식(Orthodox)'이라고 한다. 전통방식은 총 6단계를 거쳐서 생산한다.

다음의 〈표 13-1〉은 전통방식으로 홍차를 제다하는 과정이다.

〈표 13-1〉 유럽의 홍차제다 전통방식 6단계

과정	설명
채엽(Plucking)	차나무에서 찻잎을 채엽
위조(Withering)	생잎의 수분을 적당히 건조하여 시들리기
유념(Rolling)	위조된 잎을 비벼 산화가 촉진
산화(Oxidation)	효소에 의해 발생되며 홍차의 특성을 가짐
건조(Drying)	더 이상 화학변화가 일어나지 않도록 하기 위해 가열하여 건조
분류(Sorting)	품질에 따른 분류

중국에서 수작업으로 차를 만드는 방법에 기반을 두고 고안된 전통방식은 각 단계별로 분리된 기계들을 사용하여 차를 생산하였다. 수작업에 비하면 생산량이 크게 증가하기는 했지만, 수요에 맞출 수 있을 만큼의 대량생산은 어려웠다.

❷ CTC(Crush, Tear, Curl) 방법

대량생산이 어려운 전통적인 방식을 보완하기 위해 1930년대 인도의 아쌈(Assam) 지방에서 CTC(Crush, Tear, Curl) 방식이 고안되었다. CTC 방식은 단어에서 알 수 있듯이 찻잎을 파쇄하고(Crush), 찢고(Tear), 말아서 비트는(Curl) 방법이다. 위조 과정 없이, 찻잎을 잘게 찢고 으깨어 동그랗게 마는 방식이다. 이 모든 과정이 한 기계에서 동시에 진행되기 때문에 짧은 시간 안에 대량생산이 가능하다.

처음에는 정통방식으로는 사용할 수 없는 낮은 품질의 찻잎을 활용하기 위해 고안되었으나, 영국의 식민지역을 중심으로 점차 홍차 생산의 혁신을 불러오기 시작했다.

CTC 방식으로 생산된 차는 뜨거운 물에 매우 빠르고 진하게 우러나오지만, 정통방식으로 생산된 차에 비해 향과 맛이 떨어진다. 주로 티백 제품을 만들기 위한 용도로 사용되며, 현재 홍차를 생산하는 국가(중국을 제외하고)에서는 대부분 CTC 방식을 이용하고 있다.

(2) 서양홍차의 등급

서양홍차의 경우, 생산량도 많지 않고 차문화 역시 귀족만 즐길 수 있는 고급문화이기에 서양홍차는 중국홍차보다 등급을 세분화하고 있다. 차나무의 잎이 어느 위치인지, 어린잎인지에 따라 등급을 구분하고, 가장 좋은 차등급에서 또다시 더 고급으로 등급을 나누어 귀족들의 사회적 계층에 대한 특권 의식을 드러냈다고 할 수 있다.

❶ 생엽의 명칭

홍차를 만들 때는 어느 부분의 찻잎으로 만들었는지에 따라 구분된다. 따라서 등급을 구분하기 전 생엽의 각 명칭에 대해 알고 있으면 훨씬 수월하다.

가장 위에 있는 잎이 가장 어린잎으로 잎의 위치가 아래로 내려갈수록 등급도 낮아진다.

오렌지(Orange)는 오렌지와 같은 맛을 나타내는 것이 아닌, 오렌지 빛깔의 수

색을 보인다고 하여 붙여진 이름이다. 생엽의 명칭에서 Pekoe(페코)는 찻잎의 백호(白毫)뜻하는 말이다. 민남 지역의 방언으로 Peh ho(페호)의 발음이 페코와 비슷한 발음이다.

Souchong(소우총)도 소종홍차의 소종이라는 현지 발음을 영어식으로 하면서 바뀐 발음이라고 보면 된다. Pekoe Souchong과 Souchong은 대부분 기계로 수확하며, Souchong잎이 가장 늙은 잎이고, 등급이 가장 낮다.

생엽의 각 명칭은 다음의 〈표 13-2〉와 같다.

〈표 13-2〉 생엽의 명칭

명칭	설명
Tip	가장 위 부분으로 잎이 되기 전, 잎이 펴지기 전의 상태
Orange Pekoe(OP)	Tip의 바로 아래에 있는 잎
Pekoe(P)	Orange Pekoe의 바로 아래에 있는 잎
Pekoe Souchong(PS)	Pekoe의 바로 아래 잎
Souchong(S)	Pekoe Souchong의 아래에 있는 잎

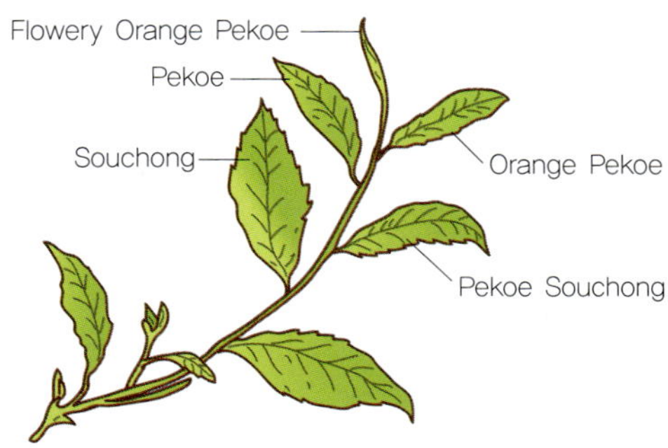

생엽

❷ 홍차의 등급- 잎차의 형태

〈표 13-2〉에서 설명한 생엽의 명칭을 참고하여, 어떤 잎을 사용해서 홍차를 제다했는지에 따라 등급이 구분된다. 판매하는 홍차의 포장지 혹은 틴(캔)에 보면, 'OP', 'S', 'FOP' 등의 알파벳 표시가 있다. 이는 '잎차 등급 구분'이라는 것이다. 잎차의 형태가 홀 리프(Whole leaf)인지 브로큰 리프(Broken leaf)인지에 따

라 등급이 구분된다.

Broken Grade 이후에는 Fanning과 Dust가 있는데, Fanning은 찻잎 제조공정에서 Broken 등급의 찻잎을 거르고 남은 찻잎에서 Dust 등급보다 찻잎이 큰 것을 말한다. 마지막으로 Dust 등급은 미세한 가루 같은 모양의 홍차이다.

다음의 〈표 13-3〉은 잎의 형태에 따라 구분된 등급의 명칭이다.

〈표 13-3〉 등급 명칭

등급 명칭		설명
Whole Leaf	FOP (Flowery Orange Pekoe)	Tip과 OP 등급으로만 생산(Flowery는 새싹을 뜻함)
	OP (Orange Pekoe)	Tip 바로 아래에 자란 어린잎으로 생산
	P (Pekoe)	Orange Pekoe의 바로 아래에 있는 잎으로 생산
	PS (Pekoe Souchong)	Pekoe의 아래 잎으로 생산
	S (Souchong)	Pekoe Souchong의 아래에 위치한 비교적 늙은 잎으로 생산
Broken Leaf	BP (Broken Pekoe)	Pekoe를 분쇄한 홍차
	BPS (Broken Pekoe Souchong)	Pekoe Souchong을 분쇄한 형태
	BOP (Broken Orange Pekoe)	Orange Pekoe를 분쇄한 홍차
F (Fanning)		BOP 등급의 찻잎을 체에 거를 때 떨어지는 작은 잎으로, 좋은 품질의 티백에 사용됨
D (Dust)		크기 1mm 이하의 가장 작은 찻잎으로 매우 작은 분말 수준의 입자 형태

※ FOP 등급은 고급 홍차의 대표적인 등급이며, 더 고급화되어 다시 여러 등급으로 나뉜다.

❸ 홍차의 등급- FOP

FOP는 Tip과 OP 등급으로만 만든 홍차이며, 가장 어린잎으로만 만든 고급 홍차이다. 이러한 FOP는 Tip Grade에서 Tip의 함량에 따라 더 고급 홍차로 구분한 것이 FOP 등급이다.

Tip의 함량에 따른 Tip Grade의 명칭은 다음의 〈표 13-4〉와 같다.

〈표 13-4〉 Tip Grade의 구분

Tip 명칭	설명
Golden Tip	• Tip 부분만 채엽하여 만든 차다. • 외형은 부서지지 않은 비교적 완전한 형태를 가지고 있으며, 발효를 거쳐 금황색을 나타낸다. 맛은 연하고 부드러우면서 편안한 느낌의 단맛을 낸다.
Silver Tip	• 역시 Tip 부분만 채엽해서 만든 차를 말한다. • 외형은 부서지지 않은 비교적 완전한 형태를 가지고 있고, 약발효를 거쳐 맛은 비교적 싱겁고 옅은 느낌을 낸다.
Golden Silver	• 어린 이파리로 만들어 완성된 홍차 중에서 Golden Tip을 많이 포함하고 있는 이파리를 따로 골라낸 등급이다. FOP의 최고 등급인 SFTGFOP1급과 비슷하다고 볼 수 있다.
Flowery Silver	• 분류 방법은 Golden Silver와 같지만 Golden Tip의 함량이 약간 떨어진다.

Tip은 생엽에서 가장 위에 있는 잎이고, 가장 어린잎을 지칭한다. 따라서 Tip의 비율에 따라 홍차의 등급이 구분된다. 다음의 〈표 13-5〉가 FOP 등급의 구분이다.

〈표 13-5〉 FOP 등급

등급 명칭	설명
SFTGFOP1 (Super Finest Tippy Golden Flowery Orange Pekoe)	SFTGFOP를 넘어선 가장 좋은 등급이다. 영문 약자를 추가하지 않고 숫자 1을 적어서 표시한 등급은 FTGFOP1, FOP1, OP1 등이 있는데, 모두 각 등급에서 최고의 품질을 가지고 있다는 뜻이다.
SFTGFOP (Super Finest Tippy Golden Flowery Orange Pekoe)	FTGFOP라는 등급에 Super라는 단어가 붙었다. 아주 높은 품질의 등급을 나타내며, 전체 생산량 중에서 극소수만이 SFTGFOP의 등급을 받는다.
FTGFOP (Finest Tippy Golden Flowery Orange Pekoe)	매우 정교하고 섬세한 유념을 거쳐 완성된 고품질 홍차를 말한다.
TGFOP (Tippy Golden Flowery Orange Pekoe)	골든 팁의 함량이 비교적 높은 등급이다. FOP보다 맛이 깔끔하며, 향기가 높고 오래간다.
FOP (Flowery Orange Pekoe)	OP와 P로만 만들어진 홍차이다.

포트넘 앤 메이슨 다즐링 FTGFOP 등급

(3) 전 세계 유명 차 브랜드

① 마리아쥬 프레르(Mariage Freres)

프랑스에 홍차를 처음 소개한 마리아쥬 프레르가 만든 브랜드이다.

② 웨지우드(Wedgwood)

영국의 유명한 도자기 회사에서 만든 홍차 브랜드이다.

③ 쿠스미(Kusmi)

프랑스 프랜드로 직사각형의 모슬린 티백이 유명하다.

④ 립톤(Lipton)

영국의 대표적인 브랜드로 홍차의 대중화에 기여한 브랜드이다.

⑤ 트와이닝스(Twinings)

영국에서 가장 오랜 역사를 가진 티브랜드로, 세계에서 가장 유명한 얼그레이를 처음으로 블렌딩한 회사이다.

⑥ 포트넘 앤 메이슨(Fortnum & Mason)

300년 전통을 자랑하는 영국의 대표적인 홍차 브랜드이다.

⑦ TWG

싱가포르에서 탄생한 브랜드로 2008년에 론칭하여 럭셔리 티살롱을 추구하는 프리미엄 티브랜드

TWG

포트넘 앤 메이슨

마리아쥬 프레르

5. 홍차를 즐기는 방법

① 홍차는 발효도 98% 이상의 완전발효차로 100℃의 끓인 물로 바로 우려서 마셔도 된다.

② 홍차를 우릴 때에는 개완 혹은 자사호 모두 사용할 수 있다. 그러나 자사호를 이용할 경우, 1차 1호로 즐기는 것이 가장 좋다. 개완을 이용하는 방법은 220페이지, 자사호를 이용하는 방법은 256페이지를 참고하도록 한다.

14 CHAPTER 차의 종류- 흑차(黑茶)

1. 흑차의 특징

흑차의 개념은 명나라 때 처음 생겼는데, 미생물에 의한 후발효차로 분류되는 흑차는 우연한 기회에 탄생되었다. 역사적으로 흑차의 주요 산지는 운남성(雲南省), 사천성(四川省), 호남성(湖南省), 호북성(湖北省)으로, 특히 운남성과 사천성은 당(唐)대부터 본격적으로 티베트 등과의 차마무역이 성행한 지역이었다. 이 무역로가 바로 평균 해발 4,000m로 연결되는 차마고도(茶馬高道)이다.

차의 운반과 보관을 용이하게 하기 위해 찻잎을 눌러 단단한 형태로 만들었으며, 먼 길을 이동하는 동안 습기의 영향을 받기도 하고 바람과 햇볕을 받아 가며 산화와 발효의 과정이 반복되었으며, 이러한 화학반응으로 차의 색은 흑갈색으로 변하고 맛과 향 또한 일반 차와 다르게 바뀌었다.

대부분의 차는 폴리페놀과 산소가 만나지 못하도록 차단시켜 산화를 방지하며 보관하지만 흑차는 보관 중에 자연적으로 외부의 영향을 받아 후발효가 진행되면서 향미와 성질의 변화가 일어나는 특성이 있다. 후발효이기 때문에 흑차의 발효도는 따로 없다.

1970년대 이전에는 자연적으로 발효가 일어났으나, 1973년에 '악퇴(渥堆)'가 등장하면서 인위적으로 발효시키기 시작하였다. 현대 흑차에는 제다과정 중 악퇴과정이 포함되어야 한다.

찻잎에 물을 뿌리고 비닐을 덮어 습열작용이 일어나도록 하는 과정이다. 악퇴로 인해 후발효가 진행되는데, 따뜻한 온도, 높은 습도, 적당한 산소에서 매우 활발히 일어나게 된다.

2. 흑차 제다과정

1) 일반적인 흑차

일반적인 흑차의 제다과정은 채엽 → 살청 → 유념 → 악퇴 → 건조 → 긴압으로 녹차의 제다과정과 비슷하다. 차이점은 채엽할 때, 조노엽(粗老叶)이라 하여 1아 4~5엽으로 늙은 잎을 주로 채엽하는데, 늙은 잎에는 섬유질 성분이 다량으로 함유되어 있다.

흑차의 제다과정에서 가장 중요한 과정은 바로 악퇴이다. 쌓여 있는 차(茶)에 물을 뿌려 습도와 온도를 유지시키며 비닐로 덮어 둔다. 며칠 동안 기다리면서 발효가 진행되고, 차를 골고루 섞어 뒤집는 관정을 반복하며 미생물이 고르게 번식할 수 있도록 도와주는 과정을 악퇴라고 한다. 이때, 발효로 인해 온도가 높아지면서 습열(濕熱)작용이 일어나게 된다.

2) 보이차(普洱茶)의 제다과정

보이차는 보이생차(普洱生茶)와 보이숙차(普洱熟茶)로 구분되는데, 일반적인 흑차와 순서가 조금 다르다.

보이생차의 제다과정은 채엽 → 살청 → 유념 → 건조(쇄청건조) → 증기긴압의 과정으로 녹차와 비슷하다.

보이숙차의 제다과정은 채엽 → 살청 → 유념 → 건조(쇄청건조) → 악퇴 → 건조 → 증기긴압의 과정을 만들어진다.

즉, 보이숙차는 건조 후에 악퇴를 실시한다.

100년 이상 되면 고차수라고 부를 수 있다.

보이생차는 대엽종으로 생산되는데, 고차수(古茶樹)이면서 좋은 보이차인 경우 시간이 지날수록 가치가 올라간다. 보이차의 성분이 대분자에서 소분자로 변화되려면 15년 이상 지나야 하기 때문에 보이생차도 15년 정도 숙성되면 차맛이 좋아진다. 반면, 보이숙차는 장기간 두어도 성분변화가 없기 때문에 큰 가치가 없으며, 숙차는 미생물 때문에 만들자마자 바로 못 마시며, 생산 후 2~3년 정도의 진화(陳化)작용 후에 마시는 것이 좋다. 악퇴과정을 거치면 미생물에 의해 폴리페놀이 둔해지기 때문에 악퇴를 잘 거친 숙차는 몸에 굉장히 좋다. 만약, 숙차를 마셨는데 단맛이 서서히 올라와 지속되면 잘 만든 차이다. 보이차의 수요가 급속히 늘어나면서 숙성된 보이생차를 공급하기 어려워지자 1960년 이전에는 숙차가 전혀 없다가 1973년 이후 개발되었다.

〈표 14-1〉 일반 흑차와 보이차의 제다과정 비교

일반 흑차의 제다과정	보이생차	보이숙차
채엽 살청 유념 악퇴 건조 긴압	채엽 살청 유념 쇄청건조 증기긴압	채엽 살청 유념 쇄청건조 악퇴 긴압

보이차 쇄청과정

3. 흑차의 형태

흑차는 긴압이라는 과정으로 통해 여러 가지 모양으로 만들어진다.

① 병차(餠茶): 원 모양

② 전차(磚茶): 벽돌 모양

③ 방차(方茶): 정사각형 모양

④ 타차(沱茶): 밥공기 같은 그릇의 모양

⑤ 긴차(緊茶): 버섯과 같은 모양

⑥ 천량차(千兩茶): 모양이 아닌 중량의 의미. 천량은 약 37kg으로 차마무역 당시 차를 말에 싣고 운반하였기 때문에 말의 신체 길이와 비슷하게 제작함

⑦ 금과공차(金瓜貢茶): 사람 머리 크기로 인두차라고도 함

⑧ 보이숙산차: 긴압하지 않은 산차(散茶)의 형태

병차

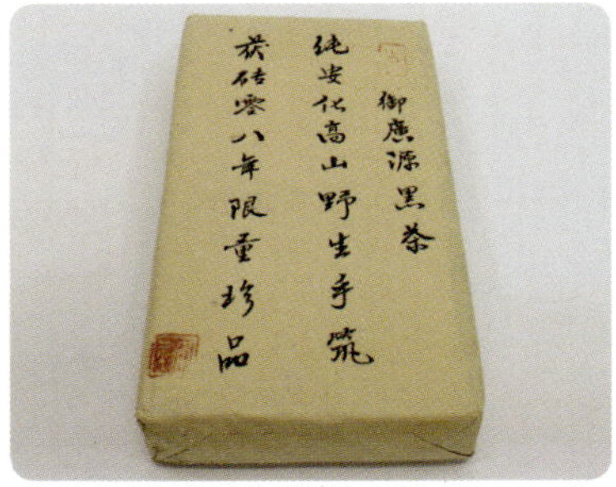

전차

방차

타차

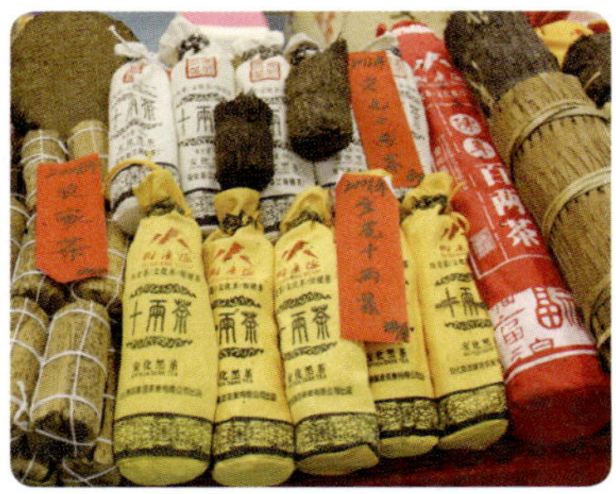

천량차

산차

4. 지역별 흑차

1) 운남성(雲南省)– 보이차(普洱茶)

보이차는 중국 운남성에서 생산되는 가장 유명한 흑차의 한 종류로서 보이현(普洱縣)의 이름에서 유래되었다. 과거 보이현은 차를 거래하던 지역이었는데, 여기서 거래하는 모든 차가 보이차였다. 보이차는 교목형 대엽종으로 만들어지는데, 최근 들어 보이생차의 수요가 급증하자 관목형도 늘어나고 있는 추세이다. 보통 고차수(古茶樹)는 차기(茶氣)가 너무 강해 햇차는 마시기가 어려운데, 관목형에서 생산하는 보이차는 차기가 약하여 바로 마실 수 있는 장점도 있다.

흑차로 분류되는 보이차는 보이생차(普洱生茶)와 보이숙차(普洱熟茶)로 구분된다. 흑차의 제다, 숙성과정에서 미생물의 작용으로 만들어지기도 하지만 모든 흑차에서 미생물이 관여하지는 않는다. 따라서 미생물이 관여하지 않은 것을 보이생차(普洱生茶)라고 하고, 미생물이 관여하여 만들어진 것을 보이숙차(普洱熟茶)라고 한다.

보이차의 정의

보이차에 대한 '중화인민공화국 국가표준(中华人民共和国 国家标准)'의 정의는 다음과 같다.

2008년 GB/T 2111-2008

지리표시 보호구역 내의 운남대엽종 쇄청모차를 원료로 지리표시 보호구역에서 특정한 가공방법에 따라 만들어진, 독특한 품질 특징을 가지는 차로 가공기술과 품질특징에 따라 보이차는 생차와 숙차로 분류한다.

2014년 GB/T30766-2014

운남 서남 지역의 대엽종 차나무 생엽을 원료로 살청, 유념, 쇄청건조, 악퇴, 전고 등 공정으로 만든 제품을 보이차로 정의한다.

2008년과 2014년의 보이차 정의의 공통점을 찾아보면, 첫째, 운남성, 둘째, 일정한 지역, 셋째, 대엽종, 넷째, 쇄청모차, 다섯째, 후발효, 여섯째, 긴압이다. 날로 높아지는 보이차의 인기와 가격, 6대 차류 분류 중 흑차에서 따로 분류해야 한다는 주장을 모두 종식시키며 중국정부는 보이차를 흑차로 분류하고 있다.

보이차는 긴압 후 병차의 형태로 만들어지는데, 병차 1편은 357g이고, 7개가 세트로 7차병차(七茶餅茶)라고 한다. 357g의 이유도 역시 차마고도에 있다. 말 1필이 양쪽에 30kg씩, 총 60kg까지 실을 수 있는데, 계산해 보면 다음과 같다.

357g × 7 = 2,499g × 12 = 29,988g(약 30kg)

보이차에는 8582, 7542, 7222와 같은 번호가 적혀 있다. 앞 두 자리는 차의 제조년도이고, 셋째 자리는 원료의 등급이며, 넷째 자리는 공장번호이다. '8542'를 해석하면, 85년도에 4등급의 차를 2번 공장에서 생산하였다는 뜻이다.

보이차는 특급, 1~9등급으로 총 10등급으로 분류된다. 공장번호 1은 곤명차창, 2는 맹해차창, 3은 하관차창, 4는 보이차창인데, 맹해차창은 대익그룹(大益集团, TAETEA GROUP)에서 인수하였다.

보이차의 주요 산지는 티베트 고원과 운남성을 흐르는 란창강(瀾滄江)을 중심으로 형성되며 발전해 왔다. 란창강의 이북 지역이 구6대 차산으로 불리며 이 중 가장 큰 이무(易武)차산의 이름을 붙여 이무차구(易武茶區)라고 한다. 구6대 차산에는 유락(攸乐), 의방(倚邦), 망지(莽枝), 만살(慢撒), 혁등(革登), 만전(曼砖)이 있다. 란찬강 이남 지역은 신6대 차산으로 불리며 맹해(勐海)를 중심으로 주요 산지가 형성되어 맹해차구(勐海茶區)라고 한다. 신6대 차산에는 맹해(勐海), 남나(南糯), 남교(南嶠), 파달(巴達), 맹송(勐宋), 경매(景邁) 등이 있다.

〈표 14-2〉 보이차 산지

구6대 차산-이무차구(易武茶區)	신6대 차산-맹해차구(勐海茶區)
유락(攸乐)	맹해(勐海)
의방(倚邦)	남나(南糯)
망지(莽枝)	남교(南嶠)
만살(慢撒)	파달(巴達)
혁등(革登)	맹송(勐宋)
만전(曼砖)	경매(景邁)

보이생차와 보이숙차 비교
(좌) 보이생차 (우) 보이숙차

보이차 탕색 비교 (좌) 보이생차 (우) 보이숙차

2) 호남성(湖南省)– 호남흑차(湖南黑茶)

호남흑차는 3첨 4전 1화권(三尖 四磚 一花捲)으로 분류하고 있다.

화권(花捲)은 꽃빵이라는 뜻

3첨(三尖): 산차	4전(四磚): 긴압차	1화권(一花捲)
천첨(天尖) 공첨(貢尖) 생첨(生尖)	복전(茯磚) 흑전(黑磚) 화전(花磚) 청전(青砖)	천량차(千兩茶, 화권차)

3첨차는 산차의 형태로 천첨차는 임금님이 드시는 차, 공첨차는 공장에 납품하는 차, 생첨차는 산차 형태의 일반 백성들이 마시는 차였다. 4전차 중에서는 복전차가 가장 유명한데, 엄청 더운 복(伏) 날에 만들었다고 한다.

과거에는 호남성에서 섬서성(陝西省)으로 물건을 많이 거래하였는데, 그중 '차(茶)'도 포함되어 있었다. 호남성에서 보낼 때는 산차였는데, 섬서성에서 재가공하여 판매를 하였는데, 그 후 몇 달이 지나고 보니 차에 '금화(金花)'가 피었다고 한다. 금화에 대해 연구한 결과, 좋은 유익균으로 판명되었고, '관돌산낭균(Aspergillus cristatus)'이라는 학명을 짓게 되었다. 과거에는 자연스럽게 금화가 피었지만, 1966년의 연구를 통해 현재는 인위적으로도 금화를 피우고 있다. 따라서 복전차를 만들 때는 '발화(發花)' 과정을 반드시 거쳐야 한다. 발화과정을 통해 금화가 피고, '균화향(菌花香)'이라는 독특한 향기가 생긴다. 복전차에만 금화가 있고, 균화향이 진해야 좋은 차이다.

원료 원산지인 호남성은 안화복전(安化茯磚), 금화 원산지인 섬서성은 경위복전(泾渭茯)으로 판매되고 있다. 과거에는 호남성에만 차나무가 있었으나, 현재는 섬서성에도 차나무를 재배하고 있다.

중국의 시진핑 주석의 고향이 섬서성이다.

화권차인 천량차(千兩茶)는 1585년부터 생산된 호남성의 대표적인 흑차이며, 긴 죽부인과 같은 모양으로 무게가 천량이 된다 하여 붙여진 이름이다.

복전차

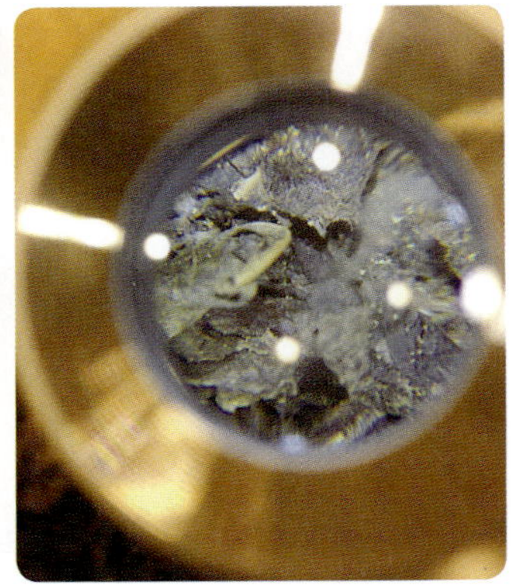

복전차 금화 복전차의 특징인 금화(金花)가 보인다.

3) 사천성(四川省)

사천흑차는 아안(雅安)이 대표적인 산지이며, 사천변차(四川邊茶) 혹은 장차(藏茶)라고 한다. 사천변차의 '변(邊)'은 변방이라는 뜻이다.

사천흑차의 이름은 따로 있는데, 금첨(金尖)이다. 그냥 마시면 맛이 없어서 주로 찻잎을 넣고 끓여 마셨으며, 끓일 때 야크젖을 넣어 수유차를 만들어 먹기도 했던 차마무역의 대표적인 흑차이다.

4) 호북성(湖北省)– 호북노청차(湖北老青茶)

호북성에서는 노청차(老青茶)를 원료로 하고, 압축하여 청전차(青磚茶)를 만들었다. 호북노청차(老青茶)는 차엽을 볶아서 건조시킨 후 잘게 부수고 대나무 광주리에 담아 북방으로 운수하여 갔는데, 이를 보고 초위차(炒萎茶)라고 불렀다.

5) 광서(廣西省)– 육보차(六堡茶)

광서성 육보현(六堡縣)에서 생산되는 육보차는 다른 흑차와는 달리 산차 형태로 많이 생산된다. '세 마리의 학(鶴)'이라는 뜻의 삼학(三鶴) 브랜드가 가장 유명하다. 육보차의 특징은 빈랑향(檳榔香)으로 빈랑은 동남아시아, 동아프리카 등

열대지방에서 자라는 종려나무의 일종이며, 빈랑의 열매를 주로 씹어서 먹는데, 시원한 박하맛과 진한 약재 향기를 느낄 수 있다.

육보차

삼학 육보차 틴

6) 안휘성(安徽省)– 육안차(六安茶)

육안차는 안휘성(安徽省) 육안시(六安市)에서 소엽종으로 생산하는 흑차이다. 육안차는 더위와 습기를 없애 주는 특징이 있어 약용으로 많이 사용되었으며, 이러한 특징으로 인해 여름에 어울리는 차이다.

육안차 육안차는 500~600g씩 대바구니에 긴압해서 만든다.

5. 흑차 즐기는 방법

① 흑차는 후발효차로 100℃의 끓인 물로 바로 우려서 마셔도 된다.

② 흑차를 우릴 때에는 개완 혹은 자사호 모두 사용할 수 있다. 자사호의 경우 1차 1호가 좋다고 설명하였는데, 흑차는 특히 더 그렇다. 자사호는 자사호만의 특징으로 인해 차의 맛을 가장 풍부하게 해 주는 다구이며, 흑차와 가장 궁합이 잘 맞는 다구라고 설명할 수 있다.

① 다구(자사호, 공도배, 거름망, 찻잔 등)를 뜨거운 물로 데운다.

② 뜨거워진 자사호 위에 차루[찻잎을 자사호에 넣을 때 흘리지 않기 위한 도구(깔대기)]를 얹고, 차를 넣는다.

③ 자사호에 끓인 물(100℃)을 넣고, 뚜껑을 닫은 후 자사호 겉면에도 뜨거운 물을 부어 준다.

④ 자사호의 차를 공도배로 옮긴 후, 잔에도 따른다. 첫 번째로 우린 차는 마시지 않는다. 첫물을 버리는 이유는 보이차 발효과정 중 차에 앉은 먼지 및 악퇴미 등의 잡향을 제거하고, 다기를 예열해 주며, 긴압된 딱딱한 차를 풀어 주기 위함이다.

⑤ 공도배에 남은 차를 자사호 겉면에 부은 후, 양호필(붓)으로 자사호를 쓸어 준다. 이 과정은 자사호를 길들인다 하여, 양호(養壺)라고 부른다. 양호를 하면, 자사호에 자연스럽게 찻물이 스며들어 시간이 지날수록 자사호에서 윤기가 난다.

⑥ 차를 한 번 더 우린 후, 즐겁게 즐긴다.

⑦ 남은 차가 있다면, 차총(茶寵)에 부어 준다. 차총은 차판 위에 올려놓는 인형으로 차를 마실 때 눈도 같이 즐길 수 있도록 도와주는 소품이다. 두꺼비, 호박, 개구리 등 다양한 모양이 있다.

자사호를 이용하여 흑차를 우리는 방법

Water & Tea

15 CHAPTER

재가공차

1. 화차의 특징

재가공차는 6대 차류를 원료로 특정한 가공 공예과정을 거쳐서 생산된 차를 말한다. 재가공차 중에서 가장 대표적인 차는 말리화차(茉莉花茶)이다.

재스민차, 모리화차 모두 같은 말이다.

중국에서 말리화차는 매우 중요한 위치에 있는 차이며, 제일 좋은 말리화차와 그 해에 생산된 첫 말리화차는 모두 북경에서 찾아볼 수 있는데, 북경을 중심으로 말리화차가 소비되고 있기 때문이다.

화차(花茶)의 개념은 이미 당 · 송 시기에 등장하였으나, 명나라 때부터 본격적으로 생산되었다. 홍청녹차에 향을 입히면서 시작되었는데, 이시진의 『본초강목(本草綱目)』에도 "말리의 향은 차에 들어갈 수 있다."라는 표현이 있는 것으로 보아 이미 명나라 때부터 말리꽃을 활용한 화차를 생산했음을 알 수 있다.

화차는 복건성(福建省) 복주시(福州市)에서 주로 생산되며, 최근에는 광서성(廣西省)에서도 생산하고 있다. 화차를 만들 수 있는 차는 녹차(홍청녹차), 오룡차, 홍차인데, 녹차는 말리꽃, 오룡차는 계화꽃, 홍차는 장미꽃으로 만든다. 녹차를 제외한 오룡차와 홍차는 등급이 낮은 원료로 만들고 있다.

홍청녹차로 만드는 말리화차는 향을 입히는 음화(窨花) 과정을 거치게 되는데 차는 향을 흡수하고(茶吸香, 차흡향), 꽃은 향을 토해 내는(花吐香, 화토향) 원리로 설명할 수 있다.

2. 제다과정

최상급 말리화차의 원료는 복정의 대백품종으로 만든 홍청녹차와 살짝 핀 말리꽃이다. 꽃이 너무 많이 피면 영양분이 없기 때문에 살짝 핀 꽃만 딴다. 또한, 화차의 제다 시기는 5월 말에서 6월 초이며, 항상 저녁에 만든다.

1) 음화(窨花)

차와 꽃을 3 : 1 비율로 섞어 둔다.

2) 통화(通花)

열을 식히는 과정으로 통풍이라고 보면 된다. 녹차로 만들기 때문에 열이 있으면 찻잎이 익어버릴 수 있기 때문에 주의해야 한다.

3) 기화(起花)

꽃을 제거한다. 꽃이 많이 들어 있는 차는 품질이 떨어지는 차이다. 여기까지를 1음이라고 하며, 1음을 하는 데 걸리는 시간은 하루이다. 기화까지 마친 차에 다시 새로운 꽃은 섞고 음화 → 통화 → 기화를 하게 되면 2음이 된다.

가장 좋은 말리화차는 7음을 하게 되고, 최근에는 12음까지 등장하였다.

12음까지 만드는 데 12일이 소요됨

4) 건조

7음까지 마치고 나면 홍건으로 건조한다. 건조를 하게 되면, 겉 표면의 향은 빠지게 된다.

5) 제화(嵽花)

건조한 차에 다시 한번 음화를 하게 되는데, 이를 제화(嵽花)라고 하며, 제화를 하는 이유는 향을 높이고 지속성을 유지하기 위해서이다. 이때는 말리꽃 대신 옥란화를 주로 사용하는데, 옥란향의 지속성이 뛰어나기 때문이며, 제화는 반드시 1번만 실시한다.

3. 차의 모양

말리화차의 모양은 말리은침(茉莉銀鍼)과 말리수구(茉莉綉球)가 있다.

말리은침은 단아로 만들며, 7음 이상으로 말리차왕이라고도 한다.

말리수구는 1아 1엽 혹은 1아 2엽으로 말리용주라고도 불린다.

말리은침

말리수구

4. 사천성의 말리화차

사천성도 화차를 좋아하긴 하나, 만들지는 않았다. 2003년 즈음에 '서공'이라는 사람이 아미산에서 재배한 녹차잎으로 광서성 꽃을 섞어 화차를 만들었는데, 품질이 훌륭한 화차가 탄생되었다. 개완에 우려진 차의 모습이 마치 '푸른 호수 위에 내리는 눈' 같다 하여, 벽담표설(碧潭飄雪)이라고 지었다. 서공 혼자서 벽담표설을 만들다가 '죽엽청차업(竹葉青茶業)'이라는 회사에 브랜드를 팔았다.

화차는 1인 1개완으로 우려서 마신다. 받침이 있는 개완은 과거에 '잔'으로 사용되었다.

죽엽청차업에서 생산하는 벽담표설이 진품이며, 가장 맛있는 화차이다.

벽담표설

다양한 모양의 말리화차

5. 말리화차를 즐기는 방법

① 말리화차는 90℃의 끓인 물로 우려서 마신다. 녹차에 말리꽃향을 입힌 것이 말리화차이지만, 녹차를 우리는 온도(약 80℃)처럼 식혀서 우리지 않아도 된다.

② 말리화차를 우릴 때는 개완을 사용한다(받침이 있는 개완을 사용하는 것이 정석).

Water & Tea

16 CHAPTER

차의 성분과 물

1. 차의 성분

찻잎에는 약 500여 가지가 넘는 화학성분이 포함되어 있는데, 이 중에는 1차 대사물질인 단백질, 지방, 당질(탄수화물)과 2차 대사물질인 티 폴리페놀, 색소, 테아닌, 카페인, 방향물질, 사포닌 등이 포함되어 있다. 1차 대사물질은 생명을 유지하는 데 필수적인 물질이고, 2차 대사물질은 생명에 필수적인 물질은 아니지만, 생리 대사를 촉진시키는 데 중요한 역할을 하는 물질이다. 이처럼 다양한 화학물질이 대분자에서 소분자로 분해되면서 우리 몸에 다양한 영향을 미치고 있다. 찻잎이 가지고 있는 성분들은 토양, 차나무의 품종, 채엽시기, 기후, 제다과정 등에 따라 달라진다. 특히, 차는 자신만의 고유한 향기를 가지게 되는데, 생엽보다 제다과정에서 새로 생성된 것이 대부분이다. 일반적으로 녹차는 생엽의 2배, 홍차는 생엽의 6배가 새롭게 생성된 향으로 녹차는 약 260여 종, 홍차는 400여 종의 방향물질을 포함하고 있다.

차에 들어 있는 주요 성분은 카페인, 카테킨, 테아닌이 대표적인데, 이들은 차를 차답게 만드는 트리오라고 볼 수 있다. 이 세 가지 성분에 대해 알아보자.

1) 카페인

일반적으로 커피 혹은 차를 마시는 이유가 '각성효과'일 것이다. 그러나 '8장 차의 기본'에서 커피와 차의 카페인 역할은 우리 몸속에서 다르게 작용한다고 설명하였다.

134p 참고

일반적으로 카페인은 '쓴맛'을 나타내며, 차에 함유되어 있는 카페인 함유량은 약 2~4% 정도이다. 봄철의 찻잎보다 여름철의 찻잎에, 소엽종보다는 대엽종에, 제다과정이 간단할수록 카페인 함유량이 높은 것으로 나타났다. 녹차 중에서 카페인 함량이 가장 높은 차는 교쿠로인데, 교쿠로는 비교적 낮은 온도의 물로 우려서 마시기 때문에 쓴맛이 잘 침출되지 않는다. 그러나 사실 차 한 잔당 카페인 함량이 가장 많은 차는 말차이다. 말차는 차를 우려내지 않고 차를 물에 풀어서 바로 섭취하기 때문이다. 카페인은 뜨거운 물에서 잘 침출되는 특징이 있다.

카페인의 가장 큰 단점은 아마 '중독성'일 것이다. 그러나 적절하게 섭취한다면, 카페인의 장점인 각성효과, 집중력 강화, 숙취해소, 피로회복 등 건강에 도움이 된다.

차의 카페인 성분이 커피의 카페인 성분보다 부작용이 덜한 이유는 차의 카테킨과 테아닌 성분이 카페인의 흡수를 방해해 일부를 그대로 몸 밖으로 배출시키기 때문이다. 따라서 밤늦은 시간에 차를 마셔도 수면 방해를 덜 받을 수 있는 장점이 있다.

2) 카테킨

카테킨은 페놀화합물의 일종으로 주로 떫은맛을 나타내는 성분이다. 페놀은 육각형으로 이루어져 있는 벤젠고리(C_6H_6) 중 하나가 수산기(-OH)로 치환된 물질이다. 분자 속에 두 개 이상의 수산기를 가지게 되면 '많은' 혹은 '복합'이라는 뜻의 폴리(poly)라고 하는데, 페놀에 수산기 두 개 이상이 바로 '폴리페놀'이 되는 것이다. 폴리페놀은 햇빛으로 생성되는 물질로서 일조량을 많이 받을수록 함량이 높아진다. 식물계의 페놀화합물은 수천 개가 있으나, 차에는 30여 가지가 함유되어 있으며, 티 폴리페놀이라고 부른다.

티 폴리페놀의 주요 성분인 카테킨은 맛 성분으로 떫은맛을 나타내고, 차가운 물에는 잘 용해되지 않으나, 뜨거운 물에는 잘 용해되는 특징이 있다. 또한, 티 폴리페놀의 안토시안 성분은 색 성분으로 차에는 부정적인 영향을 미친다. 일조량을 많이 받은 찻잎은 티 폴리페놀의 안토시안 성분으로 인해 자색으로 변하게 되며, 녹차에서도 강한 떫은맛과 쓴맛을 느끼게 해 준다. 이런 이유로 일본에서는 차광막을 설치하여 일조량을 조절하여 녹차의 폴리페놀 성분이 더 증가하지 않도록 관리한다. 운남성이나 대만과 같은 고산지대에는 운무(雲霧)가 차광막 역할을 해 주기 때문에 고산차일수록 차맛이 좋다.

일반적으로 카테킨은 녹차보다는 홍차에 많이 함유되어 있으며, 첫물차보다는 두 번째, 세 번째로 갈수록 더 많이 들어 있다. 차를 좋아하는 사람들은 카테킨의 떫은맛을 '맛있다'라고 느끼지만, 차를 좋아하지 않는 사람은 바로 카테킨의 '떫은맛'을 싫어하는 것으로 볼 수 있다.

중국 운남성 차산지의 운무(雲霧)

일본 교토 우지시의 차광막 겨울에 우지시를 방문하여 차광막이 펼쳐진 것은 보지 못했으나, 시설은 볼 수 있었다.

3) 테아닌

테아닌은 아미노산류로 차의 감칠맛을 느끼게 해 주는 주요성분이다. 아미노산은 차나무의 품종, 채엽시기, 차광 유무, 잎의 여린 정도 등에 따라 함량이 달라진다. 일반적으로 여린 잎일수록, 대엽종보다 소엽종의 함량이 높다. 따라서 소엽종의 가장 여린 잎으로 만드는 녹차의 품질은 테아닌이 결정한다고 해도 과언이 아니다.

테아닌을 섭취하는 경우 뇌에서 알파(α)파가 생성되며, 도파민(Dopamine) 같은 뇌신경전달 물질에 영향을 주는 것으로 나타났다. 알파(α)파와 도파민의 분비는 스트레스와 긴장이 완화되고, 혈압을 억제시키며 마음을 차분하게 해 주는 등 정신적 안정에 도움을 주는 효능이 있다.

테아닌은 첫물차에 가장 많고, 두 번째, 세 번째로 갈수록 적어지며 녹차 혹은 백차에 테아닌 함량이 높다. 특히, 초청녹차보다는 증청녹차에 많이 함유되어 있는데, 일본의 증청녹차에서 비릿한 감칠맛은 바로 테아닌 성분이 많이 함유되어 있기 때문이다.

〈표 16-1〉 주요 성분별 함유량과 특징

성분	맛	대엽종	소엽종	일조량 많을수록	침출온도
카페인	쓴맛	높다	낮다	낮아짐	85℃ 이상
카테킨(폴리페놀)	떫은맛	높다	낮다	높아짐	90℃ 이상
테아닌(아미노산)	감칠맛	낮다	높다	낮아짐	50~60℃

2. 차의 효능

지금까지 차의 성분에 대해 알아보았다. 차에는 각성효과와 피로회복에 도움을 주는 카페인, 항산화 및 지방분해 효과에 탁월한 폴리페놀, 정신건강에 도움을 주는 아미노산, 그 외에도 당류, 비타민, 미네랄 등 다양한 성분이 함유되어 있다.

그렇다면, 차를 마시는 것만으로도 건강을 지킬 수 있는지 생각해 보자.

송나라 시대 임홍(林洪)이 1266년경 편찬한 『산가청공(山家淸供)』에는 "茶卽藥也(차즉약야, 차는 곧 약이다)"라고 기술되어 있으며, 신농씨가 최초로 찻잎을 발견했을 당시에도, 차는 약으로 인식되었다.

차에는 여러 가지 효과가 있지만 다성(茶聖)이라 불리는 육우의 『다경(茶經)』에서는 차의 효능에 대해 다음과 같이 설명하고 있다.

- 중추신경을 자극하고 피로를 해소시키는 효능이 있어 자고 일어나면, 개운하다.
- 정신의 안정을 준다.
- 눈을 밝게 하며, 각종 눈병 치료에 효과가 있다.
- 두통을 없애 준다.
- 갈증을 해소해 준다.
- 해열에 효과가 있다.
- 여름 더위를 식혀 준다.
- 해독작용이 있다.
- 소화를 돕는다.
- 숙취해소에 효과가 있다.
- 지방제거를 도와준다.
- 위장의 기능을 활성화시킨다.
- 소변배출을 용이하게 하여 신장 기능을 강화시킨다.
- 변비 해소에 좋다.
- 설사치료에 효과가 있다.
- 가래나 천식을 없애 준다.
- 오한을 예방한다.
- 치아의 질병을 예방해 준다.
- 심장질환에 효과적이다.
- 피부병(부스럼) 증상의 치료에 효과적이다.
- 배고픔을 해소시켜 준다.
- 체력을 강화시켜 준다.
- 장수(長壽)할 수 있다.

3. 차를 완성하는 물, 찻물(Tea Water)

우리가 마시는 차는 물에 나뭇잎을 띄워 우려낸 물을 마시는 것이다. 그러나 다양한 화학물질을 포함하고 있는 찻잎이 적절한 물과 만나게 되는 순간, 차가 가지고 있는 성분(카페인, 카테킨, 테아닌)과 방향물질 등이 함께 어우러져 한 잔의 차가 완성된다.

따라서 차의 성분을 최대한 완벽하게 우려내어 맛있는 차를 만들기 위해서는 '물의 선택'이 매우 중요하다. PART 1의 '물과 음료'에서도 살펴보았듯이, 차의 종주국인 중국에서는 "水为茶 之母, 壶为茶之夫"라 하여 물은 차의 어머니, 호는 차의 아버지라 표현하고 있다.

다성(茶聖)이라 불리는 육우의 『다경(茶經)』의 3권 중 하권(下卷)의 오지자(伍之者) 편에는 차를 끓이는 방법과 함께 각 지방의 수질(水質)에 대한 특징과 평가를 기술하였다. 또한, 물의 그 근원에 따라 '山水上, 江水中, 井水下'의 순서로 산에서 내려오는 물이 가장 좋고, 강물은 중간, 우물물은 가장 나쁘다고 서열을 정리하였다.

차를 우릴 때는 차를 생산한 지역의 물이 가장 좋다고 설명하고 있는데, 중국의 명차 용정차도 같은 지역 서호의 호포천으로 우리면 차맛이 일품이라고 한다. 또한, 차의 문화가 영국에 전파되었던 초창기에는 녹차를 선호하였으나, 물의 영향을 받아 홍차로 수요가 이동하였고, 결국 홍차문화의 꽃을 피우게 되는 계기가 되었다.

그럼, 맛있는 차를 완성하기 위한 찻물은 어떤 조건이 필요한지 알아보자.

1) 찻물의 기본 조건

차는 맛과 향이 섬세하므로 차마다 가지고 있는 개성을 살릴 수 있는 물을 선택해야 한다. 찻물을 선택할 때는 물의 투명도, 냄새, 맛, 경도, 미네랄 성분, 수원지 등을 고려해야 한다. 그중 가장 기본적인 항목은 다음과 같다.

(1) 투명도

차를 우리면 맛과 방향물질 외에도 다양한 색깔이 나타난다. 탕색은 제다과정에 의해 섬세하게 다르게 나타나는데, 만약 물에 이물질이 있거나 혼탁한 물을 사용하면 탕색에도 영향을 미치게 된다.

(2) 냄새

차는 향기를 즐기는 음료 중 하나로, 차를 우렸을 때 느끼는 방향물질은 우리가 왜 차를 즐기게 되는지에 대한 대답일 수도 있다. 냄새는 후각기관을 통해 뇌로 전달되어 맛에도 영향을 미치는 효과도 있다. 즉, 차에서 나는 과일향이나 꽃향을 과일맛 혹은 꽃에서 나는 단맛이라고 착각하게 되는 것이다. 그만큼 물에서 나는 냄새가 있는지 신중하게 살펴보아야 한다.

일반 가정에서 수돗물을 사용하여 차를 우리는 경우가 많은데, 이때 문제가 되는 것이 수돗물의 잔류염소이다. 염소는 수돗물을 소독할 때 사용하여, 우리나라 수돗물에는 미량이나마 염소가 남아 있다. 만약, 수돗물에서 나는 염소 냄새 때문에 찻물로 사용하기 꺼려진다면, 미리 수돗물을 받아 두었다가 사용하면 된다. 염소는 공기 중에 증발하는 성질이 있으므로 미리 받아 두면 냄새가 날아간다. 그러나 정수기는 대부분의 미네랄을 모두 걸러 내는 특징이 있어, 찻물로 사용했을 때 차의 성분과 미네랄이 반응하지 못해 차맛이 밋밋할 수 있으므로 권하지 않는다.

수돗물, 정수기, 일반 생수 중 어떤 물을 선택하는가보다 더 주의해야 할 점은 한번 끓인 물을 다시 끓이는 것이다. 물은 끓일수록 물속의 산소가 증발하기 때문에 다시 끓인 물은 물속에 산소가 거의 남아 있지 않아 차를 우리기에 별로 좋지 않다.

(3) 경도

경도는 물맛에 영향을 미치는 요인 중 하나로 찻물을 사용할 때에도 고려해야 한다. 물의 경도는 칼슘과 마그네슘의 함량에 따라 연수와 경수로 구분되는데,

주로 차를 우릴 때는 연수가 적절한 경우가 많다.

연수는 차의 카테킨, 카페인, 테아닌 등 주요 성분의 잠재력을 충분히 끌어낼 수 있는데, 부드러운 연수의 특징으로 차의 성분을 우러나오게 하는 용매로서의 역할을 충실히 수행하기 때문이다. 특히, 녹차는 물의 경도에 매우 민감하기 때문에 반드시 연수를 사용하는 것이 좋다.

2) 물의 온도

보통 우리가 차를 마시게 되면, 팔팔 끓는 100℃의 물을 찻잎에 붓고, '호호' 불어가며 마시는 차를 연상하게 된다. 앞서 설명하였듯이, 차마다 함유하고 있는 성분이 다르다. 특히, 녹차에는 테아닌 성분이 많고, 홍차에는 카테킨 성분이 많은데 이 두 성분이 충분히 우러나오는 온도가 다르기 때문에 차마다 적절한 온도가 따로 있다. 아무리 좋은 물을 선택하였다고 해도, 차를 우리는 온도가 맞지 않으면 너무 쓰거나 혹은 너무 떫거나 밋밋하여 제대로 된 차맛을 즐길 수 없게 된다. 또한, 물의 온도는 차의 방향성(芳香性)을 최대한 끌어내기 때문에 매우 중요하다.

찻물의 적절한 온도는 채엽한 시기, 제다방법 등이 중요한 기준이 된다. 만약, 어린잎만으로 제다한 차인 경우, 온도가 너무 높으면 찻잎이 익어버리기 때문에 찻물을 끓인 뒤 조금 식혀서 차를 우려야 한다. 발효도가 높은 홍차의 경우 너무 낮은 온도로 우리면 티 폴리페놀 성분이 제대로 우러나지 않아 밋밋한 차맛이 된다.

첫째, 여린 잎의 차일수록 낮은 온도에 맞춘다.
둘째, 발효도가 높은 차일수록 높은 온도에 맞춘다.

즉, 아미노산은 찬물에서 우러날 정도이지만 카테킨은 온도가 높아질수록 그리고 시간이 길어질수록 많은 양이 침출된다. 찻물의 적절한 온도가 정확하게 정해져 있는 것은 아니지만, 차의 특성을 이해한다면 가장 맛있는 찻물의 온도는 쉽게 찾을 수 있을 것이다.

다음의 〈표 16-1〉은 찻물의 적정온도이니 참고는 하되, 너무 얽매이지는 말기 바란다.

〈표 16-1〉 차의 종류에 따른 적정온도

차류	녹차	황차	백차	오룡차	홍차	흑차
온도(℃)	75~85	85~90	85~90	85~95	95~99	95~99

- 일반적으로 녹차는 80℃ 정도가 적절하다.
- 일본 녹차 중 옥로차(玉露茶, 교쿠로)는 60℃ 정도로 우리는 것이 가장 좋다(차광재배한 녹차이기 때문에 아미노산의 함유량이 다른 차에 비해 월등히 높기 때문).
- 황차와 백차는 따로 물을 식힐 필요는 없다.
- 대만오룡 중 동방미인은 85℃ 정도까지 온도를 식혀서 차를 우렸을 때, 차의 맛과 향을 가장 맛있게 즐길 수 있다(소록엽선으로 인해 독특한 향미가 있기 때문).

차는 어떻게 보관해야 할까?

차를 보관할 때는 빛, 냄새, 습기 등이 매우 중요하다. 특히, 잎차는 스펀지와 같아서 주변에 있는 냄새와 습기를 빨아들인다. 녹차의 경우, 공기와 닿는 순간부터 산화되기 시작하기 때문에 봉투를 뜯어 공기와 접촉했다면, 최대한 빠른 시일 안에 소비하는 것이 좋다.

차를 장기간 보관하려면, 냉장고에 보관하는 것도 하나의 방법이다. 특히, 발효도가 낮은 차, 초록빛이 나는 차는 반드시 냉장보관해야 한다(예를 들면, 녹차 혹은 철관음 등). 그러나 냉장고에 보관했을 때는 마실 때 온도 변화에 각별한 주의를 기울여야 한다. 만약, 냉장고에서 꺼낸 후 바로 봉투를 열면, 실내온도차로 인해 습기가 찬다. 다시 보관할 때는 습기를 모두 제거한 후, 냉장고에 넣어야 하는데, 만약 그냥 넣었을 경우 차는 산화되어 마실 수 없게 된다. 특히, 보이차의 경우 차의 제다과정이 끝났다고 하더라도 '숙성'이라는 시간과의 여행 속에서 보관을 잘못하면, 좋은 보이차를 모두 버리는 경우가 일어날 수 있다.

따라서 다음의 방법으로 차를 보관하면 더욱 오랫동안 신선하게 차를 즐길 수 있다.

① 차를 보관하는 장소는 반드시 공기가 잘 통하고, 습도가 낮으며, 건조한 곳이 좋다.
② 차 상자를 보관하는 곳에는 받침대를 만들어 그 위에 보관하도록 한다. 이는 곰팡이가 생기는 것을 미연에 방지하고자 함이다.
③ 매주 혹은 매월 날짜를 정해서 차 보관 장소를 옮겨 주는 것이 좋다. 특히, 비가 자주 내리면 더 자주 차의 상태를 점검해 주는 것이 좋다.
④ 밀봉상태로 보관하여 공기가 들어가지 않는 것이 좋다. 주석 차통과 같이 전용 보관용기를 사용하면 좋다.
⑤ 차를 보관해야 할 걱정 없이 마실 만큼만 소량씩 구매하는 것도 하나의 방법이다.

티테이스팅 노트

차의 종류			차의 이름		생산국가	
평가항목		평가				
외형	건엽*	① 조형 ② 전구형 ③ 반구형 ④ 침형 ⑤ 편형 ⑥ 권곡형 ⑦ 주형 ⑧ 파쇄형				
	흑차**	① 병차 ② 전차 ③ 방차 ④ 타차 ⑤ 긴차 ⑥ 금과공차 ⑦ 산차				
탕색	투명도	탁한	조금 탁한	흐린	맑음	매우 맑음
	색상	연한 노란색	연한 녹색	녹색	홍색	갈색
	강도	가벼움	약간 가벼움	중간	뚜렷함	매우 강함
	전반적	문제 있음	나쁨	보통	좋음	매우 좋음
세부적인 향 (발효과정)		① 청향(靑香) ② 청향(淸香) ③ 화향(花香) ④ 화과향(花果香) ⑤ 과향(果香) ⑥ 단향(甜香) ⑦ 밀향(蜜香) ⑧ 탕향(糖香) ⑨ 진향(陈香) ⑩ 침향(沉香)				
세부적인 향 (품종향)		① 난화향(蘭花香) ② 약향(藥香) ③ 설리향(雪梨香) ④ 계화향(桂花香) ⑤ 백호향(白毫香) ⑥ 화공향(火功香) ⑦ 계피향(桂皮香) ⑧ 기문향(祁門香) ⑨ 유향(乳香) ⑩ 송연향(松煙香) ⑪ 균화향(菌花香) ⑫ 말리향(茉莉香) ⑬ 두향(豆香) ⑭ 판율향(板栗香) ⑮ 첨향(甛香)				
맛	탄닌	낮음	약간 있음	중간	강함	매우 강함
	밀도	가벼움	약간 가벼움	중간	무거움	매우 무거움
엽저***		조잡함	열등함	보통	좋음	뛰어남

* 6대 차류 중 흑차를 제외한 차의 외형

** 6대 차류 중 흑차의 외형

*** 중국 및 대만차인 경우만 엽저 평가(서양홍차는 제외)

연습문제

1. 다음 중국차 중에서 민황(悶黃)과정을 거쳐 만드는 차는?
   ① 녹차 ② 백차
   ③ 오룡차 ④ 황차

2. 백차의 제다과정에서 가장 중요한 과정은 무엇인가?
   ① 채엽 ② 건조
   ③ 유념 ④ 위조

3. 홍차의 원산지는 어디인가?
   ① 중국의 동목관 ② 영국의 런던
   ③ 인도의 아삼 ④ 스리랑카의 우바

4. 중국의 홍차 중 기문홍차에 대해 잘못 설명한 것은?
   ① 영국의 국제 차시장에서는 왕자차
   ② 안휘성 황산 주변
   ③ 영국인의 요청에 의해 만든 홍차
   ④ 세계 3대 홍차

5. 운남성 보이차 생산지 중 신6대 차산의 이무지역에 속하지 않은 것은?
   ① 맹해 ② 혁등
   ③ 파달 ④ 경매

6. 관목형 차나무에는 차의 성분 중 어떤 성분이 풍부한가?
   ① 아미노산 ② 카테킨
   ③ 카페인 ④ 폴리페놀

7. 차나무에 대한 설명 중 틀린 것은?
   ① 차나무의 학명은 카멜리아 시넨시스라고 한다.
   ② 카멜리아 시넨시스는 다시 시넨시스와 아싸미카로 나뉜다.
   ③ 교목형인 아싸미카는 열대기후에 적합하다.
   ④ 관목형은 찻잎이 대엽종으로 주로 홍차와 같은 발효차에 적합하다.

8. 중국의 4대 차산지 중 서남차구에 속하지 않는 지역은?
   ① 운남성 ② 귀주성
   ③ 호북성 ④ 사천성

9. 흑차를 긴압한 후 외형 중 벽돌 모양처럼 생겼다고 붙여진 이름은?
   ① 전차 ② 병차
   ③ 타차 ④ 산차

10. 교목형 차나무는 6대 차류 중 어떤 차에 적합한가?
    ① 녹차 ② 오룡차
    ③ 홍차 ④ 백차

11. 다음 중 양력 4월 20일 경인 곡우 전에 채엽하는 차의 이름은 무엇인가?
    ① 세작 ② 입하차
    ③ 곡우차 ④ 우전차

12. 초청녹차 방식으로 만든 녹차가 아닌 것은 무엇인가?

① 은시옥로　　② 용정차
③ 벽라춘　　④ 신양모첨

13. 다음 중 차나무 재배환경 조건이 아닌 것은?

① 토양은 알칼리성이 좋다.
② 위도는 남위 30°와 북위 40° 사이가 좋다.
③ 연평균 강수량은 최소 1,500mm 이상이 좋다.
④ 연평균기온은 18~20도가 이상적이다.

14. 녹차의 건조방식에 따라 대표적인 홍청녹차가 아닌 것은 무엇인가?

① 황산모봉　　② 태평후괴
③ 벽라춘　　④ 육안과편

15. 다음 중 홍청녹차 방식으로 만든 녹차는 무엇인가?

① 태평후괴　　② 용정차
③ 벽라춘　　④ 신양모첨

16. 다음에서 설명하는 과정은 어떤 제다과정인가?

> 유념과정을 거친 찻잎을 좋은 종이로 싸서 그대로 두어 차가 호흡하면서, 열이 발생되고, 발생된 열이 밖으로 배출되지 못해 황색으로 변하는 과정이다.

① 유념　　② 위조
③ 민황　　④ 살청

17. 다음 중 중국의 6대 차류에 포함되지 않는 차는 무엇인가?

① 녹차　　② 오룡차
③ 황차　　④ 말리화차

18. 차를 우리는 물에 맞지 않은 것은?

① 샘물　　② 증류된 연수
③ 광천수　　④ 탄산수

19. 삼재완이라고도 불리며, 뚜껑, 찻잔, 받침으로 구성되어 있고 다양한 종류의 차를 우리는 데 사용되는 다구의 이름은?

① 문향배　　② 차호
③ 개완　　④ 공도배

20. 다음 중국차 중에서 정치(靜置) 과정을 거쳐 만드는 차는?

① 녹차　　② 백차
③ 오룡차　　④ 황차

21. 미국의 보스턴 차 사건과 거리가 먼 것은?

① 1773년 12월 16일
② 미국은 영국으로부터 독립
③ 지구상 처음으로 대통령제
④ 스리랑카 홍차

22. 중국 녹차 중 '하살인향차(嚇煞人香茶)'라고 한 차는 청나라 강희황제가 좋아하던 차로, 이름이 고상치 못하다고 하여 차의 이름을 다시 지어주었다. 그 이름은?

① 용정차　　② 벽라춘
③ 신양모첨　　④ 태평후괴

23. 다음 중 한국차 특유의 명칭으로 곡우에서 입하 사이에 새순만을 채엽하여 만든 녹차로 찻잎이 참새의 혀와 비슷한 모양으로 생겼다 하여 'ㅇㅇ'(이)라는 명칭이 붙은 차이다. 이 차의 이름은 무엇인가?

① 입하 ② 곡우
③ 우전 ④ 작설

24. 중국에서 농사의 신이라 불리며, 차를 가장 먼저 발견한 인물은 누구인가?

① 육우 ② 건륭
③ 신농 ④ 휘종

25. 적절한 찻물 온도에 대한 가이드라인 중 틀린 것은?

① 녹차 : 90~95℃
② 홍차 : 95℃
③ 오룡차 : 95℃
④ 보이차 : 95℃

26. 호남흑차에서 볼 수 있는 금화의 학명은 무엇인가?

① 화권 ② 균화
③ 보트리티스 ④ 관돌산낭

27. 흑차를 제다할 때는 반드시 이 과정이 포함되어야 흑차라고 할 수 있다. 이 과정은 무슨 과정인가?

① 민황 ② 악퇴
③ 요청 ④ 발효

28. 무이암차는 재배지역에 따라 3가지로 나뉜다. 올바르지 않은 것은?

① 정암차 ② 반암차
③ 공차 ④ 주차

29. 다음 중 무이암차의 4대 명총에 포함되지 않는 차는 무엇인가?

① 대홍포 ② 철라한
③ 백계관 ④ 금준미

30. 일본말차를 마실 때 사용하는 차도구로 재질은 대나무이며, 말차를 부드럽게 풀어주는 용도인 이 도구의 이름은 무엇인가?

① 차선 ② 차시
③ 다완 ④ 차통

31. 다음 중 다예육건에 포함되지 않는 것은?

① 차루 ② 차시
③ 차통 ④ 양호필

32. 후발효차에 속하는 흑차는 무엇에 의한 발효인가?

① 폴리페놀 ② 산화효소
③ 공기 ④ 미생물

33. 대만에서 생산된 차로 영국의 빅토리아 여왕이 이름을 지어준 것은?

① 동정오룡 ② 동방미인
③ 백호은침 ④ 황산모봉

34. 녹차에 해당되지 않는 것은?

① 태평후괴　　② 안길백차
③ 서호용정　　④ 철관음

35. 차를 말리는 방법이 아닌 것은?

① 초청(炒靑)　　② 쇄청(晒靑)
③ 홍청(烘靑)　　④주청(做靑)

36. 다음 중 중국의 차산지 중 강북차구에 속하지 않는 지역은?

① 산동성　　② 귀주성
③ 하남성　　④강소성

37. 중국의 차산지는 어느 강을 중심으로 구분되는가?

① 황하강　　② 양자강
③ 한강　　④흑룡강

38. 녹차를 생산할 때 채엽시기에 의한 명칭 중 입하차는 언제 채엽차는 차인가?

① 양력 4월 5일경
② 양력 4월 20일 이전
③ 양력 4월 20일경
④ 양력 5월 5일경

39. 다음 중 녹차 제다과정 중 건조할 때 증청의 방법으로 생산되는 중국 호북성의 차의 이름은 무엇인가?

① 육안과편　　② 황산모봉
③ 은시옥로　　④ 안길백차

40. 청나라 건륭황제가 가장 좋아한 차로, 강남지역의 서호 근처에 순행을 나왔다가 맛본 후 유명해진 차의 이름은 무엇인가?

① 용정차　　② 군산은침
③ 신양모첨　　④ 벽라춘

41. 역사가 가장 오래된 명차로 장수(長壽)의 의미를 가지고 있으며, 중국 역사상 유일무이한 여성 황제인 측천무후가 마시고 머리가 맑아지며 병세가 호전되었다는 이야기를 가지고 있는 이 차의 이름은 무엇인가?

① 태평후괴　　② 신양모첨
③ 황산모봉　　④ 벽라춘

42. 중국 녹차 중 소엽류가 아닌 중엽류로 분류된 찻잎으로 만드는 차로, 예전부터 원숭이가 많이 서식하는 지역에서 생산되었다. 이 찻잎의 형태는 마치 다시마와 같이 매우 크고 납작한 형태의 이 차의 이름은 무엇인가?

① 태평후괴　　② 신양모첨
③ 황산모봉　　④ 벽라춘

43. 호남성 동정호에 위치한 군산에서 생산되는 차로 '아'만 채엽하여 만든 바늘 모양의 차로 황차 중 가장 대표적이라고 불리는 이 차의 이름은 무엇인가?

① 몽정황아　　② 백호은침
③ 군산은침　　④ 곽산황아

44. 다음 중 백차의 대표적인 산지가 아닌 곳은?

① 운남성　　② 안휘성
③ 복건상　　④ 하남성

45. 오룡차의 제다과정으로 인해 보이는 특징을 무엇이라고 하는가?

① 청탕청엽 ② 녹엽홍양변
③ 홍탕홍엽 ④ 삼황차

46. 다음 중 유명 황차의 이름이 아닌 것은?

① 군산은침 ② 곽산황아
③ 몽정황아 ④ 백호은침

47. 오룡차의 제다과정 중 가장 중요한 과정은?

① 주청 ② 위조
③ 살청 ④ 악퇴

48. 오룡차는 제다과정 중 병배를 하는 경우가 많은데, 병배의 뜻은 무엇인가?

① 실내위조 ② 시들리기
③ 블렌딩 ④ 숯불건조

49. 민북지역의 오룡차로 가장 대표적인 차는 무엇인가?

① 철관음 ② 무이암차
③ 봉황단총 ④ 백호오룡

50. 철관음의 특징이 아닌 것은?

① 찻잎 형태는 조형이다.
② 관음운을 느낄 수 있다.
③ 찻잎형태는 반구형이다.
④ 복건성 안계현이 대표지역이다.

51. 다음 중 대홍포의 생산지는 어디인가?

① 우란갱(牛欄坑) ② 오원간(悟源澗)
③ 혜원갱(慧苑坑) ④ 구룡과(九龍窠)

52. 봉황단총을 만드는 품종의 이름은 무엇인가?

① 기단 ② 대홍포
③ 수선 ④ 불수

53. 대만의 임봉지가 무이산에서 분양받은 차를 어느 지역에 최초로 심었는가?

① 리산 ② 아리산
③ 동정산 ④ 일월담

54. 대만의 오룡차 중에서 발효도가 가장 낮은 차의 이름은 무엇인가?

① 문산포종 ② 백호오룡
③ 동방미인 ④ 고산차

55. 대만의 오룡차 중에서 발효도가 가장 높은 차의 이름은 무엇인가?

① 백호오룡 ② 왜각오룡
③ 고산차 ④ 홍옥

56. 백호오룡은 이 벌레가 찻잎을 갉아먹어, 독특한 맛과 향이 나게 되는데, 이 벌레의 이름은 무엇인가?

① 관돌산낭 ② 소록엽선
③ 팽풍 ④ 운무

57. 오룡차, 흑차 등 주로 발효차를 우릴 때 사용하는 도구로 중국 강소성 의흥에서 생산되는 도자기로 '자줏빛 모래'라는 뜻을 가지고 있는 도구의 이름은 무엇인가?

① 개완 ② 표일배
③ 문향배 ④ 자사호

58. 다음 중 세계 3대 홍차가 아닌 것은?

① 인도의 아쌈 ② 중국의 기문홍차
③ 인도의 다즐링 ④ 스리랑카의 우바

59. 다음 중 공부홍차의 지역과 차의 이름이 잘못 연결된 것은?

① 안휘성 – 기문공부
② 운남성 – 민홍공부
③ 강서성 – 녕홍공부
④ 사천성 – 천홍공부

60. 다음 중 대만 홍차에서 기문종과 인도 아쌈을 접붙이기하여 생산한 홍차로 대차 21호라고도 불리는 이 홍차의 이름은 무엇인가?

① 홍운 ② 홍옥
③ 아쌀모 ④ 일월담

61. 다음 중 대만 홍차에서 대만의 토종품종과 대엽종인 미얀마 품종을 접붙이기 하여 생산한 홍차로 대차 18호라고도 불리는 이 홍차의 이름은 무엇인가?

① 홍운 ② 홍옥
③ 아쌀모 ④ 일월담

62. 다음 중 보이차 산지 중 구6대 차산에 속하지 않는 지역은?

① 맹송 ② 유락
③ 의방 ④ 만살

63. 다음 중 지역별 흑차의 연결이 잘못된 것은?

① 사천성 – 사천변차
② 안휘성 – 육보차
③ 호북성 – 호북노청차
④ 호남성 – 호남흑차

64. 홍차의 제조방법 중 하나인 CTC 제조방법의 약자로 올바른 것은?

① Create–Tea–Curling
② Crush–Tear–Create
③ Crush–Tear–Curl
④ Crush–Tippy–Crush

65. 대만 홍차 중 아쌀모의 다른 이름은 무엇인가?

① 대차 18호 ② 대차 21호
③ 대차 8호 ④ 대차 25호

66. 대만에서 최초로 비새가 시작된 지역은 어디인가?

① 목책 ② 평림
③ 녹곡향 ④ 신죽현

67. 다음 중 비새차 종류와 지역을 연결한 것 중 잘못된 것은?

① 문산포종 – 문산
② 목책철관음 – 목책
③ 동정오룡 – 녹곡향
④ 일월담홍차 – 어지향

68. 4대 명총 중 거북이 등처럼 생긴 나무의 특징도 있지만, 비가 많이 내려 차나무가 떠내려가 차나무에 대한 소유권을 두고 소송 때문에 유명해진 차의 이름은 무엇인가?

① 철라한 ② 백계관
③ 수금귀 ④ 반천요

69. 일본차의 역사에서 와비차(侘び茶)의 정신을 계승하여 차노유(茶の湯)를 완성시킨 인물은 누구인가?

① 센노 리큐 ② 다케노 조오
③ 무라타 주코 ④ 에이사이

70. 중국차의 역사에서 다구(茶具)가 처음으로 등장한 시대는 언제인가?

① 당 ② 송
③ 청 ④ 서한

71. 민남지역에서 생산되는 오룡차 중 가장 대표적인 오룡차의 이름은 무엇인가?

① 철라한 ② 철관음
③ 봉황단총 ④ 백호오룡

72. 공부차(功夫茶)란 무슨 뜻인가?

① 오룡차를 우리는 과정
② 정성스럽게 만든 차
③ 지역을 대표하는 차
④ 역사적으로 가장 유명한 차

73. 공부차(工夫茶)란 무슨 뜻인가?

① 오룡차를 우리는 과정
② 정성스럽게 만든 차
③ 지역을 대표하는 차
④ 역사적으로 가장 유명한 차

74. 홍차 제다과정에서 가장 중요한 과정은 무엇인가?

① 살청 ② 주청
③ 발효 ④ 건조

75. 중국에서 2005년 이후 탄생한 홍차이며, '아'로만 만드는 고급홍차이고, '금빛을 띠는 눈썹'이라는 뜻을 가진 차의 이름은 무엇인가?

① 은준미 ② 기문홍차
③ 소적감 ④ 금준미

76. 말리화차를 만드는 제다과정에서 향을 입히는 과정을 거치게 되는데, 이 과정을 무엇이라고 하는가?

① 음화(窨花) ② 기화(起花)
③ 통화(通花) ④ 제화(幐花)

77. 사천성에서 생산하는 말리화차 중 '푸른 호수 위에 내리는 눈'이라는 의미를 가지고 있는 차의 이름은 무엇인가?

① 말리은침(茉莉銀鍼)
② 죽엽청차(竹葉靑茶)
③ 벽담표설(碧潭飄雪)
④ 말리수구(茉莉綉球)

78. 차의 성분 중 소엽종의 찻잎에 함유량이 높으며, 낮은 온도(50~60℃)에서 잘 우러나는 성분의 이름은 무엇인가?

① 카페인 ② 테아닌
③ 폴리페놀 ④ 도파민

79. 다음 중 차를 보관하는 방법 중 잘못된 것은?

① 차를 보관하는 장소는 반드시 공기가 잘 통해야 한다.
② 차는 대량으로 한꺼번에 구입하는 것이 좋다.
③ 밀봉상태로 보관하여 공기가 들어가지 않는 것이 좋다.
④ 습도가 낮고, 건조한 곳이 좋다.

80. 흑차 중 모양이 아닌 중량의 의미로 이름이 붙여진 차이며, 차마무역 당시 차를 싣고 운반한 말의 신체길이와 비슷하게 제작하여 죽부인과 같이 생긴 모양의 차 이름은 무엇인가?

① 화전차 ② 금과공차
③ 복전차 ④ 천량차

81. 중국의 다성 육우가 집필한 차의 책 이름은 무엇인가?

① 다경(茶經) ② 동다송(東茶頌)
③ 차노유(茶の湯) ④ 시경(詩經)

82. 다음에서 설명하고 있는 차 마시는 방법을 무엇이라고 하는가?

> 화로에 차를 굽고, 찻잎을 간 다음, 채로 걸러낸 후, 다완에 넣은 뒤, 물을 붓고, 차선으로 풀은 뒤 마신다.

① 자차법(煮茶法) ② 포다법(泡茶法)
③ 점차법(点茶法) ④ 전차법(煎茶法)

83. 다음에서 설명하고 있는 차 마시는 방법을 무엇이라고 하는가?

> 찻잎을 큰 솥에 넣고 끓여 찻잎과 물을 같이 마신다.

① 자차법(煮茶法) ② 포다법(泡茶法)
③ 점차법(点茶法) ④ 전차법(煎茶法)

84. 다음에서 설명하고 있는 차 마시는 방법을 무엇이라고 하는가?

> 찻잎을 불에 구운 다음, 반드시 끓인 물로 마시는 방법이다.

① 자차법(煮茶法) ② 포다법(泡茶法)
③ 점차법(点茶法) ④ 전차법(煎茶法)

85. 다음 중 차를 우리는 방법을 무엇이라고 하는가?

① 자차법(煮茶法) ② 포다법(泡茶法)
③ 점차법(点茶法) ④ 전차법(煎茶法)

86. 다음 중 일본의 말차법(抹茶法)과 같은 방법은 무엇인가?

① 자차법(煮茶法) ② 포다법(泡茶法)
③ 점차법(点茶法) ④ 전차법(煎茶法)

87. 다음 중 송나라가 차의 전성기가 된 이유가 아닌 것은 무엇인가?

① 소동파 등 문인들이 많이 등장하였다.
② 백화품종이 처음 등장하였다.
③ 휘종황제가 『다경(茶經)』을 집필하였다.
④ 차를 평가하는 시합이 유행하였다.

88. 일본 다도의 극치로 검소하고 한적하며, 차분한 멋을 말하는 의미를 가지고 있는 것은 다음 중 무엇인가?

① 와비(侘)
② 차노유(茶の湯)
③ 다도(茶道)
④ 끽다양생기(喫茶養生記)

89. 다음 중 최초로 일본에 차나무 씨앗을 들여와 재배를 시작한 사람은 누구인가?

① 센노 리큐 ② 다케노 조오
③ 무라타 주코 ④ 에이사이

90. 일본 차의 종류 중 녹차의 잎과 줄기 등을 황갈색이 나도록 센 불에 볶아서 만드는 차의 이름은 무엇인가?

① 교쿠로(玉露) ② 센차(煎茶)
③ 호지차(ほうじ茶) ④ 말차(抹茶)

91. 6대 차류의 제다과정에서 가장 중요한 공정을 짝지은 것 중 잘못된 것은?

① 황차–위조 ② 오룡차–주청
③ 녹차–살청 ④ 흑차–악퇴

92. 다음 중 중국의 차 생산지 4대 차구에서 모두 생산하는 차의 종류는 무엇인가?

① 흑차 ② 홍차
③ 녹차 ④ 오룡차

93. 다음 중 증청녹차의 종류가 아닌 것은?

① 은시옥로(恩施玉露) ② 전차(煎茶)
③ 옥로차(玉露茶) ④ 초제차(初制茶)

94. 녹차를 우리는 방법 중 백호가 많은 차는 어떤 방법이 가장 잘 어울리는가?

① 개완 사용 ② 중투법
③ 상투법 ④ 하투법

95. 운남성에서 대엽종으로 만드는 백차의 이름은 무엇인가?

① 백모단 ② 월광백
③ 녹설아 ④ 공미

96. 1년 되면 차, 3년 되면 약, 7년 되면 보물이라는 풍조를 유행시킨 차류는 무엇인가?

① 백차 ② 홍차
③ 녹차 ④ 흑차

97. 백차를 생산하는 주요 지역인 아닌 곳은?

① 사천성 ② 복건성
③ 운남성 ④ 안휘성

98. 다음 중 자사호를 생산하는 지역은 어디인가?

① 전홍(滇紅) ② 노산(崂山)
③ 상홍(湘紅) ④ 의흥(宜興)

99. 다음 중 홍차를 제다할 때 소나무로 향을 입히는 과정을 무엇이라고 하는가?

① 요청(搖靑) ② 송연(松煙)
③ 홍배(烘焙) ④ 병배(幷配)

100. 다음 중 암차를 제다할 때 숯불로 건조하는 과정을 무엇이라고 하는가?

① 요청(搖靑) ② 송연(松煙)
③ 홍배(烘焙) ④ 병배(幷配)

〈정답〉

1. ④	2. ④	3. ①	4. ③	5. ②	6. ①	7. ④	8. ③	9. ①	10. ③
11. ④	12. ①	13. ①	14. ③	15. ①	16. ③	17. ④	18. ④	19. ③	20. ③
21. ④	22. ②	23. ④	24. ③	25. ①	26. ④	27. ②	28. ③	29. ④	30. ①
31. ③	32. ④	33. ②	34. ④	35. ④	36. ②	37. ②	38. ④	39. ③	40. ①
41. ②	42. ①	43. ③	44. ④	45. ②	46. ④	47. ①	48. ③	49. ②	50. ①
51. ④	52. ③	53. ③	54. ①	55. ①	56. ②	57. ④	58. ①	59. ②	60. ①
61. ②	62. ①	63. ②	64. ③	65. ③	66. ③	67. ①	68. ③	69. ①	70. ④
71. ②	72. ①	73. ②	74. ③	75. ④	76. ①	77. ③	78. ②	79. ②	80. ④
81. ①	82. ③	83. ①	84. ④	85. ②	86. ③	87. ③	88. ①	89. ④	90. ③
91. ①	92. ②	93. ④	94. ③	95. ②	96. ①	97. ①	98. ④	99. ②	100. ③

PART Ⅱ

Tea

-부록-

6대 차류 제다과정

<table>
<tr><td colspan="2">녹차</td><td>채엽 → 살청 → 유념 → 건조 (→ 선별 → 재건조)*</td></tr>
<tr><td colspan="2">백차</td><td>채엽 → 위조 → 건조</td></tr>
<tr><td colspan="2">황차</td><td>채엽 → 살청 → 유념 → 민황(悶黃) → 건조</td></tr>
<tr><td colspan="2">오룡차</td><td>채엽 → 위조 → 주청 → 살청 → 유념 → 건조 (→ 줄기제거 → 홍배)**</td></tr>
<tr><td colspan="2">홍차</td><td>채엽 → 위조 → 유념 → 발효 → 건조</td></tr>
<tr><td rowspan="3">흑차</td><td>흑차</td><td>채엽 → 살청 → 유념 → 악퇴(渥堆) → 건조 → 증기긴압</td></tr>
<tr><td>보이생차</td><td>채엽 → 살청 → 유념 → 건조(쇄청건조) → 증기긴압</td></tr>
<tr><td>보이숙차***</td><td>채엽 → 살청 → 유념 → 건조(쇄청건조) → 악퇴(渥堆) → 증기긴압</td></tr>
</table>

*, **: 건조한 후 차에 따라 후의 공정을 더 진행하는 차도 있다.

*** : 보이숙차는 다른 지역의 흑차와 악퇴 시기가 다른 것이 특징이다.

중국차의 6대 차류 세부 분류 및 종류

<table>
<tr><td rowspan="8">녹차</td><td rowspan="3">초청녹차</td><td>용정차</td></tr>
<tr><td>벽라춘</td></tr>
<tr><td>신양모첨</td></tr>
<tr><td rowspan="3">홍청녹차</td><td>황산모봉</td></tr>
<tr><td>태평후괴</td></tr>
<tr><td>육안과편</td></tr>
<tr><td>쇄청녹차</td><td>쇄청모차</td></tr>
<tr><td>증청녹차</td><td>은시옥로</td></tr>
<tr><td rowspan="3">황차</td><td>황아차</td><td>군산은침, 몽정황아, 곽산황아</td></tr>
<tr><td>황소차</td><td>위산모첨</td></tr>
<tr><td>황대차</td><td>곽산황대차</td></tr>
<tr><td rowspan="2">백차</td><td>백아차</td><td>백호은침</td></tr>
<tr><td>백엽차</td><td>백모단, 수미, 공미</td></tr>
<tr><td rowspan="4">오룡차</td><td>민북</td><td>무이암차, 대홍포, 명총</td></tr>
<tr><td>민남</td><td>철관음, 황금계</td></tr>
<tr><td>광동</td><td>봉황단총</td></tr>
<tr><td>대만오룡</td><td>백호오룡(= 동방미인), 동정오룡, 문산포종, 고산차</td></tr>
<tr><td rowspan="4">홍차</td><td>소종홍차</td><td>정산소종, 금준미</td></tr>
<tr><td>공부홍차</td><td>기문, 전홍, 노산, 월홍, 의홍, 녕홍, 상홍, 천홍, 의홍, 검홍, 영덕, 민홍</td></tr>
<tr><td>홍쇄차</td><td>엽차, 쇄차, 말차, 편차, CTC</td></tr>
<tr><td>대만홍차</td><td>홍옥, 홍운, 아쌀모</td></tr>
<tr><td rowspan="6">흑차</td><td>운남성</td><td>보이차</td></tr>
<tr><td>호남성</td><td>호남흑차(3첨 4전 1화권), 복전차</td></tr>
<tr><td>사천성</td><td>사천흑차, 사천변차</td></tr>
<tr><td>호북성</td><td>노청차</td></tr>
<tr><td>광서성</td><td>육보차</td></tr>
<tr><td>안휘성</td><td>육안차</td></tr>
</table>

찻자리 & 다구(茶具)

① **다하**: 찻잎을 덜어 우릴 차를 손님께 보여 준 후 차호에 넣을 때 편리하게 옮기는 용도

② **저울**: 차를 계량하는 도구

③ **차탁(茶托)**: 찻잔을 받치는 용도

④ **찻잔**: 차를 마시는 잔

⑤ **차총**: 차판 위에 올려놓는 소품

⑥ **자사호**: 차를 우리는 다구(주로 오룡차, 흑차)

⑦ **개완**: 차를 우리는 다구(6대 차류 대부분에 사용)

⑧ **거름망**: 우려 낸 차를 개완 혹은 자사호에서 공도배로 옮길 때 찻잎이 들어가지 않도록 걸러내는 도구

⑨ **공도배(公道杯)**: 개완 혹은 자사호에서 차를 우린 후, 공도배로 옮기면 찻물의 농도를 일정하게 즐길 수 있다. 숙우(熟盂)라고도 함

⑩ **차총**: 차판 위에 올려놓는 소품

⑪ **차집게**: 뜨거운 찻잔, 차엽, 엽저 등을 집을 수 있는 도구

⑫ **차판**: 차판은 차를 즐기기 위한 도구를 올려놓는 쟁반(혹은 트레이)이다. 차판은 밑에 물을 버릴 수 있게 제작된 습식(사진처럼)과 막혀 있는 건식의 형태가 있다. 중국차의 경우 찻잔을 데우고, 첫물은 버리는 경우가 많아 주로 습식의 차판을 주로 사용한다.

차칼: 긴압으로 딱딱한 차를 분해할 때(해괴,解塊라고 함)사용하는 칼. 주로 보이차를 해괴(解塊)할 때 많이 사용

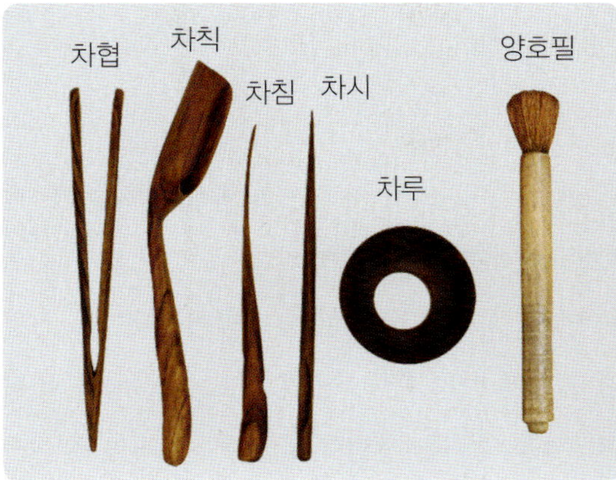

다예육건(茶艺六件) 다예육군자라고도 함

- 차협(茶狹): 차집게로 뜨거운 찻잔이나 작은 잔을 집을 때 사용한다.
- 차칙(茶則): 차를 덜어 낼 때 사용하며, 주로 둥근 차 모양의 경우 사용한다. 녹차는 사용하지 않는다.
- 차침(茶針): 자사호 혹은 차호의 입구가 막혔을 때 사용한다.
- 차시(茶匙): 차를 덜어내거나 다구에서 엽저를 꺼낼 때 사용한다.
- 차루(茶漏): 자사호 혹은 차호의 입구에 찻잎을 넣을 때 옆으로 흘리지 않도록 사용한다.
- 양호필(養壺筆): 자사호의 찻물을 흡수시킬 때 사용한다.

※ 차루, 차침, 양호필은 주로 자사호에 사용한다.

심평 기준

1. 포차법(泡茶法)

포차법(泡茶法)이란 뜨거운 물에 차를 우려서 마시는 방법을 말하는데, 비전문적인 방법과 전문적인 방법으로 구분하여 설명할 수 있다.

비전문적인 방법은 다예포차법으로 특별한 규칙이나 방법이 따로 있는 것이 아니라 마시고자 하는 차가 무엇인지에 따라 다구, 물의 온도, 투차량을 조절하여 적절한 방법으로 차를 우린 뒤, 차를 즐기는 방법을 말한다. 본 교재에서는 각 차류마다 즐기는 방법에 대해 설명하였으므로, 참고하여 차를 즐기면 된다.

전문적인 방법은 심평포차법으로 심평도구와 차를 우리는 방법을 동일하게 한 뒤, 차의 특징 및 품질에 대해 객관적으로 평가한 후, 차의 우열을 정하는 방법을 말한다. 즉, 심평을 하기 위해서는 차에 대한 전문적인 지식은 물론, 시장에 대한 전반적인 이해도 필요하다. 따라서 본 교재에서는 심평하는 방법에 대해 자세히 설명하고자 한다.

심평포차법과 다예포차법의 비교

	다예포차법	심평포차법
도구	차에 따라 다구, 물의 온도, 투차량, 우리는 시간 등을 조절	심평배(혹은 개완심평배) 심평완
차와 물의 비율		기타 차류 : 물 = 1:50 차 3g = 물 150ml
		오룡차 : 물 = 1:22 차 5g = 물 110ml
물의 온도		100℃
우리는 시간		기타 차류: 5분 오룡차: 2분, 3분, 5분
목적	차를 즐기기 위해	차의 특징 및 품질을 객관적으로 평가한 뒤, 차의 우열을 정하기 위해

2. 심평이란?

차에 관한 전문지식을 바탕으로 차의 특징을 이해하고 차의 품질을 평가하는 것을 말한다. 심평을 전문적으로 하는 사람을 심평사 혹은 평차사라고 하며, 시각, 후각, 미각, 촉각 등 감각기관을 통해 차의 우열을 평가하는 사람을 말한다.

시각으로 찻잎의 외형이나 색택을 관찰하고, 후각을 통해 차의 품종마다 나타나는 향기를 변별하고, 미각으로 맛을 감별하고, 촉각으로 엽저를 만지면서 찻잎의 품질을 판단한다.

심평할 때는 심평배와 심평완을 사용하여 평가한다.

심평포차법에 사용하는 다구 (왼) 심평배 / (우) 심평완, 차시(숟가락)

심평준비 심평할 자와 심평배, 심평완을 준비한다.

심평방법 사진처럼 심평배를 심평완 끝에 걸어 차를 우려낸다.

심평 차를 모두 심평완으로 옮긴 후, 차시로 찻잔에 덜어 차를 심평한다.

3. 심평기준

심평기준은 5항 8인자의 항목으로 평가하며, 건평과 습평을 함께 실시한다.

건평이란 외형(모양, 색택, 정쇄, 정도)을, 습평이란 향기, 탕색, 맛, 엽저를 평가하는 것이다.

5항8인자는 아래의 표와 같다.

5항	8인자	
외형 향기 탕색 맛 엽저	모양 색택(색깔 및 광택) 정쇄 정도	향기 탕색 맛 엽저

1) 외형

모양, 색택(색깔 및 광택), 정쇄, 정도에 대해 평가한다.

(1) 찻잎의 모양

모양	설명	대표적인 차
조형(條形)	나뭇가지처럼 생긴 모양 길게 말려 있는 형태	무이암차 동방미인 봉황단총
침형(針形)	침처럼 가늘고 긴 찻잎 모양	백호은침 군산은침
구형(球形)	큰잎으로 만들 경우 주형과 같은 완벽한 원형이 되지 않고 포유(包揉)과정*을 거쳐 잠자리 머리 모양과 같이 만들어짐	대만오룡차
반구형(半球形)	둥글게 말린 반원의 형태	철관음
주형(珠形)	진주와 같이 둥글게 말린 모양. 주형의 모양 때문에 주차라고도 부름	용계화청(湧溪火清)
편편형(扁片形)	찻잎이 눌려 납작한 형태	서호용정
과편형(瓜片形)	납작한 해바라기씨 혹은 참외씨와 같은 형태	육안과편
권곡형(卷曲形)	소라처럼 둥글게 말린 형태	벽라춘

* 오룡차를 만드는 과정에서 포유과정이란 단유(團揉)라 하여, 포유한 차를 기계 틀에 넣고 돌리는 과정과 해괴(解塊)라 하여, 포유와 단유 과정을 마친 보자기에 천에 싼 차 덩어리를 풀어 헤치는 과정을 포함한 과정을 말한다.

(2) 색택(색깔 및 광택)

- 색깔 : 외형의 색깔을 보며 평가가 가능하다.
  - 눈녹(嫩綠): 녹차, 황차의 경우
  - 오흑(烏黑): 기문홍차에서 보임. 거의 검은색에 가까울 때 표현
  - 흑갈(黑褐): 흑차의 경우. 갈색도 띠고 있는 검은색을 말하며, 보이숙차에만 해당
- 광택: 펙틴(Pectine)이라는 성분 때문에 광택이 생김. 광택이 많이 나는 차가 좋은 차이다.
- 정쇄 : 부서지는 정도
  - 잎이 여릴수록 잘 부서짐
  - 암차의 경우 홍배를 한 차는 잘 부서진다.
  - 오룡차의 경우 찌꺼기가 많으면 품질이 좋은 차라고 할 수 없다.
- 정도: 이물질이 없이 깨끗한 정도를 말한다.
  - 차와 관련된 이물질은 줄기, 황편(늙은 잎), 차씨 등
  - 차와 관련 없는 이물질은 머리카락, 돌, 비닐 등

2) 향기

향기는 열향, 온향, 냉향 세 가지 향으로 평가

① 열향: 뜨거울 때 맡는다. 품종만의 특징적인 향이 나야 한다.
철관음 = 난향, 육계 = 계피향, 대만고산차 = 유향, 황금계 = 계화향 등

② 온향: 약간 식었을 때 맡는다. 그윽하고 복욱(馥郁, 향기가 가득하다는 뜻)한 향이 나야 한다.

③ 냉향: 향의 잔향, 배저향(심평배에서 나는 향을 말함)
향의 지속성 평가(영양성분이 많을수록 향은 오래 지속됨)

3) 탕색

- 외형에서 평가한 것과 마찬가지로 탕색의 색깔과 광택을 평가한다.

- 발효도가 높을수록 색이 많이 난다.
- 녹차의 경우 색깔이 탁하면 살청을 잘못한 것으로 판단할 수 있다.
- 백호가 많은 차인 경우에는 탕색을 잘 평가해야 한다.

4) 맛

쓴맛(카페인), 떫은맛(폴리페놀), 단맛(당류), 감칠맛(아미노산)을 평가

5) 엽저

- 원료를 확인하는 과정이다.
- 엽저를 만졌을 때 탄력이 있는지 확인해야 한다. 탄력은 펙틴으로 인해 생긴다.
- 서양홍차의 경우 엽저가 없다.

아편전쟁

영국에 차문화가 유행하게 되면서 1800년도를 기점으로 총 유통량이 2,000만 파운드에 이르렀다. 그러니 영국에서는 차의 수입량이 증가할 수밖에 없었는데, 차 수입량이 증가하면서 은이 자취를 감추기 시작했다. 영국은 차의 수입 대금으로 모직물이나 현미경 등을 지급하려고 했지만, 중국은 오로지 은만을 대금으로 원했기 때문이다. 그 결과 19세기로 들어서면서 영국은 급기야 은 품귀현상이 일어나고 말았다. 영국은 국력의 쇠퇴를 막고자 긴급히 교환물품으로 찾아낸 것이 바로 '아편'이었다.

1834년 연간 1만 6천 상자의 아편이 중국으로 수출되었고, 1839년에는 4만 상자까지 수출되면서 무역조건이 역전되는 상황이 벌어졌다. 영국은 당연히 아편 대금을 은으로 지불할 것을 요구하였고, 중국으로 유출되었던 은이 영국으로 다시 유입되기 시작했다.

무역의 경제 흐름과 아편으로 인한 국민건강 위협을 막기 위해서 청나라는 1838년 아편 금지령을 내렸으나, 이미 뇌물과 부패에 찌든 관료와 상인들에게는 통하지 않았다. 1839년 8대 황제인 도광제에 의해 흠차대신(欽差大臣, 중국 임금의 명령을 받들어 파견되는 대신)에 임명된 임칙서가 아편 금지령에 따라 광동성의 광저우에서 영국이 승인한 아편을 몰수해 소각하였고, 이를 계기로 영국과 청나라의 아편전쟁이 발발하게 되었다.

중국이 전쟁에서 대패하면서, 1842년 8월 난징조약이 체결되었고, 영국은 홍콩을 식민지의 거점지로 삼게 되었다.

참고문헌

김광수 · 오주섭 · 서현진 (2009). 음료의 소비문화: 물에서 술까지. 서울: 한나래출판사.

김세리 · 조미라 (2020). 차의 시간을 걷다. 서울: 열린세상.

김정환 · 최준봉 (2014). 국내 시판 생수의 무기질 함량과 관능특성. 한국조리학회지, 20(4). 49-58.

김종곤 · 박희경 (2010). O-index(맛있는 물 지표)에 관한 통계학적 분석. 한국물환경학회 · 대한상하수도학회, 공동춘계학술발표회 논문집.

김종욱 · 이민부 · 공우석 · 김태호 · 강철성 · 박경 · 박병익 · 박희두 · 성효현 · 손명원 · 양해근 · 이승호 · 최영은 (2012). 한국의 자연지리. 서울대학교출판문화원.

김진무 · 김대영 (2017). 다경 / 육우. 서울: 도서출판 일빛.

김추윤 · 유경근 (2017). 물이 말라야 물의 진정한 가치를 안다. 경기: 재웅플러스.

김형석 · 임승태 (2011). 건강한 물 맛있는 물. 인천: 음악의 향기.

리사 리처드슨 (2016). 차 상식사전. 공민희 역. 서울: 길벗.

리우통 (2008). 중국문화 차. 홍혜율 역. 서울: 도서출판 대가.

리푸씽 (2008). 물은 약인가, 독인가? 김중일 역. 경기: 눈과마음.

린다 게일러드 (2016). The tea book: 세상의 모든 차를 총망라한 최고의 안내서. 최가영 역. 서울: 시그마북스.

맹번정 · 박미애 (2007). 무이암차: 녹차 청차 홍차의 뿌리를 찾아서. 서울: 이른아침.

멜리사 콜 (2017). 맥주 상식사전. 정영은 역. 서울: 길벗.

박구원 (2015). 일제강점기에 있어서 초정광천수의 사회적 변화-음료산업과 소유권을 중심으로-. 일본근대학연구, 제49집.

박구원 (2016). 일제강점기에 있어서 초정광천수의 사회적 변화II-세계3대 광천수의 진실-. 일본근대학연구, 제54집.

박기봉 (2015). 다정의 티스케치: 제다(製茶)방법에 따른 차의 이해와 분류. 서울: 무량수.

박설희 · 이태관 (2010). 국내 시판 국내외 생수와 수돗물의 무기질 함량 비교분석. 환경과학논집, 제14집.

방석배 · 나운철 · 현준호 · 백경희 · 이경식 (2005). 맛있는 물 · 건강한 물 평가지표에 관한 연구.

한국물환경학회 · 대한상하수도학회, 공동춘계학술발표회 논문집.
베로니카 스트랭 (2015). 물 = Water: 생명의 근원, 권력의 상징. 하윤숙 역. 서울: 반니.
사마키다케오 편저 (2007). 물과 공기비밀 100. 김혜숙 역. 경기: 눈과마음.
서울대학교출판문화원 (2009). 사람과 물. 서울대학교출판문화원.
신소희 · 정인오 (2017). 차의 관능 평가 = Sensory evaluation of tea. 서울: 이른아침.
아카데미서적 편집부 (2011). 물의 특성과 고도 이용기술: 농업 · 식품 · 환경 · 의료분야 응용. 서울: 아카데미서적.
양카이 · 리우야매이 (2010). 실전 보이차. 박용모 역. 서울: 한솜미디어.
오모리 마사시(2019). 차(茶)의 과학. 정승호 감수. 서울: 한국 티소믈리에 연구원.
윤석관 (2017). 차는 재미있다. 서울: 차와 문화.
이봉우 · 임봉수 (2002). 먹는물 평가를 위한 수질평가지표 설정. 대한환경공학회지, 24(11). 1891-1899.
이진수 · 이진미 (2008). 찻잎 속의 차. 서울: 이른아침.
일본 뉴턴프레스 (2007). 물의 사이언스: 바다를 만들고, 생명을 길렀다: 특수하고 이상한 물질. 강금희 역. 서울: 뉴턴코리아. (원표제: 水のサイエンス :海をもたらし, 生命を育んだ)
정동효 · 윤백현 (2008). 물의 과학과 문화. 서울: 홍익재.
정동효 · 윤백현 · 이영희 (2012). 차생활문화대전. 서울: 홍익재.
제임스 샐즈먼 (2013). 식수혁명. 김정로 · 최호영 역. 서울: 시공사.
조지프 웨슬리 울 저 (2016). 차 茶 tea: 차와 사랑에 빠졌지만 어디서 출발해야 할지 헤매고 있는 당신을 위한 지침서. 최가영 역. 서울: 시그마북스.
짱유화 (2013). 차과학 길라잡이. 서울: 도서출판 삼녕당.
츠노야마 사가에 (2008). 녹차문화 홍차문화. 서은미 역. 서울: 예문서원.
케빈 가스코인 · 프랑수아 마르샹 · 자스맹 드샤리나 · 위고 아메리시 · 정승호 감수 (2015). 티마스터: 티의 역사 · 테루아 · 티테이스팅. 한국 티소믈리에 연구원.
타케야 코우지 (2010). 제빵기초지식. 곽지원 역. 서울: 비앤씨월드.
피터 H. 글렉 (2011). 생수, 그 치명적 유혹. 환경운동연합 옮김. 서울: 추수밭.
홍성태(엮음) · 이미홍 · 이상헌 · 오은정 · 염형철 (2006). 한국의 근대화와 물. 경기: 한울아카데미.
홍윤호 (2010). 물의 과학과 미학. 전남대학교 출반부.
황태영 (2012). 음료의 불편한 진실. 서울: 비타북스.

저자소개

이 자 윤

세종대학교 호텔관광경영학 박사
경희대학교 마스터 소믈리에 와인컨설턴트과정 수료
CIVB 보르도와인 마스터 과정 수료
중국정부공인 중급 평차원(評茶員)
Certified of Water Sommelier(한국수자원공사)

워커힐 외부사업팀 근무
와인 수입업체 마케팅 및 와인교육 담당
GWA(독일), CAFA&CFPPA(프랑스), CWA(남아공) 연수
2015년 한국음식관광박람회 식음료 경연대회 와인소믈리에 부문 심사위원장
2013년, 2017년 Berlin Wein Trophy 심사위원
2017년, 2020년 Asia Wine Trophy 심사위원

주요저서: 와인과 소믈리에론(2014), 백산출판사

現) 백석예술대학교 외식산업학부 조교수
    한국외식음료개발원 워터소믈리에 분과장

The Sommelier of Water & Tea

: For everyone

초판 1쇄 인쇄 2021년 1월 25일
초판 1쇄 발행 2021년 1월 29일

지 은 이 | 이자윤
펴 낸 이 | 김기섭
편 집 인 | 이혜란
펴 낸 곳 | 창지사 www.changjisa.com
08589 서울시 금천구 가산디지털 1로 83 파트너스타워 1차 9층
전화 (02) 719-2211~3
팩스 (02) 701-9386
등 록 | 1977년 4월 28일 · 제1-421호

ISBN 978-89-426-1392-2 (93590)

값 24,000원